한국 경제 20년의 재조명

1987년체제와 외환위기를 중심으로

한국 경제 20년의 재조명

홍순영·장재철 외 지음

삼성경제연구소

| 책을 펴내며 |

전쟁으로 경제 인프라가 완전히 붕괴된 상태에서 출발한 한국 경제는 1961~1986년까지 25년 동안 권위주의적인 정부의 강력한 리더십을 바탕으로 '한강의 기적'이라고 불리는 고도성장을 시현했다. 그러나 정부 주도의 성장전략은 한계에 부딪혔고 한국 경제는 1987년을 기점으로 역사적 전환기를 맞게 되었다. 대통령 직선제의 부활로 상징되는 '87년체제'는 정치의 민주화뿐만 아니라, 경제의 자유화·개방화를 촉진시켜 경제운용의 틀을 근본적으로 바꾸어버린 새로운 시대였다. 압축성장 과정에서 상대적으로 눌려 있던 노동조합과 시민단체가 기존의 정부와 기업에 더하여 국가지배구조(national governance)의 새로운 주체로 등장했다.

민주화가 진전됨에 따라 경제 정책이나 현안 등에 대한 노동조합과 시민단체의 발언권이 강화되었고 정부와 기업의 이해관계에도 갈등이 생겨나기 시작했다. 이처럼 한국 경제는 다원화된 경제주체들의 다양한 이해와 갈등을 관리할 수 있는 효율적인 제도를 마련하지 못함으로써 불안정한 경제구조를 유지하게 되었다. 또한 1980년대 말부터 수입자유화 등 경제개방을 추진하였고, 특히 OECD 가입과 함께 자본자유화를 적극적으로 시행하였으나 개방체제에 대한 준비 부족과 미숙한 거시경제 관리로 인하여 1997년의 경제위기를 맞게 되었다. 한국 경제는 IMF의 초긴축 처방과 뒤이은 경제 전반의 구조개혁 노력으로 유동성 위기를 단기간에 극복할 수 있었으나 성장잠재력 저하, 양극화 등의 값비싼 대가를 치르고 있다. 그러나 한국 경제는 지난 20년 동안의 이와 같은 변화 속에서도 경제규모와 교역규모가 각각 세계 11위와 12위를 기록(2005년 기준)하는 등 양적인 측면에서 눈부신 성과를 기록하기도 했다.

2006년 삼성경제연구소(SERI)는 창립 20주년이 되어 성년을 맞이했다. SERI는 설립과 더불어 한국 경제가 지나온 지난 20년 동안의 대격변 속에서 수시로 제기되는 경제 이슈에 대한 분석과 한국 경제의 발전을 위한 정책 대안을 제시하고자 노력했다. 그러한 노력의 일환으로 SERI는 창립 20주년을 기념하여 지난 20년의 한국 경제를 재조명하고, 한국 경제의 재도약을 위한 희망의 싹을 찾기 위해 2006년 6월 말에 "한국 경제의 역사적 전환과 도전-한국 경제 20년의 재조명"이라는 심포지엄을 개최했다. 이 책은 심포지엄의 내용을 추리고 보완한 것이다.

그동안 특정 사건을 대상으로 한 단편적인 연구는 많이 있었으나 한국 경제의 지난 20년을 아우르는 종합적인 연구는 드물었다. 이 책은 한국 경제를 경제 시스템의 관점에서 분석하고 경제 시스템의 성과를 실증적으로 분석하는 틀을 제시했다. 또한 1987년과 1997년 IMF 외환위기 이전까지의 경제 상황을 정치 민주화의 관점에서 새롭게 조명했다. 외환위기에 대한 기존의 연구가 위기의 원인과 그 이후의 제도개혁에 초점을 맞춘 데 반해, 이 책은 외환위기에 대한 한국 경제의 응전과 그 비용까지도 논의했다. 또한 외환위기 이후 전개된 제도개혁의 득과 실을 금융 부문과 기업의 지배구조 측면에서 심층적으로 논의하고, 이러한 구조개혁이 기업의 보수적 경영과 투자 부진이라는 의도하지 않은 결과를 초래했음을 밝혔다.

당초 이 책의 목적은 한국 경제의 지난 20년에 대한 재조명과 더불어 향후 20년에 대한 전망 및 한국 경제의 르네상스를 위한 세부 정책과제를 제시하는 데 있었다. 그러나 시간 제약으로 향후 20년에 대한 부분과 세부 정책과제들은 추후의 연구 과제로 남겨놓았다. 또한 논의의 초점을 주요 경제제도와 거시경제 성과, 외환위기에 대한 응전 및 제도개혁의 영향에 집중함으로써 다른 많은 이슈들이 논의에서 부득이하게 제외된 아쉬움도 있다. 그러나 2006년 현재 한국 경제가 안고 있는 현안들이 지난 20년 동안의 한국 경제 시스템 변화의 부산물이며, 한국 경제의 희망의 싹을 살리기 위해서는 시장지향·성장우선·기업중시라는 3원칙과 기업 시스템의 자율성 인정, 관계금융기능 강화, 협력적 노사 모델 등 실용적 대안이 필요하다는 시사점을 찾을 수 있었다.

끝으로 집필진과 편집과정에 참여한 관계자들의 노고에 감사드리며, 이 책이 한국 경제의 지난 20년에 대한 분석과 향후 20년의 르네상스를 준비하는 데 조금이나마 기여할 수 있기를 기대한다.

2006년 10월
삼성경제연구소 소장 정구현

| 머리말 |

'87년체제'의 경제적 함의는 자유화와 개방화로 요약된다. 경제운용의 주체가 정부에서 기업과 노동조합, 시민단체, 외국자본 등으로 다원화되었다. 이와 같은 경제구조의 변화 속에서 한국 경제는 개방에 따른 준비 부족과 정책 실패 등으로 인해 1997년 동남아시아에서 발생한 외환위기에 전염되며 최대의 경제위기를 맞게 되었다. IMF가 요구한 고강도의 긴축정책과 구조조정 노력 등으로 한국 경제는 단기간에 유동성 위기에서 탈출할 수 있었으나, 외환위기가 발생한 지 9년이 지난 2006년 현재 한국 경제는 투자 부진, 성장잠재력 약화, 양극화 등을 경제현안으로 껴안고 있는 상황이다.

이 책의 목적은 지난 20년간 이루어진 한국 경제의 변화와 경제성과를 경제 시스템의 관점에서 살펴보고 주요 현안들을 해결하기 위한 시사점을 제시하는 데 있다.

1장에서는 1987년 이후 전개된 정치 민주화와 자율의 확대, 자유화와 개방화에 따른 경제 구조의 변화 내용과 문제점들을 점검해보았다. 또한 한국 경제 시스템을 경제제도와 거시경제적 성과 간의 관계로 정의하고, 지난 20년의 경제상황을 실증적으로 분석할 수 있는 방법론을 설명하였다. 특히 거시경제적 성과를 평가하기 위해 소비·투자·수출 등 총수요 부문의 상호연관관계와 총수요가 성장잠재력에 미치는 영향을 분석하는 모형을 제시하였다.

2장에서는 경제 시스템의 관점에서 1987년 이후의 한국 경제를 경제제도와 거시경제적 성과로 평가하였다. 우선 경제제도적 측면에서는 OECD 30개국의 경제주체와 경제제도 등의 경쟁력을 비교한 결과, 한국의 기업이나 소비자 등 민간 부문의 경제주체들은 G7국가나 유럽 강소국에 버금가는 경쟁력을 보유하고 있는 반면 정부와 경제제도의 경쟁력이 상대적으로 저조한 것으로 나타났다. 이는 최근에 나타나고 있는 한국 경제의 성장잠재력 약화와 양극화 등 부실한 거시경제적 성과가 경제제도의 문제이며, 이를 개선하기 위해서는 한국 경제의 제도적 승격(upgrade)이 필요함을 시사하는 것이다. 거시경제적 성과는 한국 경제의 지난 20년을 외환위기 이전과 이후로 구분하여 평가하였다. 외환위기 이후의 기간에서는 이전 기간에서 보였던 소비와 투자, 수출 간의 선순환구조가 끊어짐으로써 내수와 수출 간의 상호 연관성이 크게 약화된 것을 발견할 수 있었다. 특히 지난 20년간의 소비·투자·수출의 변화를 외환위기를 전후로 한 노사관계·기업조직·산업구조의 변화와 함께 논의했으며, 소비·투자·수출의 구조적 변화와 상호연관관계의 약화를 금리·환율·세계경제성장률 등 주요 거시경제변수와의 관계로 실증분석을 통해 설명하였다.

외환위기는 한국 경제 근대사에서 가장 큰 사건이었다. 외환위기로 인해 1998년의 경제성장률이 −6.8%로 급락했으며, 연간 실업자 수도 149만 명에 이를 정도로 한국 경제에 큰 충격을 주었다. 3장에서는 외환위기의 발생 원인과 이에 대응한 정책적 실패에 대해서 살펴보았다. 외환위기의 주요인으로 외국자본의 급격한 유출입과 외화 유동성 부족에 대해서 논의했으며,

정책 실패로서는 외환정책과 금융감독의 문제점을 짚어보고 외환위기 이전에 추진되었던 자본자유화와 업종전문화 제도에 대한 문제점도 지적하였다. 또한 외환위기를 극복하기 위한 IMF의 금융지원과 구조조정 처방, 정부의 공적자금 투입 등에 대한 평가를 추가함으로써 외환위기에 대한 한국 경제의 응전이 얼마나 효율적이었는지를 검토해보았다.

4장에서는 외환위기 이후의 제도개혁이 한국 경제에 어떠한 결과를 초래했는지에 대해 금융과 지배구조개혁을 중심으로 논의하였다. 먼저 한국 경제 개혁의 목적이 외환위기 이전까지 지속되었던 특유의 발전국가 모델을 해체하는 데 있었음을 지적했다. 또한 그러한 개혁의 결과는 한국 경제의 성장력 약화와 투자 저하라는 새로운 문제를 야기했음을 강조하였다. 금융구조개혁은 BIS 비율에 대한 맹신과 양적 구조조정에 초점을 두었고, 그 결과는 금융산업에 대한 외국 자본의 영향력 확대로 나타났다. 주식시장에서 외국인의 영향력이 커진 상황에서 순환출자 억제 등과 같은 기업지배구조 개혁은 한국 기업들에 대한 외국 자본의 경영간섭과 적대적 M&A 시도라는 결과를 초래하였다. 이로 인해 한국 기업들은 사내유보를 늘리거나 모험적 투자를 기피하는 등 보수적인 경영행태을 보이게 되었다. 이들 금융구조개혁과 기업지배구조개혁은 결과적으로 관계형 금융을 약화시키고 기업의 투자를 저해하는 부작용을 초래하였다.

외환위기 이후 추진된 제도개혁은 그 목적이 한국 경제의 효율성 제고와 중장기적인 성장잠재력의 제고에 있었음에도 불구하고, 한국 경제의 성장성은 크게 위축된 것으로 나타났다. 한국 경제는 1970년 이후 외환위기 이전까지 연평균 7.7%의 경제성장률을 지속했으나 2000년 이후에는 4.5%로 낮아졌으며 경제성장률의 장기추세선도 지속적으로 하강세를 보이고 있다. 5장에서는 이와 같은 한국 경제의 성장률 하락과 성장잠재력 약화를 총수요와 총공급 측면에서 분석하였다. 특히 외환위기 이후의 경제성장률과 잠재성장률 하락은 소비와 투자 등 총수요의 부진이 지속되는 가운데, 자본과 노동 투입의 증가세 둔화에 따른 총공급의 성장세 약화가 동시에 진행되어 나타난 현상으로 설명하였다. 특히 외환위기 이후의 구조조정이 경제의 효율성을 높여 경제성장과 성장잠재력을 제고하는 정도가 노동과 자본의 성장기여도 하락을 상쇄할 정도로 크지 않았다는 것을 보임으로써 그동안 추진된 일련의 제도개혁에 한계가 있었음을 지적하였다.

이러한 분석 결과에 의거하여 6장에서는 한국 경제가 외환위기 이전과 같은 역동성과 성장 가능성을 회복하기 위해서는 어떠한 정책적 시사점이 필요한가를 논의했다. 우선 디지털 산업 경쟁력, 인적자원의 우수성, 변화 수용의 우수성, 동북아의 중심이라는 지정학적 위치 등 한국 경제의 강점을 지속적으로 유지하고 발전시킬 필요성을 강조하였다. 또한 한국 경제의 희망을 싹 틔우기 위해서는 시장지향, 성장우선, 기업중시라는 3대 원칙에 따라 기업 시스템의 자율성 인정, 관계금융기능 강화, 협력적 노사 모델, 작고 효율적인 정부, 경제개방, 성장잠재력 제고를 위한 총수요 확대 등 여섯 개의 실용적 대안을 제시했다.

이 책은 한국 경제의 지난 20년을 경제 시스템적 관점에서 재조명하고, 외환위기 전후로 나타난 한국 경제 시스템의 변화에 대한 분석과 현안들에 대한 실용적 대안을 제시하였다. 그러나 한국 경제가 최근 진행되고 있는 성장잠재력 약화를 극복하고 새로운 경제 르네상스를 준비하기 위해서는 과거 20년에 대한 재검토와 더불어 향후 20년에 대한 방향 설정도 필요하다. 따라서 향후 연구는 한국 경제의 향후 20년에 대한 방향 제시와 이를 위한 구체적인 정책 대안이 무엇인가에 대해 맞춰져야 할 것이다.

차례

- 책을 펴내며 005
- 머리말 008

1장 | 한국 경제 시스템의 재검토

01 1987년, 한국 경제구조 변화의 시작 ——— 019
87년체제 019 | 정치적 민주화 : 이해집단의 발언권 강화 020 | 경제적 자율의 확대 : 기업의 급성장 023 | 경제자유화와 개방 : 글로벌 체제로의 진입 026 | 정치적 민주화와 경제적 자유화의 결합 : 한국 경제의 제도적 승격 문제 028

02 정체성의 혼란과 비전의 부재 ——— 030
한국 경제를 보는 이념적 스펙트럼 030 | 한국 경제 시스템을 둘러싼 논의의 문제점 034

03 방법론 : 경제 시스템, 거시경제 그리고 제도 ——— 037
경제 시스템의 정의 037 | 분석 모델 : 경제 시스템과 거시경제의 연관 중심으로 040

04 경제 시스템의 관점에서 본 한국 경제의 특징 ——— 045
시기별 성장 능력과 산출물 갭 045 | 시기별 거시경제 특성 047

2장 | 1987년 이후 한국 경제 시스템의 변화

01 경제 시스템과 경제성장 ———————————— 051
거시경제 시스템 051 | 거시경제적 성장 메커니즘 : 소비-투자-수출의 선순환 054

02 거시경제적 성장 메커니즘의 시대별 변천 ——————— 056
외환위기 이전의 경제 시스템 056 | 외환위기 이후의 경제 시스템 061

03 설비투자, 소비, 수출의 변화 ———————————— 071
설비투자 : 투자 붐에서 슬럼프까지 071 | 고용제도의 변화와 소비 093 | 수출 부문 : 경제개방과 산업구조 변화 113

3장 | 외환위기의 도전과 응전

01 외환위기의 발생 원인 ———————————————— 135
외국 자본의 급격한 유입 137 | 외국 자본의 급격한 유출압력 142 | 외화유동성의 부족 147

02 외환위기와 정책 실패 ———————————————— 152
외환정책의 실패 153 | 금융감독의 실패 157 | 자본자유화정책과 업종전문화제도 159 | 외환위기 발생 평가 161

03 외환위기의 도전과 응전 ——————————————— 163
IMF의 금융 지원과 처방 164 | 공적자금 투입 171 | 원화의 엔화동조화와 원화가치의 저평가 177 | 외환위기 응전비용 184

04 결론 ———————————————————————— 192

4장 | 제도개혁의 득과 실

01 제도개혁의 주체와 방향성 ——— 197
발전국가 모델 해체 198 | 강도 높은 제도적 수렴 201 | 개혁의 결과 : 성장과 투자 저하 203

02 금융 부문 개혁 ——— 207
양적 구조조정 207 | BIS 비율에 대한 맹신 209 | 은행산업의 외자지배 213 | 금융 구조개혁의 결과 217

03 기업지배구조 개혁 ——— 220
기업경영권 시장 활성화정책과 외국인 투자 선호 222 | 기업집단의 순환출자 억제 234 | 재무구조 개선과 경영 투명성 강화 240 | 기업지배구조 개혁의 결과 243

04 결론 ——— 248

5장 | 한국 경제의 성장잠재력 평가

01 경제성장률과 성장잠재력 저하 ——— 255
최근 경제성장률의 둔화 원인 진단 255 | 성장잠재력 훼손에 대한 우려 고조 260

02 한국 경제성장의 공급과 수요 측면 분석 ——— 264
공급 측면 분석 : 성장회계 264 | 수요 측면 분석 267

03 한국 경제의 성장잠재력 평가 ——— 270
성장잠재력의 결정 요인 270 | 산출물 갭과 잠재GDP 274 | 자료 및 분석 결과 277

04 결론 ——— 282

6장 | 한국 경제 희망의 싹은 있는가

01 한국 경제의 선택과 경제발전 ——————————— 289
성장지향형 정책 선택과 고속성장 289 | 지속성장의 중요성 292

02 한국 경제의 선택 ——————————————————— 295
선진국과의 격차 축소 295 | 고령사회에 대비 297 | 통일을 위한 준비 299

03 한국 경제 희망의 싹은 있는가 ——————————— 300
변화 수용의 민첩성 301 | 디지털 강국 303 | 인적자원의 경쟁력 305 | 지정학적 위치 308

04 실용적 대안 모색 ————————————————— 310
외환위기 상흔의 극복과 경제 활력의 복원 310 | 기업 시스템의 자율성 인정 311 | 관계형금융 기능 강화 313 | 협력적 노사 모델 구축 314 | 작고 효율적인 정부 지향 316 | 개방은 필수적 생존 전략 317 | 총수요 확대를 통한 성장 능력 제고 318

■ 참고문헌 320

한국 경제 시스템의 재검토

01

1987년, 한국 경제구조 변화의 시작

87년체제

사회과학계 일각에서는 1987년의 시대적 의미에 주목하여 1987년 이후의 한국 사회를 '87년체제(87system)'라고 표현하고 있다.[1] '87년체제'는 일본의 '55년체제(55system)'[2]에 비유되는 시대사적 구분으로 한국의 국가통치구조(national governance)와 경제운용 전반의 변화를 대표하는 함의를 갖고 있다. 1987년은 한국 사회 전반에 걸쳐 구조적 변화를 가져온 전환점이었으며, 2006년 현재 새로운 국가 비전을 모색하기 위해서는 '87년체제'에 대한 철저한 재평가가 필요하다는 것이 이 책이 가지는 문제의식이다. 2006년 현재 한국 경제가 안고 있는 현안 과제들은 대부분 1987년 이후 전

---

1 '87년체제'에 대한 진보적 학계의 문제 제기는 《창작과 비평》, 2005년 봄 호를 참조할 수 있다.
2 '55년체제'란 정치적으로는 자민당의 장기집권과 이를 견제하는 강력한 혁신 야당인 사회당의 2대 정당의 대립시대인 동시에 재계와 정계 관계가 긴밀한 협력체제를 구축한 일본식 사회구조를 의미하기도 한다. '55년체제'는 1955년 11월 22일 제23회 임시국회 개회를 앞두고 좌파와 우파로 나뉘어 대립하던 일본 사회당이 하나로 통일되고 사회당에 대항하던 자유당과 일본민주당이 합당하여 자유민주당(자민당)이 탄생함으로써 시작되었다. 55년체제는 38년이나 지속되다 1993년 중의원 총선거에서 자민당의 과반수에 미치지 못하는 의석 획득으로 붕괴되었다.

개된 정치적 민주화와 경제적 자유화에 그 기원을 두고 있다. 실제로 성장 대 분배, 개방 대 보호, 규제완화 대 정부규제, 양극화와 같은 주제들은 1987년 이후 줄곧 반복되어온 담론들이지만 사회적 선택과 해결 방식은 큰 진전을 보이지 않고 있다. 이러한 현상은 한국 사회가 탈냉전과 세계화라는 경제 환경 속에서 정치적 민주화와 경제적 자유화를 효율적으로 결합할 수 있는 비전 제시에 여전히 실패하고 있음을 반영한다. 따라서 한국 경제의 새로운 해법을 모색하기 위해서는 1987년 이후의 한국 경제를 냉정하게 재평가해볼 필요가 있다. 지난 20년간의 한국 경제의 변화 과정을 살펴보기 위한 출발점으로서 1987년을 국가통치구조 변화의 관점에서 살펴본다.

정치적 민주화 : 이해집단의 발언권 강화

1987년은 한국 사회에서 정치적 민주주의가 본격적으로 진행되기 시작한 해이다. 제9차 개헌과 평화적 정권 교체에 이어 사회 전반에 걸쳐 민주적 절차를 강화하기 위한 제도 개선이 광범위하게 추진되었다. 정치·사회적 영역의 민주화는 우선 경제적 의사결정의 주체를 다원화시켰다. 권위주의적 성장체제하에서는 '정부'와 '기업'이 주된 경제 주체로서 경제적 자원 배분의 중심축에 있었으나, 민주화를 계기로 정부와 기업 외에 '근로자', '소비자', 그리고 '시민사회'가 경제적 조정에 중요한 영향을 미치는 이해관계자로 등장했다. 〈표 1-1〉에서 한국의 이해집단 수의 변화를 보면 노동조합과 시민단체의 수는 1987년을 기점으로 급격히 증가했음을 알 수 있다.[3]

---

[3] 사업자단체 수에 큰 변화가 없는 이유는 경제개발 과정에서 정부가 산업정책과 물가관리를 위해 사업자단체의 설립을 권고한 결과 이미 1980년대 이전에 많은 수의 사업자단체가 설립되었기 때문이다.

표 1-1 설립 시기별 이해집단 및 시민단체의 수

기간	사업자단체 수	노동조합 수	시민단체 수
~1980	2,031	2,393	794
1981~1986	907	2,417	765
1987~1990	209	5,901	
1991~1999	1,401	6,647	2,058

주 : 시민단체는 1980년대와 1990년대의 구분만 가능하므로 765개는 1980년대 설립된 수치임.
자료 : 사업자단체 수는 《공정거래연보》, 노동조합 수는 노동경제연구원 DB, 시민단체 수는 《한국민간단체총람》에서 작성.

이처럼 각 경제 주체들의 발언권이 증가함에 따라 과거와 같은 정부 주도의 자의적이고 재량적(裁量的) 정책결정은 경제적 효율성 여부와 관계없이 실행 자체가 어렵게 되었다. 1988년 1,873건이라는 폭발적인 노사분규, 1992년 제2이동통신사업자 선정 백지화, 1993년 우루과이라운드 협상과 농민시위에 의한 관세 유예화, 1996년 말 노동법 개정 철회 등은 다원화된 경제적 의사결정의 구조와 갈등관리에 실패한 대표적 사례이다.

정치적 민주화는 경제성장에 긍정적 영향을 줄 수도 있고 부정적 영향을 줄 수도 있다. 정치적 민주화로 인해 나타나는 이해집단의 발언권 강화가 적절하게 조정되고 관리될 경우, 민주화는 정치적 불안과 임시응변적인(ad hoc) 정부정책의 비효율성을 줄임으로써 경제성장에 기여할 수 있다. 반면 민주적인 정부가 각 이해집단의 갈등 관리에 실패하거나 특정집단의 이익만을 대변하는 정책 기조를 유지할 경우에는 경제의 불확실성과 자원배분의 왜곡을 유발하기 때문에 경제의 효율성이 저하되고 궁극적으로는 경제성장에 부(-)의 영향을 미칠 수도 있다.[4] 따라서 정치적 민주화에 수반되는 경제 주체들의 다원화된 갈등을 관리할 수 있는 새로운 제도적 장치가 중요해진다.

---

4 정치적 민주화가 경제성장에 영향을 미치는 경로에 대해서는 Tavares and Wacziarg(2001)와 Rodrik (2005)을 참조.

표 1-2 허쉬만(Hirschman)의 모형을 응용한 이해집단의 갈등 관리

		경제 주체의 발언권	
		약(弱)	강(强)
자유로운 진입·탈퇴	약(弱)	개발국가	사회적 조정
	강(强)	시장 중심	부정합(opportunism)

　이해집단이 경제에 미치는 부정적 영향을 억제하기 위한 방안은 사회적 환경에 따라 차별화되지만, 대체로 두 가지의 유형으로 구분된다. 시장지향적이고 경쟁지향적인 해소 방안과 이해당사자 간의 적극적 의사소통과 합의를 통한 사회적 조정 방안이다. 전자는 정책결정 과정의 투명성과 개방성 확대, 각종 거래제한과 무역제한의 폐지, 엄정한 경기 규칙의 집행을 통해 구성원들이 시장을 통한 문제 해결을 존중하도록 유도하는 것이다. 반면에 후자는 중장기적인 이익과 손실의 사회화를 염두에 두고 이해당사자들이 경제적 효율성을 훼손하지 않는 범위 내에서 합리적인 조정 방안을 수립하는 것이다. 예를 들어, 노사 간의 갈등에 대해 미국은 개인 간 계약의 원칙을 우선하고 유럽의 경우에는 노사정위원회 등을 통해 해결해왔다.[5] 반면 한국은 〈표 1-2〉에서와 같이 이해집단에 대한 권위주의적 통제로 인해 진입·탈퇴와 발언의 조정장치가 모두 작동하지 않았던 개발국가 시대를 지나섰으나 앞의 두 가지 유형을 모두 실험하고 있을 뿐 어느 한쪽도 생산적인 효과를 거두지는 못하고 있다.

---

[5] 탈퇴(exit)와 발언권(voice)이 모두 강한 경우는 목표가 없는 자발적인 조직의 경우를 제외하고는 나타나기 어렵다. 예를 들어, 탈퇴가 강하게 나타나면 그 자체가 위기의 신호이기 때문에 대응이 발생하며, 발언이 강화되면 개인은 탈퇴의 비용을 감내할 필요가 없기 때문이다.

경제적 자율의 확대 : 기업의 급성장

1987년은 한국 경제가 산업화의 성과를 확인하면서 경제적 자율화의 토대를 건설하기 시작한 시점으로도 볼 수 있다. 물론 경제자율화는 1980년대 초부터 새로운 경제운용 방식으로 선언되었으나, 좀더 탄력을 받게 된 것은 1987년 이후라고 할 수 있다. 한국 경제는 1960년대 경제개발이 시작된 후 최초로 1986~1989년까지 무역수지 흑자를 기록했으며, 1995년에는 원화절상의 영향이 있었다고는 하지만 국민소득 1만 달러를 달성했다. 이러한 변화는 샴페인을 일찍 터트렸다는 과소비 논쟁에도 불구하고 경제 주체들의 행위에 커다란 변화를 가져왔다.

소비자들은 과거 공급주도형 경제에서 필수적 소비에 치중하던 소비 패턴을 벗어나 내구재 소비에 기반을 둔 높은 소비 증가세를 보였다. 이러한

그림 1-1 30대 기업집단의 자산 규모 및 증가율 추이

자료 : 한국신용평가정보, Kis-Line 재무자료.

표 1-3 기업의 자금조달구조　　　　　　　　　　　　　　　　　　　(단위 : %)

	1981~1985	1986~1990	1991~1996
내부자금	32.2	37.7	29.0
외부자금	67.7	62.3	70.9
(간접금융)	39.9	35.7	36.9
(직접금융)	30.2	41.9	41.0

주 : 간접금융과 직접금융은 외부자금 조달액에서 차지하는 비중(증감액 기준).
자료 : 한국은행, 《자금순환계정》, 각 호.

변화는 국내 경제에서도 대량생산-대량소비의 안정적인 성장을 실현할 수 있는 가능성을 보여주었다. 소비욕구의 다양화를 만족시켜줄 수 있는 생산구조의 유연화 개념을 확장시키는가 하면 생산에 치우친 공급자 중심의 기업경영에서 고객만족이라는 수요자 위주의 경영으로 전략의 초점이 변화하는 계기를 제공했다.

기업 부문에도 정부의존적인 각종 관행으로부터 벗어날 수 있는 토대가 마련되었다. 우선 국내 기업들은 3저 호황(저유가, 저금리, 저달러(엔고))을 거치면서 규모 면에서 급성장했다. 30대 기업집단의 자산 규모는 〈그림 1-1〉에서 알 수 있듯이 1989~1991년 중에는 연평균 30%에 가까운 증가세를 보였다. 기업 자금조달의 원천 역시 다원화되었다. 〈표 1-3〉에 따르면, 1986~1990년 기업의 자금조달 중 내부자금의 비중이 37.7%로 증가했고 외부자금의 조달에서 주식이나 채권 발행 등을 통한 직접금융이 차지하는 비중도 약 42%로 증가했다. 이는 대기업들의 경우 사실상 정부 관리하에 있는 은행에서 벗어나 독자적인 자금조달 능력을 갖추게 되었음을 의미한다.

또한 기업의 R&D 투자 역시 1987년을 기점으로 증가하기 시작했다. 이는 1980년대 중반 이후 정부의 선별적 산업육성정책으로 인한 정부보호 축소와 경공업 위주의 수출 전략에서 중화학공업제품의 수출로 전환되면

표 1-4 민간기업의 R&D 규모 및 재원별 비중 변화 추이 (단위: 억 원, %)

	1981~1985	1986~1990	1991~1995	1996~2000	2001~2004
R&D 규모	4,942	1조 9,919	5조 1,457	8조 6,087	13조 7,316
민간기업/총R&D	69.4	81.9	79.6	71.5	73.4

주: 해당 기간 연평균 수치.
자료: 과학기술부.

서 나타난 한국 산업의 구조적 변화를 반영한 결과이다.[6] 특히 1980년대 중반 이후 한국 경제가 글로벌 체제로 적극적으로 편입됨으로써 민간기업들은 정부보호를 크게 기대할 수 없게 되었다. 글로벌 시장에서 살아남기 위해서는 R&D 투자 확대를 통한 경쟁력 향상에 노력해야 했다. 1981~2004년까지 민간기업의 R&D 규모 및 재원별 비중의 변화 추이를 나타낸 〈표 1-4〉에 따르면, 1980년대 중반 이전에는 민간기업의 R&D 규모가 연평균 4,942억 원이었으나, 중반 이후에는 1조 9,199억 원으로 약 세 배 가까이 증가해 높은 증가세를 보였다. 1990년 이후에도 민간 부분의 R&D 투자 증가세는 지속되고 있으나, 외환위기 이후에는 연평균 60% 내외의 증가율을 보이고 있는 것으로 나타났다. 또한 총R&D 대비 민간기업의 R&D 비중을 보더라도 1986~1990년의 연평균 비중이 81.9%로 전체 기간 중에 가장 큰 폭으로 늘어난 후 지속적으로 70%대 이상을 유지하고 있어 이 기간이 한국의 R&D 투자 패턴에 구조적 변화가 있었음을 보여주고 있다.

---

[6] 1970년대 중화학공업 육성정책의 근간을 이루었던 7개 개별산업(섬유, 기계, 전자, 조선, 석유화학, 철강, 비철금속)지원법이 1986년 '공업발전법'으로 일원화되면서, 진입제한 등을 포함한 140여 개의 규제조항이 14개로 축소되었으며, 연구개발, 중소기업 지원 등 기능별 지원정책이 강화되었다. 또한 정부의 기업보호정책이 축소되어 1990년대 초반에는 제조업에 대한 정부보조금이 선진국 수준인 국민총생산(GNP) 대비 1.9%로 낮아졌다. 이제민(1998).

경제자유화와 개방 : 글로벌 체제로의 진입

이처럼 개별 경제 주체들의 경제력이 증가하기 시작하면서 1980년대 중반 이후 경제자유화가 빠르게 진행되었다. 경제개방 정도를 나타내는 수입자유화율은 1980년대 초의 70%대에서 1980년대 후반에는 95%대로 높아졌으며 평균 관세율도 지속적으로 하락했다. 전산업에 대한 실효보호관세율(이하 실효보호율)[7]도 1980년의 38.9%에서 1988년 18.9%까지 하락하여 산업 육성을 위한 보호주의적 조치의 영향이 줄어들고 있음을 확인할 수 있다. 특히 경제개방은 WTO가 목표로 하는 실물 부문에 이어 금융 부문으로 진전되었다. 1996년 OECD 가입을 계기로 한국 경제는 자본시장 개방, 금융자유화, 외국인 투자 관련 산업 개방, 노사 관련 법규 제정, 개도국 지위 관련 자유화 조치 등에 착수하였다. 1997년 1월 현재 한국의 자본자유화 유보율 수준은 45.1%로 OECD 회원국의 평균 수준인 8.2%를 크게 상회하고 있는데, 이는 역으로 자본자유화가 한국 경제의 새로운 도전이었음을 의미한다.[8]

경제 개방 및 자유화는 대체로 경제성장에 긍정적인 효과를 미치는 환경 변화로 간주된다. 그러나 산업화 이후 추진되는 자유화는 경제개발 초기 단계의 자유화와 구분된다. 경제개발 초기 단계의 자유화는 사적 소유권의 확립, 계약 집행에 대한 법적 보호, 무역자유화 등이 기본적인 요소이지만, 경제가 성장한 이후의 자유화는 시장을 통해 채권자, 주주, 경영자, 근로자들이 스스로 선택하고 책임질 수 있는 좀더 선진화된 제도들의 정비를 필

---

[7] 실효보호관세율(effective protective tariff rate)은 최종재 수입에 부과되는 명목관세뿐만 아니라 수입에 부과되는 관세도 고려하여, 전체 관세구조가 자국의 수입 경쟁 산업에 미치는 효과를 분석하기 위해 사용되는 개념이다.

[8] 자본자유화 유보율은 총자유화 항목 수(91개)에 대한 유보 항목 수의 비율로 한국은 1997년 1월 현재 41개 항목을 유보한 상태이다. 김태준(1997).

표 1-5 수입자유화율, 평균 관세율 및 실효보호율 (단위 : %)

	1982	1984	1986	1988	1990	1992	1994	1996
수입자유화율	76.6	84.8	91.5	95.3	96.3	97.7	98.6	99.3
평균 관세율	23.7	21.9	19.9	18.1	11.4	10.1	7.9	7.9

주 : 수입자유화율은 자동승인품목/총품목 수, 평균 관세율은 전체 세목의 단순평균세율.
자료 : 박상태(1997).

표 1-6 제조업 및 전산업의 실효보호율 추이 (단위 : %)

	1978	1980	1983	1985	1988	1990	1993	1995
제조업	11.0	22.8	19.8	11.1	0.9	10.0	6.1	4.4
전산업	33.6	38.9	37.2	27.3	18.9	25.8	15.1	13.2

자료 : 홍성덕(1997).

요로 한다. 특히 정부 주도의 산업화를 경험한 국가들의 경우 민간 부문의 자율적 규율 능력이 취약할 수 있으므로 이에 대한 제도들을 보완해야 한다. 이는 금융기관, 기업, 주식시장, 각 이익집단의 자율적 견제와 균형을 위한 지배구조 개혁 과제임을 의미한다.[9]

실제로 한국 경제의 경우 자유화의 흐름 속에서 생산물시장은 개방과 경쟁체제에 진입했으나 요소시장에서 게임의 룰은 매우 취약한 상태였다. 금융기관은 소유의 민영화는 진전되었으나, 은행장 인선 과정에 대한 정부의 영향력에서 보듯이 경쟁의 논리가 작동하기에는 한계가 있었다. 노동시장 역시 근로자의 발언권은 강화되었으나, 이를 효율적으로 해결할 수 있는 법·제도적 장치는 지연되는 과도기적 상태에 머물러 있었다. 요소시장에서의 경쟁과 경쟁력 부진은 총수요의 확대와 더불어 외환위기 직전까지, 이른바 고비용-저효율 논의로 전개되었지만 그 본질은 이해관계자들 사이의 독자적인 규율에 기반을 두고 지속적인 성장을 할 수 있는 금융과 산업

---

[9] Lanyi and Lee(1999).

시스템의 새로운 구축이었다고 볼 수 있다.

정치적 민주화와 경제적 자유화의 결합 : 한국 경제의 제도적 승격 문제

정치적 민주화와 경제적 자율과 개방은 각각 경제성장에 긍정적인 효과를 유발할 수 있다. 그러나 정치적 민주화와 경제적 자유화를 효과적으로 결합하는 것은 쉬운 일이 아니다.[10] 특히 후발산업국가가 양자를 조화시키는 새로운 경제 시스템을 구축하는 과정에서 많은 혼란이 발생할 수도 있다.

역사적으로도 후발산업국인 일본과 독일은 '선진국 따라잡기'에 성공한 20세기 초 정치적 민주화의 요구와 시장경제의 자유화 과정에서 극심한 정치·사회적 변동을 경험했다. 라틴아메리카 역시 양자의 조화에 실패하면서 현재까지도 자유주의적 경제개혁과 민주화의 문제를 고민하고 있다.

한국 경제의 경우 정치적 민주화 이후 경제성장을 지속한 성공적인 모델로 평가받았지만, 민주화와 자유화에 맞는 제도 개선이 뒷받침되지 않은 상황에서 이해집단 간의 첨예한 갈등 등으로 1997년 외환위기에 직면하였다. 또한 일부 논자들의 경우 경제 규모가 성장함에 따라 관계지향적인 경제가 시장지향적인 경제로 재편되어가는 경향을 지적하고 있으나 이는 일반화하기 어려운 주장이며, 새로운 시스템의 구축까지는 많은 고통이 따른다.[11] 자본시장의 자유화와 관리, 시장을 통한 이해관계자들의 견제와 균형 문제 등은 경제적 자유화가 성공하기 위한 핵심과제이다.

---

10 이제민(1998)은 후발산업국가가 정치적 민주화와 경제적 자유화를 결합하면서 시장경제로 이행하는 문제가 '산업화의 돌파구'를 찾는 것만큼 어려운 일이라고 지적한다.

11 Rajan and Zingales(1998).

그림 1-2 경제 시스템의 발전 경로와 한국의 현 위치

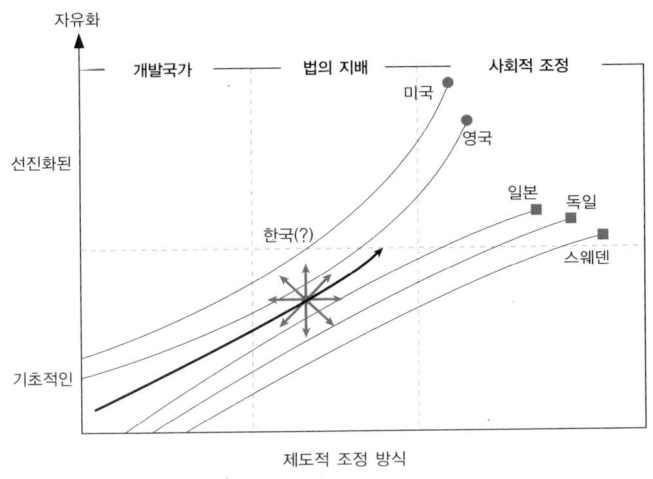

자료 : 한국신용평가정보, Kis-Line 재무자료.

앞서 살펴본 대로 정치적 민주화에 대한 대응을 '재량적 정부-법의 지배-사회적 통합'으로 분류하고 경제적 자유화를 '기초적 자유화(basic liberalization)-선진화된 자유화(advanced liberalization)'로 구분할 경우 영·미형은 법의 지배와 선진화된 시장의 조합으로, 유럽형은 사회적 통합과 기본적 자유화의 조합으로 생각할 수 있다. 특히 〈그림 1-2〉에서 보듯이 경제 시스템이 가지는 보완성의 문제 때문에 각각의 경제 시스템은 상호보완적인 제도들이 결합하는 방향으로 발전한다.[12] 반면에 한국의 경우에는 정치적 민주화와 경제적 자유화라는 새로운 환경에서 적절한 경제 시스템의 발전 궤도를 확립하지 못한 채 절충과 실험을 반복하며 과도기적 혼란 상태에서 방향성을 잃고 표류하고 있는 상황이다.

---

[12] 제도적 보완성에 대해서는 Milgrom and Roberts(1995)와 Schmidt and Spindler(2002)를 참조.

02

정체성의 혼란과 비전의 부재

한국 경제를 보는 이념적 스펙트럼

한국 경제는 지난 20년 동안 '기적'과 '위기'의 극단적 상황을 번갈아 경험하며 성장해왔다. 1987년 이후 10년간은 동아시아 기적의 대표적 사례라는 찬사 속에 고도성장을 지속해온 반면, 외환위기 이후 10년간은 '낡으면 폐지해야 할' 시스템이라는 냉소 속에서 경제·사회 전 부문에 걸쳐 개혁을 진행해왔다.

그러면 외환위기 이후 현재의 한국 경제는 정상궤도에 진입했는가? 해외에서는 한국 경제를 위기극복과 구조조정의 모범사례로 평가하기도 하지만, 국내의 평가는 결코 호의적이지 않다. 무엇보다 연평균 8% 내외의 고성장을 기록했던 한국 경제는 2000년 이후 4% 중반으로 경제성장 기조가 약화되었으며, 양극화와 소득분배 구조의 왜곡 등이 경제 현안으로 제기되고 있는 상황이다. 특히 예측 불가능한 불확실성(fundamental uncertainty)에 휩싸인 경제 주체들의 '경제의지(economic will)'가 갈수록 위축되고 있다. 더욱이 한국 경제의 진단과 처방을 둘러싼 논의들은 실용

표 1-7 한국 경제를 보는 네 가지 시각

	주요 내용

영·미형 시장경제	• 성장동력 회복을 위해서는 시장의 효율성 제고가 필요
	• 원칙 ① 주주자본주의 지지 ② 고용·노사 관계 유연화
	      ③ 기업 및 금융기관의 소유권과 자율성 보장
	      ④ 정부규제 완화 및 공공 부문 축소 ⑤ 시장개방 등

정부 중심 시장개혁론	• 외환위기 재발을 방지하기 위해 재벌·금융·노동 부문에 대한 정부 주도의 개혁이 필요 • 원칙 ① 주주자본주의 지지 ② 금융에 대한 정부규제 필요 ③ 노사정 모델 지지 ④ FTA 등 개방 지지

유럽형 코퍼러티즘	• 외환위기 이후 외국 자본의 금융지배, 소득불평등 심화가 배경
	• 원칙 ① 재벌에 대한 사회적 통제 : 노조의 경영 참여 등
	      ② 금융의 공공성 강조 ③ FTA 등 시장개방 반대
	      ④ 노사정 모델을 확대해 분배 등 사회 현안을 사회적 합의로 해결

한국형 신발전주의	• 외환위기 이후의 과도한 개혁이 성장동력 훼손의 원인
	• 과거 산업화 모델과 같은 고유의 성장 모델이 필요
	• 원칙 ① 기업 경쟁력 중심의 규제 완화
	      ② 비시장적 정책(노사정, 형평성 위주 분배정책) 반대
	      ③ 시장개방, 그러나 국내 기업 역차별규제 정비, 경영권 보호장치 필요

적인 고민과 미래의 대안이 아니라 이념적 대립과 정체성의 혼란으로 확대되는 양상을 보이고 있다.

현재 한국 경제를 둘러싼 담론들은 〈표 1-7〉에서와 같이 대체로 네 가지로 분류 가능하다. 우선 경제 운영의 중심축으로 '시장'과 '정부' 중 어느 쪽을 중시하는가에 따라 견해가 달라진다. 이들은 다시 보편적인 시장의 규칙과 개방을 중시하는가, 아니면 각국이 처한 상황과 형평성에 기반을 둔 정부의 보호주의적 규제정책을 지지하는가에 따라 차별화된다. '외국 자본과의 친화성' 대 '국내 기업의 경쟁력 우선'으로 나타나는 시각의 차이는 세계 경제의 주변국인 한국의 경제 상황을 반영하는 독특한 이론적 흐름이다.[13]

영·미형 시장경제

영·미형 시장경제를 지향하는 그룹에서는 향후 한국 경제의 성장동력을 시장의 효율성 제고에서 찾을 것을 주장한다. 이를 위해 시장의 기본 질서가 확보되어야 하는데, 그 원칙은 주주자본주의 지지, 고용 및 노사 관계의 유연화, 기업 및 금융기관의 소유권 및 자율성 보장, 정부규제 완화 및 공공부문 축소, 시장개방 등으로 요약된다. 대체로 외환위기 이후 진행된 개혁의 틀과 내용을 지지하지만 개혁의 목표가 시장에 있는 만큼 개혁 과정에서 발생한 정부의 과도한 개입주의정책과 '큰 정부(big government)'의 위험을 경계한다.[14] 물론 이와 반대로 일부에서는 시장원칙을 위협할 수 있다는 문제점을 들어 대기업에 대한 강력한 규제를 주장하기도 한다. 아울러 국내 기업이 글로벌화되고 자본시장이 개방된 상태에서 외국 자본과 국내 자본의 구분은 무의미하며 재벌규제도 세계 시장의 보편적 규칙에 따를 것을 주장한다.

정부 중심 시장개혁론

정부와 정치권을 중심으로 광범위하게 유행하고 있는 한국 경제 개혁론은 외환위기의 재발을 방지하기 위해서는 재벌·금융·노동 부문의 광범위한 개혁이 필요하며 시장이 불완전하기 때문에 정부가 개혁 과정을 관리할 수

---

[13] 물론 이상의 네 가지 시각 외에도 국적 불명의 다양한 주장이 등장하기도 한다. 이들은 대체로 보수 대 진보의 이념적 갈등을 내걸고 있지만 불행히도 한국 경제를 보수 대 진보의 잣대로 구분하는 시각은 논의를 정리하기에 적합하지 않을 뿐만 아니라 혼선만 초래한다. 외환위기 이후 개혁이 강조되던 시기에는 영·미형 시장경제론과 정부 주도의 개혁론이 진보로 평가되었는가 하면 최근 들어서는 정부 주도의 개혁론과 유럽형 코퍼러티즘(corporatism)이 동시에 진보로 간주되는데, 이는 모두 전통적인 보수 대 진보의 패러다임과는 차이가 있다.

[14] 최광(2004).

밖에 없다는 주장으로 요약된다. 이들은 재벌과 금융에 대해서는 주주자본주의와 정부규제를, 노동 부문에 대해서는 노사정 모델을 지지한다는 점에서 절충적이다. 또한 FTA와 같은 개방노선을 지지함과 동시에 분배 중심의 경제정책을 강조한다는 점에서 혼란을 일으키기도 한다. 외국 자본에 대해서는 외환위기 직후 다른 나라에 비해 지나치게 관대한 정책 기조를 유지하다가 최근 들어서는 규제의 필요성을 강조하는 등 혼선의 빌미를 제공하고 있다.

유럽형 코퍼러티즘

참여정부 들어 본격적으로 강조되기 시작한 유럽형 코퍼러티즘은 사회적 시장경제론으로 불리기도 한다.[15] 한국에서는 외국 자본의 금융지배, 소득 불평등의 심화 등을 배경으로 진보 진영에서 주장하고 있다. 이들은 대체로 재벌에 대한 사회적 통제와 노사정 모델을 지지한다. 사회적 통제의 방법으로는 노조의 경영 참여에서부터 연기금의 견제, 공익 재단화, 심지어 주주자본주의에 이르기까지 매우 다양하며 혼란스럽다. 일부에서는 외국 자본에 맞서 대기업의 경영권을 사회가 보호해주되 정부가 사회적으로 통제할 것을 주장하는가 하면, 외국 자본과 국내 자본의 구분은 무의미하며 자본 대 노동의 대립이 중요하다고 주장하기도 한다. 외국 자본과 대립적인 시각을 견지하는 논자들은 금융에 대해서도 과거 산업화 과정에서처럼

---

15 코퍼러티즘은 전후 서유럽의 복지국가 모델에 기초하고 있지만, 국가마다 매우 다양하기 때문에 일률적인 정의가 존재하지 않기 때문에 이론적 논의가 어렵다는 단점을 안고 있다. Pekkarinen at al(1992). 특히 1980년대 네덜란드의 개혁 모델을 분석한 Visser and Hemerijck(1997)은 "지난 15년간 네덜란드의 경험은 복지국가의 세련화에 긍정적인 해답을 준 것은 사실이지만, 다른 국가들이 따라올 정책 사례로 기능할 수 있는 모델을 제시해주지는 않는다. 이는 1970년대 학계, 저널리즘, 그리고 정책결정자들 사이에 악명을 떨칠 정도로 유행했던 스웨덴 모델과 마찬가지이다"라며 코퍼러티즘 모델은 그랜드 디자인으로 형성된 것이 아님을 지적하고 있다.

은행이 경제성장에 적극적인 역할을 담당해야 한다고 주장하기도 한다. 또한 노사정 모델을 사회 전체로 확장하여 분배 문제와 같은 사회 현안을 사회적 합의 모델로 해결할 것을 주장한다. FTA 등 시장개방에 대해서는 당연히 반대하며 재정확대를 통한 분배정책을 적극 지지한다.

한국형 신발전주의

외환위기 이후의 과도한 개혁으로 한국 경제의 성장동력이 감소하고 있다는 점에 주목하며 과거 산업화 모델과 같은 고유의 성장 모델을 모색하고 있다. 기본적으로 노사정 모델, 형평성 위주의 분배정책과 같은 비시장적 정책에 반대하며 경쟁력 강화를 위한 규제 완화를 지지한다. 또한 시장개방을 불가피한 선택으로 인식한다는 점에서 영·미형 시장경제와 유사하지만 경제 주권을 보호하기 위해서는 국내 기업에 대한 각종 역차별적 규제를 정비하고 경영권 보호장치를 주장한다는 점에서 유럽형 코퍼러티즘의 일부 논자들과 유사하다. 그러나 FTA, 분배정책, 노사 문제, 기업에 대한 사회적 통제 등이 쟁점화될 경우 유럽형 코퍼러티즘의 주장과는 시각 차이가 좀더 커질 것으로 예상된다.

한국 경제 시스템을 둘러싼 논의의 문제점

앞의 네 가지 시각은 풍부한 대안을 모색한다는 점에서는 바람직하지만 이론적인 측면을 제외해도 공통적인 몇 가지 문제점을 안고 있다.

첫째, 논의의 토대가 되는 이상적인 경제 시스템에 대한 공통지식과 정보가 매우 취약하다. 모든 논의가 특정 국가를 준거 틀로 삼고 있으나, 이들 국가의 발전 과정과 제도적 환경에 대한 연구는 일면적인 경우가 많다. 예를 들어, 영·미형 시장 중심 금융 시스템과 유럽형 관계지향적 금융 시스템에 대한 극단적인 해석은 양자가 중층적으로 결합된 선진국의 금융 시스템과 근본적으로 차이가 있다. 또한 노사정 모델이 비교적 원활하게 기능하는 국가들의 정치·사회·경제적 조건들에 대한 구체적인 분석보다는 다른 국가가 합의한 결과와 성과만이 단편적으로 강조된다. 이처럼 빈약한 지식과 정보가 한국 경제의 대안에 대한 논의를 이념적 대립으로 몰아가는 부작용을 낳고 있다.

둘째, 네 가지 시각 모두 나름대로 이상적인 경제 시스템이나 모델을 주장하면서도 현실정합성에 대해서는 크게 주목하지 않고 있다. 따라서 추상적이고 규범적인 차원을 넘어 한국 경제에 어떻게 접목이 가능한가에 대해서는 구체적인 어젠다가 제시된 적이 거의 없다. 이는 한국 경제의 성장 과정에서 정부가 현안 과제 해결을 위해 필요할 때마다 미국이나 일본으로부터 관련된 법과 제도를 수입하는 관행(institutions shopping)에 익숙해져 있기 때문인데, 이러한 관행이 현실에서는 개혁 과정의 혼란을 초래하는 요인이 되고 있다. 예를 들어, 자본시장에서는 주주자본주의를 개혁의 목표로 설정하고 있으나 노동 부문에서는 노사정 모델을 수입하려고 한다든지 혹은 개방과 규제 완화를 주장하면서도 분배에서는 사회민주주의적 방식을 선호하는 경우이다.[16] 따라서 새로운 법과 제도를 둘러싼 갈등은 물론 새로운 제도가 끊임없이 제정되고 있으나 사회 전체의 생산성을 제고할 수 있는 제도 간의 정합성(institutional complementarity) 문제는 배제되고 있다. 이러한 혼란 때문에 기업을 비롯한 경제 주체들의 불확실성에 대한 경

---

[16] 이러한 차원에서 Hundt(2005)는 외환위기 이후 한국 경제의 개혁 과정을 경제적 신자유주의와 정치적 포퓰리즘(populism)의 어울리지 않는 결합이라고 평가한다.

계심리가 더욱 증폭되는 경향이 있다.

셋째, 한국 경제의 강점과 약점에 대한 냉정한 분석이 부족하다. 1970년대의 산업화 경험은 매우 소중한 자산이지만, 후발산업화 모델은 최소한 1990년대를 경과하면서 회귀할 수 없는 역사가 되고 있다. 산업화 모델을 견인할 권위주의적 정부가 사회적으로 수용될 수 없을 뿐만 아니라 냉전체제하의 보호주의정책도 국제적으로 용인되지 않으며 경제활동을 둘러싼 이해관계자들도 정부와 기업에서 근로자와 외국 자본으로까지 확대되었다. 이러한 환경 변화를 고려하지 않고 과거 고도성장기에 작동했던 메커니즘과 유사한 강점을 강조할 경우 사회적 수용력이 문제가 된다. 반면 국내의 문화적 가치 등을 이유로 경제성장에 대해 근거 없는 냉소적 시각이 제기되기도 한다. 그러나 현재 한국 경제가 진행하고 있는 정치적 민주화와 경제적 자유화의 결합은 후발산업국가인 독일과 일본조차도 역사적으로 큰 진통을 겪었던 어려운 실험이며, 따라서 실망할 필요는 없을 것이다. 결국 한국 경제의 현황에 대한 인식을 공유할 수 있는 정형화된 사실을 확보해야 미래의 비전 설계를 위한 좀더 생산적인 논의가 가능할 것이다.

03

방법론
경제 시스템, 거시경제, 그리고 제도

경제 시스템의 정의

앞에서 제시된 문제점들을 염두에 두면서 한국 경제의 현안을 해결하기 위한 새로운 경제 시스템을 모색해보자. 이를 위해 지난 20년간의 한국 경제에 대해 회고가 필요하다. 한국 경제를 돌아보는 이유는 소모적인 논쟁을 지양하고 현 상황을 좀더 객관적으로 평가하기 위한 것이다. 여기에서는 이러한 개관적인 평가의 준거 틀로서 경제 시스템을 정의하고, 그 특징을 설명하기로 한다.

  전통적인 경제 시스템 논의는 경제적 의사결정이 계획에 의존하는가, 또는 시장에 의존하는가에 집중되어왔다. 그러나 동구권의 붕괴로 자본주의 대 사회주의 구분이 현실적 의미를 상실한 반면, 고유의 제도적 혁신을 통해 성장한 일본, 독일, 그리고 동아시아의 경제가 주목받으면서 경제 시스템에 관한 논의의 초점은 자본주의의 다원성과 시스템 간의 경쟁으로 이동해왔다. 요컨대 최근의 논의들은 동일한 시장경제체제 내에서도 금융·노동·기업조직 등 경제 관련 제도들의 연관성에 따라 다양한 경제 시스템이

그림 1-3 경제 시스템의 구성

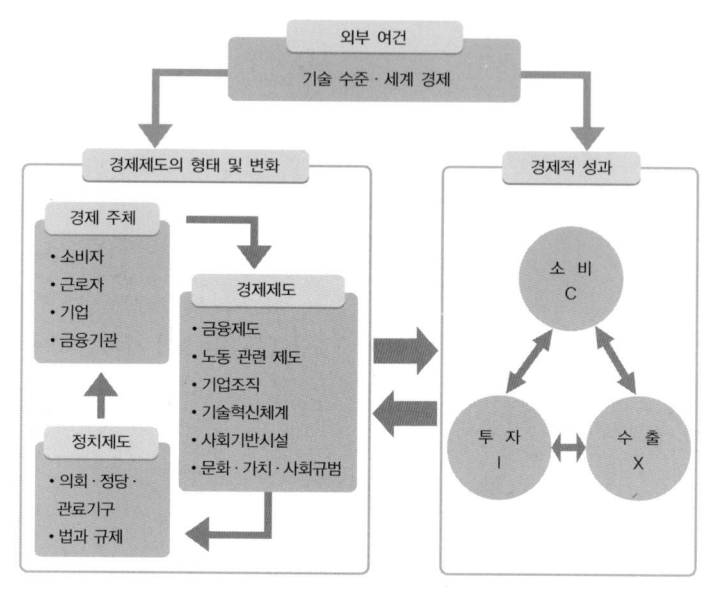

존재할 수 있으며, 이에 따라 경제적 성과가 좌우된다는 점을 강조하고 있는 것이다.

경제 시스템은 한 사회의 생산과 소비, 그리고 분배를 결정하는 사회구성원과 조직, 그리고 이들 사이의 상호작용을 규정하는 규칙과 규범이라고 정의할 수 있다.[17] 이 논의에서는 경제 시스템을 특정 경제의 제도적 환경과 경제적 성과 사이의 관계를 포괄하는 개념으로 사용하며 경제 시스템의 구성을 구체화하면 〈그림 1-3〉과 같다.

우선 제도적 환경은 경제제도와 정치제도, 그리고 경제 주체들의 선택으로 구성된다. 경제 주체들은 기술 수준이나 세계 경제 환경과 같은 외부적

---

[17] Bornstein(1985).

환경 외에도 금융제도, 노동 관련 제도, 기업조직, 사회간접자본 등 다양한 제도적 제약 조건하에서 소비와 저축, 노동 공급, 재화와 서비스의 생산 등 경제적 의사를 결정한다. 물론 현재의 경제제도에 만족하지 못할 경우 경제 주체들은 정치 조직을 동원하여 제도의 변화를 추진한다. 경제제도의 형태와 변화는 독립적 혹은 복합적으로 소비·투자·수출 등 거시경제의 성과에 영향을 미치며 이들 거시총량변수들은 임금·물가·생산성·고용 수준 등의 매개변수와 관계하면서 상호 인과관계를 형성한다. 예를 들어, 노동조합의 파워가 강력해지고 생산성을 웃도는 임금 상승이 지속될 경우 단기적으로는 임금 상승에 따른 소비 확대가 가능하다. 그러나 기업의 채산성 악화로 투자가 부진해지고 생산 능력을 초과하는 수요의 확대로 물가 상승이 초래될 경우 실질임금의 하락과 소비·투자의 부진이 발생하고 이로 인한 경기침체는 노동 관련 제도의 변화를 사회적 이슈로 등장시킨다.

경제 시스템의 관점에서 한국 경제를 분석하기 위해서는 다음과 같은 세 가지의 작업이 이루어져야 한다. 첫째, 경제 시스템의 성과를 평가할 수 있는 기준이 마련되어야 한다. 경제 시스템의 성과는 경제성장률뿐만 아니라 한 국가의 성장잠재력을 고려하여 이루어져야 한다. 또한 공급 측면에서의 성장잠재력뿐만 아니라 수요 측면에서의 영향도 고려되어야 '시스템'이 의미하는 상호연관성을 반영할 수 있다. 둘째, 경제적 성과의 안정성 또는 질을 평가해야 한다. 시스템이라는 용어를 사용하는 이상 경제는 구성요소들의 단순합이 아니라 유기체로서 의미를 갖게 되며 나름대로의 진화 과정을 거쳐 생성·발전·소멸한다는 전제가 포함되어 있다.[18] 따라서 단순한 성장률이 아니라 경제 시스템의 안정성, 즉 소비·투자·수출 등 주요 거시

---

18 시스템은 그리스어 'syn(together)' + 'histani(cause to stand)'의 합성어인 'systema'에 어원을 두고 있으며 어떤 유기체 내에 있는 필수적인 부분들의 집합체라는 사전적 의미를 갖고 있다.

경제변수들 사이의 안정적 상호 관계를 분석할 필요가 있다. 셋째, 경제 시스템의 특징을 파악하기 위해서는 경제제도에 대한 분석이 필수적이다. 즉 경제적 성과는 단순히 '기술+선호체계'에 의해 결정되는 것이 아니라 '기술+선호+제도'의 함수로 이해되어야 한다.[19] 이는 정부의 역할, 금융제도, 노동 관련 제도, 기업조직, 기술혁신체계, 문화와 규범 등이 경제 주체의 선택과 경제적 성과에 미치는 영향을 좀더 미시적으로 분석해야 된다는 점을 의미한다. 앞의 세 가지 분석을 위한 방법론을 다음에서 구체적으로 살펴본다.

분석 모델 : 경제 시스템과 거시경제의 연관 중심으로

잠재성장률과 총수요

거시경제적 성과 중 대표적인 것이 특정 경제의 성장 능력, 즉 실제경제성장률 또는 잠재성장률로 표현할 수 있다. 여기에서는 한 국가의 잠재성장률이 노동·기술과 같은 생산요소, 기술 진보, 그리고 총수요의 변동에 의해 결정되는 새로운 모형을 구성한다. 이 모형은 일반적인 성장회계모형과 달리 총수요가 잠재성장률에 미치는 영향을 반영한다. 새로운 모형을 구성하는 이유는 다음과 같다.

첫째, 경제 시스템의 변화를 살펴보기 위해서는 총공급과 총수요의 변화를 통합할 수 있는 모형이 필요하다. 기존의 잠재성장률모형은 총공급 측

---

19 青木昌彦·奧野正寬(1996)는 경제 시스템 연구의 어젠다로 경제 시스템의 다양성, 제도 간의 전략적 보완성, 경제 시스템 내부의 제도적 보완성, 경제 시스템의 진화와 경로 의존성, 개혁과 이행의 점진성 등 다섯 가지를 제시하고 있다.

면만을 반영하기 때문에 총수요 측면의 불균형이 심화되고 있는 한국 경제의 거시경제적 불균형을 설명하기에는 부족하다. 즉 노동, 자본과 같은 생산요소의 투입과 기술 수준의 변화는 총공급 측면의 경제적 성과를 설명해주지만, 총수요 혹은 지출 측면이라고 할 수 있는 수출-투자-소비의 거시경제적 연관성이 약해지고 있는 현재 한국 경제의 문제점들은 반영하지 못한다.

둘째, 경제제도가 경제적 성과에 미치는 영향을 분석하기 위해서도 총수요의 변화를 주목할 필요가 있다. 기존의 연구들은 대부분 생산 요소의 투입과 관련된 제도를 강조해왔지만, 경제제도는 총수요에도 영향을 미친다. 예를 들어, 정치적 불확실성, 정부규제의 비일관성 등은 투자 수준에 영향을 주고 고용제도의 변화는 소비 수준에 영향을 미칠 수 있다. 따라서 경제제도의 질을 평가하고 한 사회의 성장잠재력을 극대화할 수 있는 사회적 역량을 제고하기 위해서는 총수요의 변동을 초래하는 제도적 요인들을 강조할 필요가 있다.

셋째, 성장잠재력은 총공급뿐만 아니라 총수요에 의해서도 향상될 수 있다는 점을 이론화한다. 예를 들어, 최근 논의되고 있는 내수주도형 성장, 서비스업의 경쟁력 제고 방안 등은 모두 총수요 증가에 의한 성장잠재력 제고 방안 가운데 하나라고 평가할 수 있다. 특히 최근 한국 경제가 노동과 자본의 투입이 저하되고 기술 발전은 정체되어 있다는 점에 주목한다면 총수요의 변화를 통한 성장잠재력의 제고는 매우 중요한 정책적 함의를 던져줄 수 있을 것이다. 총수요의 변동을 고려한 잠재성장률모형은 〈그림 1-4〉로 표현된다.[20]

이 모형에서 총공급 수준은 세 가지로 나누어진다. 실제 경제에 공급되

---

20 총수요를 반영한 잠재성장률 추정 모형에 대한 이론적 도출 과정과 추정 방법에 대해서는 5장을 참조.

그림 1-4 총수요와 총공급, 산출물 갭, 잠재총공급 관계

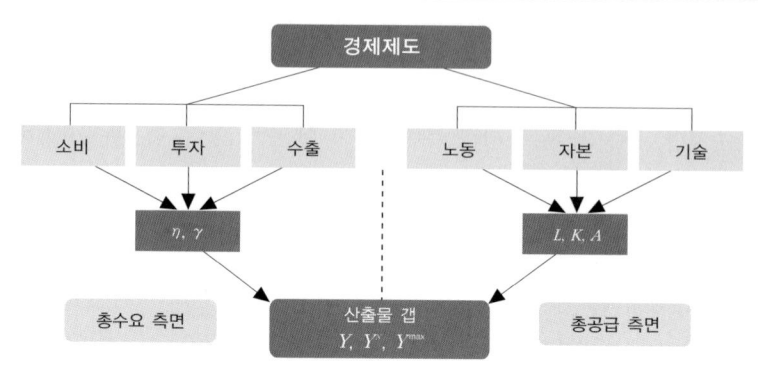

Y : 실제총공급, Y^N : 잠재총공급, Y^{max} : 최대총공급
L : 노동, K : 자본, A : 기술 수준
η : 노동의 가동률, γ : 자본의 가동율

는 실제총공급 외에 최대총공급(maximun aggregae supply)과 잠재총공급(potential aggregate supply)을 정의한다. 최대총공급은 주어진 기술하에서 자본과 노동 등 가용한 모든 생산요소를 최대한 가동했을 경우 생산 가능한 공급 수준을 의미한다. 잠재총공급은 생산요소시장이 자연실업률(natural rate of unemployment)에서 균형을 이루며 인플레이션을 유발하지 않는 공급 수준이다. 실제총공급은 경제상황에 따라 잠재총공급 수준을 웃돌 수도 있고 밑돌 수도 있다. 앞의 세 가지 총공급은 생산요소와 생산물의 기술적 관계를 결정하는 다양한 제도적 요인에 의해 결정된다.

산출물과 생산요소 사이의 관계를 '콥-더글러스 생산함수' 형태로 가정하여 정리하면 앞의 세 가지 총공급 수준을 나타내는 식을 구할 수 있으며, 총수요와 잠재공급 수준의 관계를 나타내는 다음과 같은 식을 얻을 수 있다.[21] 즉 한 국가의 잠재성장률 변화($\hat{Y}^N$)가 실제총공급증가율($\hat{Y}$)과 함께

---

[21] 총생산함수와 산출물 갭에 대한 자세한 논의는 5장을 참조.

실제총공급과 잠재총공급의 차이인 산출물 갭(output gap)의 변화(ΔG)로 구성됨을 의미한다.

$$\hat{Y}^N = \hat{Y} + \Delta G$$

앞의 식을 추정함으로써 우리는 기존의 공급 측면 위주의 성장회계분석과 달리 총수요의 변동과 이로 인해서 초래되는 산출물 갭의 변동이 잠재총생산과 잠재성장률에 미치는 영향을 분석할 수 있다.

성장 메커니즘의 안정성 : 소비-투자-수출

경제 시스템의 특징과 안정성을 분석하기 위해 소비-투자-수출 사이의 상호 연관 관계를 분석한다. 이들 사이의 상호 연관 관계의 방향과 정도를 통해 선진국의 경제 시스템과 한국 경제를 비교·평가할 수 있으며 특정 시기의 거시경제적 특징을 파악할 수 있다. 예를 들어, 수출주도형 경제란 수출 → 투자 → 소비의 인과관계가 두드러지는 경제이며, 내수주도형 경제란 소비 → 투자 → 수출의 인과관계가 우위에 있는 경제라고 볼 수 있다. 최근 한국 경제가 경험하고 있는 거시경제적 불안정성은 앞에서 지적한 수출주

그림 1-5 가상적인 수출주도형 경제 시스템의 거시경제적 연관

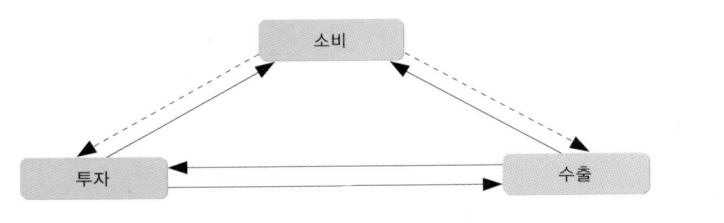

도형 경제의 거시경제적 연관성이 약화되고 있을 뿐만 아니라 내수주도형 경제의 루프도 약해지고 있기 때문이다.

경제 시스템의 안정성을 파악하기 위해 한국 경제와 주요 선진국 경제에 대한 '그랜져 인과관계 검정(Granger casality test)'을 사용한다.

경제제도와 경제적 성과 분석

앞에서 구축한 총수요의 변화를 반영하는 잠재성장률 추정 모형은 경제 시스템의 시기별 특징과 변화를 거시적으로 평가하는 데 사용할 수 있다. 그러나 총공급과 총수요에 영향을 미치는 제도적 요인들은 좀더 미시적인 분석이 수반되어야 가능하다. 경제성장 과정에서 제도의 중요성은 1980년대 제도경제학의 부활과 더불어 강조되어왔지만 구체적인 실증 분석으로 연결할 수 있는 방법론은 아직 진행 중이다. 여기에서는 잠재성장률의 변화에 영향을 미치는 요인들을 구체적으로 파악하기 위해 다양한 제도적 요인들을 분석한다. 단순히 노동과 자본, 그리고 기술 수준의 변화를 정량적으로 분석하는 수준을 넘어 현재 쟁점이 되고 있는 다양한 제도의 개혁과 그 결과 등 제도적 요인들을 고려한다. 특히 정부, 금융, 노동, 기업조직 등의 경제제도를 환경적합성과 제도안정성 등의 측면에서 평가한다.

04

경제 시스템의 관점에서 본 한국 경제의 특징

시기별 성장 능력과 산출물 갭

〈그림 1-6〉은 앞의 잠재성장률 추정 모형에서 계산된 최대총공급(최대 GDP), 잠재총공급(잠재GDP), 그리고 실제총수요를 나타내는 실제총공급(실제GDP)을 보여준다. 〈표 1-8〉은 잠재총공급과 실제총수요의 차이인 초과공급 혹은 산출물 갭을 나타낸 것이다.

1975년 이후 현재까지의 총수요와 잠재총공급의 추이를 살펴보면, 1975~2005년까지 한국 경제의 총수요는 잠재산출물 수준을 4.7% 밑도는 것으로 나타났다. 시기별로는 1970년대 중·후반부터 1980년대 중반까지는 잠재총공급과 총수요의 차이가 8.4%까지 상승했는데, 이는 중화학공업에 대한 집중적인 투자로 잠재성장률이 상승한 반면 총수요가 그에 미치지 못하는 공급 주도의 경제 시스템이 지속되었음을 의미한다. 1987~1997년의 기간 동안 평균적인 총수요는 잠재산출물 수준에 도달하며 그 차이가 1.5% 수준으로 이전 기간보다 초과공급 정도가 크게 축소되었다. 이는 같은 기간 동안 수요에 기반을 둔 경제성장이 지속되었음을 의미한다. 그러

그림 1-6 총공급과 총수요 추이

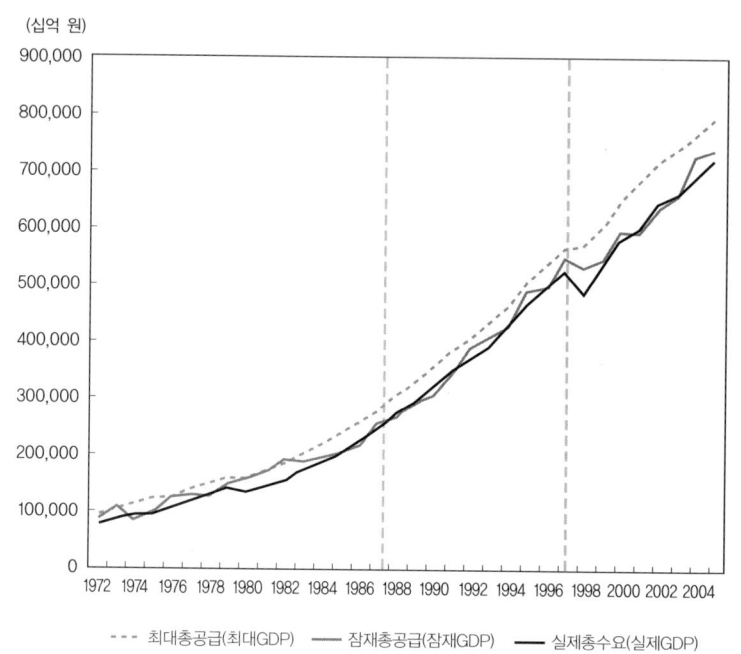

표 1-8 잠재총공급과 총수요의 차이 추이(기간 평균)

(단위 : %)

1975~1986	1987~1997	1998~2005	1975~2005
8.4	1.5	3.0	4.7

주 : 표 안의 수치는 잠재총공급과 총수요 차이의 잠재GDP 대 비율로 1970년대 중반 이후 각 기간별 연평균 초과공급 추이를 나타냄.

나 외환위기 이후에는 설비투자와 소비부진으로 내수경기가 위축되고 수출과 내수경기의 연관성 약화 등의 영향으로 총수요와 잠재성장률이 동반 하락하여 그 차이가 다시 3.0%로 증가했다.

시기별 거시경제 특성

〈표 1-9〉는 1970년대 중반 이후 현재까지 각 시기별 총수요와 총공급의 특징과 산출물 갭, 즉 잠재총공급과 실제총공급(혹은 총수요)의 차이의 잠재성장기여도를 보여주고 있다. 1975년 이후 2005년까지 한국 경제의 연평균 잠재성장률은 7.3%이다. 같은 기간 중 총수요 갭의 잠재성장률에 대한 기여도는 0.5%p로 경제성장률의 6.8%를 차지하는 것으로 나타났다.[22] 1975~1986년까지의 연평균 잠재성장률은 8.1%이며 그 후 외환위기 직전까지는 8.9%까지 상승했다.

이 시기 중 산출물 갭의 성장기여도는 각각 0.4%p, 1.2%p로 추정되었다. 이는 경제개발계획에 따른 투자 확대, 인구 증가에 따른 공급 능력 확대, 그리고 투자와 소비, 투자재원의 조달과 해외로의 시장 확대를 위한 수

표 1-9 시기별 경제 시스템과 거시경제적 특징

	1975~1986	1987~1997	1998~현재
총수요 (AD)	X → I → C → I 선순환 수출 주도	총수요 기반의 성장가능성 확인	X → I → C → I → C 수출과 내수 단절
총공급 (AS)	공급주도형 성장 L, K 축적으로 성장	공급주도형 성장 과잉투자	노동과 자본축적 저하 총공급 하락
Gap(OG)	AD < AS	AD ≒ AS	AD < AS
Gap의 성장기여도	0.4%p	1.2%p	-1.8%p
잠재성장률	8.1%	8.9%	4.0%

---

22 〈표 1-9〉에서는 공간상의 제약으로 전체 추정 기간인 1975~2005년과 2000~2005년의 잠재성장률과 산출물 갭(초과공급)의 잠재성장기여도를 생략했다. 2000~2005년 연평균 잠재성장률과 초과공급 비중은 각각 5.1%와 1.5%로 추정되었다. 초과공급의 잠재성장에 대한 기여도는 0.6%로 외환위기 직후 총수요의 급속한 위축으로 잠재총공급 능력이 약화된 이후, 총수요의 회복으로 잠재성장률이 완만하게 조정되고 있는 것으로 해석된다.

출 중대 노력으로 총수요도 빠르게 증가하면서 총수요 갭이 성장에 미치는 영향이 점차 확대되었음을 의미한다. 1987년 이후의 노동운동으로 인한 임금소득의 증가는 소비 여력을 증대시켜 총수요 갭을 확대, 즉 초과공급을 축소시켰다. 그러나 외환위기의 충격으로 투자가 급감하고 실업자가 급증하면서 총공급과 총수요가 동시에 위축되는 축소균형으로 전환되었다. 1998~2005년의 총수요 갭의 잠재성장률에 대한 기여도는 총수요의 급감을 반영하여 -1.8%p를 기록했으며, 외환위기 충격에서 어느 정도 벗어난 2000~2005년 중에는 0.6%p인 것으로 추정되었다. 1970년대 중반 이후 최근까지의 총수요의 변동과 잠재성장률의 관계를 분석한 결과, 한국 경제의 잠재성장률은 생산 측면에서의 요소 투입 증대나 기술 변화뿐만 아니라 1986~1997년의 경우와 같은 총수요 수준의 복원에 의해 적어도 1%p까지 증대할 수 있다는 점을 의미한다.

②

1987년 이후 한국 경제 시스템의 변화

01
경제 시스템과 경제성장

거시경제 시스템

앞에서 경제 주체와 경제제도의 상호작용과 그 결과 나타나는 거시경제적 성과, 즉 거시경제의 안정성과 성장 능력까지를 포괄하는 개념으로 경제 시스템을 정의했다. 따라서 한국의 경제 시스템을 이해하기 위해서는 한국의 경제 주체와 경제제도의 특성, 그리고 이들이 거시경제의 안정성과 성장 능력에 미친 영향에 대한 분석이 우선되어야 할 것이다. 예를 들면, 경제 시스템의 거시적 불안정성이 문제가 되는 경우, 그 원인은 경제 주체들의 비합리성이나 경제제도의 미비, 혹은 제도 간 비적합성 등에 있을 수 있는 것이다.

이러한 관점에서 한국의 경제 주체와 경제제도를 평가해보면, 한국 경제제도의 취약성이 경제 주체들의 우수성을 제약하고 있는 것으로 나타났다. 삼성경제연구소(2005)의 OECD 30개국에 대한 경쟁력 평가 결과에 의하면, 한국의 개인과 기업 경쟁력은 30개국 중 각각 11위와 15위로 중상위권에 있으며, 정부는 상대적으로 낮은 19위에 위치하고 있다. 특히 개인의 경쟁력은 G7국가나 유럽 강소국에 버금갈 정도로 우수한 것으로 평가되었

표 2-1 OECD 주요 국가의 경제 주체 및 제도의 경쟁력 비교

순위	개인	기업	정부	시장 메커니즘	사회적 자본
미국	2	1	12	2	19
영국	3	14	16	13	17
독일	9	10	21	15	16
프랑스	12	18	18	18	18
이탈리아	21	22	29	22	27
캐나다	1	9	6	4	10
일본	10	13	17	14	14
핀란드	7	4	1	1	1
스웨덴	5	3	14	3	2
네덜란드	4	7	13	12	5
한국	11	15	19	21	26

자료 : 삼성경제연구소(2005), "매력 있는 한국 : 2015년 10대 선진국 진입전략".

다. 반면, 제도적 측면을 측정한 시장 메커니즘과 사회적 자본의 경쟁력은 각각 21위와 26위를 기록해 OECD 국가들 중 중하위권에 있는 것으로 나타나 경제 주체들의 경쟁력보다는 상대적으로 저조한 것으로 평가되었다.[1] 따라서 한국 경제의 제도적 취약성 때문에 우수한 개인과 기업의 역량이 충분히 발휘되지 못하고 있는 것으로 판단된다. 특히 한국의 경제 주체들은 이러한 제도적 취약성에도 불구하고, 지난 20년간 1인당 국민소득 5배 증가, 연평균 6.1%의 경제성장 지속, 경제 규모 세계 11위권 진입과 같은 경제 성과를 달성하는 데 크게 기여했다.[2]

후카가와 유키코(深川由記子, 1997)가 지적했듯이 한국은 경제개발을 시

---

[1] 경쟁력 평가는 삼성경제연구소(2005)가 IMD, OECD, WEF, ILO 등의 정부, 기업, 개인(소비자), 시장(제도)의 경쟁력 지표를 종합하여 지수화한 후 분석한 결과이다. 개인 경쟁력은 R&D 연구 인력, SCI 논문 인용 수, 인터넷 사용자, 기술보장지수 등 8개 요소로 평가했으며, 기업 경쟁력은 시간당 생산성, 기업지배구조, 기업가정신, R&D 투자 등 11개 요소, 정부 경쟁력은 정책의 효과성, 독립성, 행정규제, 부패지수 등 10개 요소, 시장 메커니즘은 정부규제의 질, 지적재산권, 교육 시스템, 금융 시스템, IT네트워크 등 15개 요소, 사회적 자본은 정치인 신뢰도, 정부 의사결정의 투명성, 정치 안정성, 노사관계 등 8개 요소를 고려하였다.

작한 1960년대 초부터 1980년대 중반까지는 금융과 노동 시장, 무역제도 등의 경제제도를 경제성장과 자립을 위한 정부 주도의 수출주도형 시스템으로 운영했다. 반면 1987년 이후 10년간은 개방과 정치·경제적 자유화에 진전이 있었으나, 과거의 정부 주도 경제발전의 근간이었던 정부-기업-금융의 3각 체제가 자유화와 개방의 물결에 맞게 수정되고 개선되지 못함으로써 경제위기의 싹이 자라나던 때이기도 하다. 또한 외환위기 이후에는 위기의 원인을 기존의 한국 경제 시스템에서 찾고, 한국 고유의 경제제도에 대한 비판적 시각이 확산되었으며, IMF의 관리체제에서는 개혁의 방향을 '한국적 발전국가 모델'의 해체에 두고 새로운 제도로서 영·미형 시장경제 시스템의 도입을 추구했다.

IMF 구조개혁의 궁극적 지향점은 한국 경제의 경제적 안정성과 효율성을 제고하는 것과 지속가능한 성장에 있었다. 그러나 이러한 의도와는 달리, 한국 경제는 외환위기 이후 9년이 지난 현재 경기 확장과 수축 국면이 1년에 그치는 경기순환주기의 단축과 소비의 변동성 확대 등 경제의 안정성이 크게 훼손되었다. 또한 외국인의 주식 보유 비율 상승, 배당 위주의 경영 성과 분배, 적대적 M&A에의 노출 등으로 인해 기업의 투자 의욕이 크게 위축되고 자본축적이 부진해지면서 한국 경제의 장기적 성장 능력 저하도 문제가 되고 있는 상황이다. 한국 경제의 고유 모델을 해체하고 새로운 시스템을 이식하려 했던 구조개혁이 초래한 이와 같은 부작용을 볼 때, "경제제도는 그 경제의 역사성을 내재하고 있으며, 제도개혁 자체도 역사적 경로의존성(path dependency)의 특성을 가져야 한다"는 후카가와 유키코(1997)의 지적은 유효한 것으로 보인다.

---

2 한국의 일인당 국민소득은 1987년과 2005년에 각각 3,321달러, 1만 6,291달러로 집계되었다. 한국은행 ECOS DB.

거시경제적 성장 메커니즘 : 소비-투자-수출의 선순환

한 경제 시스템의 특징과 이에 대한 실증적인 평가는 그 경제의 거시경제적 안정성과 성장 능력을 분석함으로써 가능하다. 거시경제적 안정성은 주요 거시변수들이 경제학 이론에 부합하는 인과관계 속에서 상호 안정적인 관계를 충족하는 경우에 성립한다. 또한 경제의 성장 능력은 거시변수들의 안정적인 연관관계를 유지하면서 지속적으로 성장할 수 있는 메커니즘이 어떻게 작동하는가에 따라서 결정된다. 이러한 메커니즘은 정부정책이나 산업구조, 기술체제 등 제도적 요인들에 의해서 영향을 받게 된다.

여기에서는 거시경제적 안정성을 〈그림 2-1〉에서와 같이 주요 거시변수인 소비·투자·수출의 상호 인과관계로 평가하며, 성장 능력은 주어진 이들 변수의 상호 연관성하에 경제성장률로서 측정하기로 한다. 한 경제의 성장 능력은 실제 실현된 경제성장률뿐만 아니라 그 경제의 성장잠재력으로도 평가할 수 있는데, 이러한 논의는 5장에서 설명하기로 한다.

거시경제적 성장 메커니즘은 성장의 동인(動因)이 수출이냐 내수 부문이냐에 따라 크게 수출주도형과 내수주도형으로 구분할 수 있다. 한국의 경우, 경제개발을 시작한 1960년대 초부터 1980년대 중반까지 수출주도형 성장 시스템으로 정의할 수 있다. 경제발전에 필요한 자원조달을 위해 수출 확대가 필요했기 때문에, 정부의 역할은 수출 장려를 위한 경제제도 정비, 해외로부터 차관 유치, 국내 저축을 늘려 투자재원을 마련하기 위한 고금리정책 등에 집중되었다. 수출 확대를 위한 투자는 다시 수출과 소비를 증가시키는 순환구조를 보이면서 경제성장을 이끌었다고 할 수 있다. 반면 1987년 이후 외환위기까지 한국 경제는 소비의 경제성장기여도가 이전보다는 높아진 기간이었다. 소비 증가가 투자를 자극하고, 투자 증가가 소비와 수출에 영향을 주며 경제성장을 이루는 경우를 내수주도형 성장 시스템

그림 2-1 거시경제적 성장 메커니즘

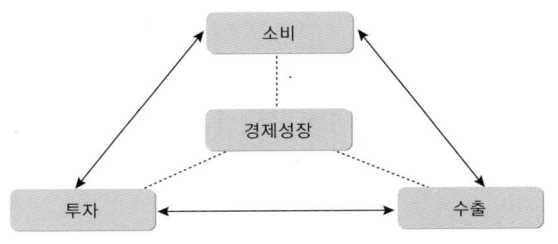

그림 2-2 수출주도형 대 내수주도형 경제 시스템

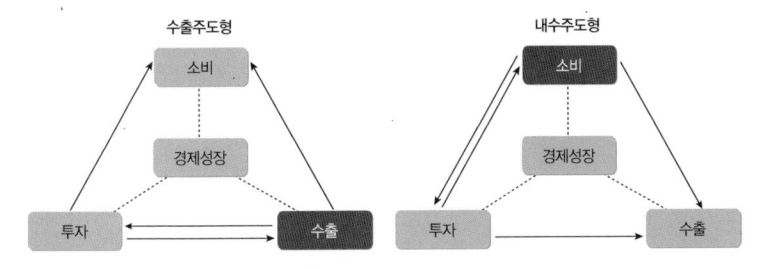

주: 그림의 화살표 방향은 두 변수들 사이의 상호연관성을 인과관계로 나타낸 것으로 x→y는 x의 변동이 y의 변동에 영향을 미치는 것을 의미한다.

으로 정의한다. 이러한 수출주도형·내수주도형 경제 시스템을 간략하게 도식화하면 〈그림 2-2〉와 같다.

다음은 한국 경제를 외환위기 전후의 시기로 구분하고 각 시기별로 소비·투자·수출의 경제성장에 대한 기여도와 이들 변수 간의 상호 연관관계를 분석함으로써 한국 경제의 거시적 성장 메커니즘의 변화에 대해 논의하고자 한다. 또한 미국, 일본, 독일 등 선진국의 성장 메커니즘을 살펴보고 한국의 경우와 비교함으로써 한국 경제가 선진국형으로 전환하기 위한 방향을 모색한다.

02
거시경제적 성장 메커니즘의 시대별 변천

외환위기 이전의 경제 시스템

1980년대 들어 한국 경제는 1970년대 이후 지속된 수출주도형 산업정책의 결과 수출의 경제성장에 대한 기여도가 높아지고, 소비와 투자 등 내수 부문의 성장세도 두드러진 특징을 보였다. 1970~1986년의 기간과 1987년부터 외환위기 이전인 1996년까지의 경제성장률, 그리고 부문별 성장기여도로 비교해보면 다음과 같은 특징을 알 수 있다.

첫째, 한국 경제의 내수 부문이 1987년 이후에 큰 폭의 확장세를 보였다는 것이다. 국내총생산 중 민간소비와 총고정자본형성 등 내수 부문이 차지하는 비중은 〈표 2-2〉에서와 같이 1970~1986년의 85.2%에서 1987~1996년 중에는 92.4%로 7.2%p 상승했다. 또한 재화와 서비스의 수출 비중도 같은 기간 중 12.2%에서 20.2%로 상승함으로써 내수 부문과 병행해서 수출 부문도 같이 확대된 기간이었다. 내수 부문의 비중 확대는 소비 부문의 비중 축소에도 불구하고 설비투자와 건설투자 등 투자 부문의 확장세가 컸기 때문이다. 민간소비가 국내총생산에서 차지하는 비중이 1970~

표 2-2 1970~1996년 중 국내총생산에 대한 소비·투자·수출의 비중 (단위 : %)

	1970~1986	1987~1996
내수	85.2	92.4
소비	63.5	57.6
투자	21.7	34.9
설비투자	7.3	13.1
건설투자	14.2	21.0
수출(재화와 서비스)	12.2	20.2
수출(재화)	9.5	16.0

주 : 소비는 국민계정(2000년 가격 기준)의 민간소비지출이며, 투자는 총고정자본형성으로 설비투자, 건설투자, 무형고 정투자를 포함. 내수는 민간소비지출과 총고정자본형성의 합으로 표시.
자료 : 한국은행 ECOS DB에 의거 작성.

1986년의 63.5%에서 1987~1996년에는 57.6%로 하락한 반면, 투자 부문의 비중은 설비투자와 건설투자의 비중 확대에 힘입어 같은 기간 중 21.7%에서 34.9%로 13.2%p 상승했다.

둘째, 내수 부문의 경제성장기여도가 상승했다는 것이다. 〈표 2-3〉에 정리된 바와 같이 1987~1996년의 한국 경제는 1987년 이전 기간에 비해 내수 부문의 성장세는 확대되고 수출 부문의 성장세가 둔화된 특징을 보이고 있다. 내수 부문의 성장률이 연평균 9.6%로 1987년 이전 기간의 7.8%보다 1.8%p가 상승했다. 반면, 수출 부문의 성장세는 같은 기간 중 17.5%에서 10.9%로 6.6%p 하락했다. 내수 부문과 수출 부문의 경제성장기여도를 보면, 내수 부문의 성장기여도는 1987년 이전 기간보다 2.2%p가 상승했으며, 성장 폭이 축소된 수출 부문의 성장기여도도 1987년 이전 기간보다 0.6%p 높은 것으로 나타났다. 수출 부문의 성장기여도가 상승한 것은 국내총생산에서 차지하는 수출 비중이 이전 기간보다 상승했기 때문이다. 즉 1987~1996년의 경제성장의 특징은 내수의 성장기여도가 확대되고, 수출도 이전 기간보다 높은 성장기여도를 보임에 따라 내수와 수출이 동시에

표 2-3 1970~1996년 중 경제성장률과 소비·투자·수출 증가율과 성장기여도

(단위 : 성장률 %, 기여도 %p)

	1970~1986	1987~1996
경제성장률	7.6	8.1
내수	7.8 (6.7)	9.6 (8.9)
소비	6.7 (4.3)	8.2 (4.7)
투자	11.5 (2.4)	12.2 (4.2)
설비투자	15.6 (1.0)	12.4 (1.6)
건설투자	9.7 (1.4)	11.9 (2.4)
수출(재화와 서비스)	17.5 (1.8)	10.9 (2.4)
수출(재화)	19.5 (1.5)	10.4 (1.8)

주 : 1) 내수는 국민계정(2000년 가격 기준)의 민간소비지출과 총고정자본형성의 합으로 정의. 소비는 민간소비지출이며, 투자는 총고정자본형성으로 설비투자, 건설투자, 무형고정투자의 합.
2) ( ) 안은 각 항목의 경제성장에 대한 기여도.
자료 : 한국은행 ECOS DB에 의거 작성.

경제성장을 주도했다는 데 있다.

내수 부문에서는 민간소비의 연평균 성장률이 1970~1986년보다 1.5%p 상승했으며, 경제성장에 대한 기여도도 0.4%p 높은 것으로 분석되었다. 특히 설비투자와 건설투자가 각각 12.4%와 11.9%의 두 자릿수 증가세를 보여 내수 부문의 경제성장기여도를 제고했다. 설비투자와 건설투자의 경제성장기여도는 1987년 이전 기간보다 각각 0.6%p와 1.0%p 상승해 민간소비의 성장기여도 상승 폭 0.4%p를 상회했다.

셋째, 수출 부문과 내수 부문의 상호 연관관계가 1970~1986년과는 다르게 변했다는 데 있다. 소비, 투자, 수출의 상호 연관관계를 분석하기 위해 '그랜저 인과관계 검정'을 실시했다.[3] 우선 1970년 1/4분기부터 1986년 4/4분기까지 민간소비와 설비투자, 건설투자, 재화의 수출을 분석한 결과,

---

3 그랜저 인과관계 검정은 한국은행 ECOS DB의 소비, 투자, 수출 자료에 로그(log) 값을 취한 값을 사용했으며, 검정을 위한 적정 시차 선택은 AIC 기준에 따라 결정했다. 이하의 그랜저 인과관계 검정에서는 10% 이상의 유의수준을 만족하는 결과들을 표기했다.

그림 2-3 1970년 1/4분기~1986년 4/4분기 중 소비·투자·수출의 인과관계

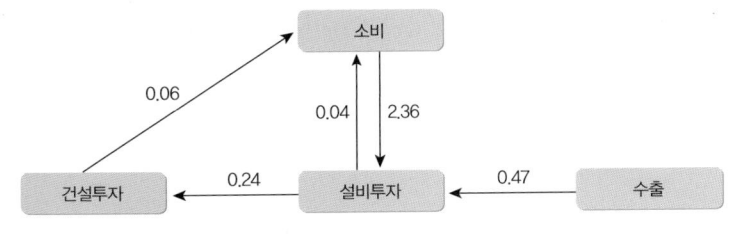

주 : 1) 거시변수들 사이의 인과관계는 그랜져 인과관계를 표시한 것으로 x→y는 x에서 y로의 인과관계, 즉 현재의 y가 과거의 x값에 의해서 설명됨을 의미.
2) 화살표 위의 숫자는 인과성 정도를 나타내는 것으로 VAR 추정식에서 해당 시차 설명변수들의 계수값의 합.

이들 변수 간의 인과관계는 수출에서 설비투자로, 설비투자에서 소비와 건설투자로, 소비는 다시 설비투자로 나타나는 것을 알 수 있었다. 즉 수출이 경제성장의 동인이 되고, 수출의 지속적인 증대를 위한 설비투자의 확대가 필요한 시기였다. 또한 설비투자는 다시 소비와 건설투자의 증가를 유발한 것이다. 이러한 과정에서 설비투자는 연평균 15.6%의 높은 증가세를 보이게 되었다. 특히 중화학공업에 대한 투자의 확대로 인해 신규 공장과 관련 인프라 구축을 위한 건설투자를 촉진하고, 건설투자의 확대는 고용 증가를 통해 소비를 늘리는 내수 부문의 연관관계가 구성되었다. 이를 도식화하면 〈그림 2-3〉과 같다.

반면, 1987~1996년의 특징은 경제성장에 대한 투자의 성장기여도가 그 이전 기간보다 두 배 가까이 높아졌으며 수출과 소비의 성장기여도 또한 높아진 기간이었다. 특히 소비는 투자나 수출에 비해 1970~1986년보다 성장 폭이 상대적으로 적었음에도 불구하고 경제성장에 대한 기여도가 4.7%p에 달해 투자나 수출의 경제성장기여도를 크게 웃돌았다. 이 시기의 소비와 투자, 수출의 관계를 분석하기 위해 앞에서와 같은 그랜져 인과관계 검정을 실시했다. 1987년 1/4분기부터 1997년 2/4분기까지의 추정 결

그림 2-4 1987년 1/4분기~1997년 2/4분기 중 소비·투자·수출의 인과관계

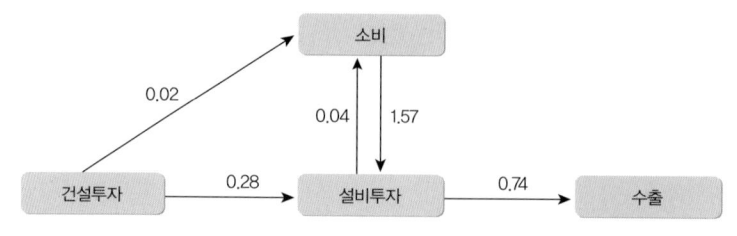

주 : 1) 거시변수들 사이의 인과관계는 그랜져 인과관계를 표시한 것으로 x→y는 x에서 y로의 인과관계, 즉 현재의 y가 과거의 x값에 의해서 설명됨을 의미.
   2) 화살표 위의 숫자는 인과성 정도를 나타내는 것으로 VAR 추정식에서 해당 시차 설명변수들의 계수값의 합.

과에 따르면, 〈그림 2-4〉에서와 같이 소비에서 설비투자로, 설비투자는 소비와 수출로, 건설투자는 소비와 설비투자로의 인과관계가 성립하는 것으로 나타났다.

소비에서 설비투자로의 인과관계는 1987년 이후 보였던 높은 임금 상승의 영향으로 소비자들의 구매력이 커지면서 민간소비가 증가하게 되었고, 이에 따라 국내 시장 규모가 커지면서 설비투자의 증대 요인이 되었다. 또한 설비투자의 증가가 다시 소비를 증가시키는, 소비와 설비투자의 피드백(feedback) 효과가 나타났다. 이 시기에는, 건설투자가 연평균 11.9%의 성장세를 보였는데, 이는 정부가 부동산투기 억제를 위한 '주택 200만 호 건설'과 같은 정책을 추진했기 때문이었다. 건설투자의 확대로 취업자 수가 증가하게 되었는데, 이는 소비의 확대요인이 되었다. 제조업 부문과 건설업 부문의 취업자 수를 1970~1986년과 1987~1996년의 기간 동안 비교해보면, 제조업 부문의 연평균 취업자는 1970~1986년 중에는 15만 3,000명이 증가했으나, 1987~1996년 중에는 증가 폭이 9만 명 수준으로 줄어든 반면, 건설업 부문에서는 동기간 중 3만 3,000명에서 10만 9,000명으로 크게 늘어났다.

앞에서 논의했듯이 이 시기에는 수출도 호조를 보이며 경제성장기여도가 이전 기간보다 상승했는데, 이는 1970년대 후반부터 지속된 중화학 부문 투자 확대의 결과라는 대내적 요인과 1986년부터 시작된 '3저 호황', 그리고 1980년대 후반과 1990년대 중반의 세계 반도체 경기의 호황이라는 대외적 요인이 복합적으로 작용했기 때문이다.

외환위기 이전 기간을 1987년 전후로 분석한 결과를 종합해보면, 1970~1986년은 수출주도형 성장 시스템이었으며 1987~1997년은 내수주도형·수출주도형 성장 시스템이라고 할 수 있다. 또한 이 두 시기에는 소비와 설비투자 간에 피드백 효과가 있었으며 설비투자가 소비와 수출을 매개하며 경제성장의 동인 역할을 했다는 점이다. 따라서 한국 경제가 외환위기 이전과 같은 연평균 8% 내외의 고성장세를 보이기 위해서는 경제성장의 동인이 무엇이든지 간에 설비투자와의 연관관계를 제고할 수 있는 환경 조성이 필요할 것으로 판단된다.

외환위기 이후의 경제 시스템

1997년 말의 외환위기로 한국 경제는 격변의 시기를 맞게 된다. 외환위기의 충격으로 경제성장률은 1997년의 4.7%에서 이듬해에는 -6.9%로 하락해 제2차 오일쇼크로 -1.5%의 경제성장을 기록했던 1980년 이후 처음으로 마이너스 성장을 기록했다. 경제성장률의 급락과 함께 실업자 수도 1997년의 56만 8,000명에서 1998년에는 149만 명으로 두 배 이상 증가했으며, 1999년에도 고용 사정은 개선되지 않아 실업자 수가 137만 4,000명에 달했다.[4] 특히 이 시기에는 소비와 투자 등 내수 부문의 위축이 경제성장의 마이너스 전환에 크게 기여했다. 1997년 들어 나타난 대기업들의 부도와 제2금융권의 부실 등으로 신용경색이 발생하면서 설비투자가 전년 대비 9.6% 감소했으며, 1998년에는 구조조정의 여파로 투자심리의 냉각이 지속되어 전년 대비 42.3% 감소했다. 건설투자는 1998년에 전년 대비 12.4% 감소한 후 2000년까지 감소세를 지속해 외환위기의 충격이 다른 부문보다 오랫동안 지속되었다. 소비 부문은 1998년 전년 대비 13.4%의 감소세를 보인 이후 소비심리의 완만한 회복과 전년의 소비 급감에 대한 기저효과(base effect) 영향으로 1999년에는 11.5%의 높은 증가세를 보였다. 반면, 수출(통관 기준)은 외환위기의 충격에 따른 생산 차질 등에도 불구하고 원화의 과도한 저평가로 인한 가격경쟁력 상승으로 1997년의 21.6% 증가에 이어 1998년에도 15.9%의 증가세를 보이는 등 두 자릿수의 호조세를 지속했다.

이렇듯 외환위기의 충격에서 회복 단계에 있었던 한국 경제는 2001년의 반도체 경기 침체와 세계 경제의 부진으로 수출과 설비투자가 각각 전년 대비 4.4%와 9.0% 감소하면서 경제성장률이 4.9%로 하락하게 되었다. 이에 정부는 신용카드 사용을 장려하는 등 내수 진작을 위한 정책을 시행하였으나 2003년의 가계신용 버블을 야기하는 단초가 되어 2년 연속 민간소비가 감소하게 되는 부작용을 초래했다. 설비투자도 2003년에 다시 전년 대비 1.2% 감소하는 등 내수경기의 침체가 재발하였다. 따라서 1997년 이후의 한국 경제는 외환위기의 충격과 세계 경제의 침체, 그리고 대내적인 정책 실패 등의 원인으로 경제성장률이 1년을 주기로 등락을 거듭하는 매우 불안한 모습을 보이게 되었다.

외환위기 이후 높아진 한국 경제의 불안정성은 내수 부문이 위축되고 대외 환경에 영향을 받는 수출 부문의 비중이 확대되었기 때문이다. 〈표 2-4〉의

---

4 구직 기간 1주 기준 실업자 수. 통계청 KOSIS DB.

표 2-4 외환위기 이후 국내총생산에 대한 소비·투자·수출의 비중 (단위 : %)

	1997~2005	2000~2005
내수	84.0	82.5
소비	53.4	52.7
투자	30.7	29.8
설비투자	11.1	11.3
건설투자	18.1	16.9
수출(재화와 서비스)	41.4	45.1
수출(재화)	35.1	39.1

주 : 소비는 국민계정(2000년 가격 기준)의 민간소비지출이며, 투자는 총고정자본형성으로 설비투자, 건설투자, 무형고 정투자를 포함. 내수는 민간소비지출과 총고정자본형성의 합으로 표시.
자료 : 한국은행 ECOS DB에 의거 작성.

1997~2005년 내수 부문은 국내총생산의 84%를 차지하고 있어 〈표 2-2〉의 두 시기보다 낮은 수준을 보이고 있다. 특히 2000년 이후에는 그 비중이 82.5%로 더욱 낮아진 상태이다. 이러한 내수 부문의 비중 축소는 소비가 위축되었기 때문이다. 소비 부문의 비중은 1987년 이전에는 63.5%에서 1987~1996년 중에는 57.6%, 1997년 이후에는 53.4%로 하락세를 보이고 있다. 설비투자와 건설투자 등 투자 부문의 비중은 30.7%로 1987년 이전 수준보다 높았으나 1987~1996년의 34.9%보다는 낮은 수준에 머물러 있다. 반면 수출 부문은 국내총생산의 41.4%를 차지하는 것으로 나타나, 1987~1996년의 20.2%에서 두 배 이상 비중이 확대되었다.

내수 부문의 비중이 하락한 것은 이 시기에 내수 부문의 성장세가 저조했기 때문이다. 외환위기 이후의 내수와 수출 부문의 성장률과 경제성장기여도를 〈표 2-5〉에 정리했다. 소비는 연평균 2.3%의 성장세를 보였는데, 이는 1987~1996년의 연평균 8.2%보다는 5.9%p를 크게 밑도는 것이었다. 투자 부문에서도 설비투자와 건설투자는 각각 연평균 1.3%와 0.3%의 성장률을 보여 외환위기 이전의 10%대의 성장세에서 크게 둔화되었다. 따라서 내수 부문이 경제성장에 기여한 정도가 1.5%p로 매주 저조한 수준을

표 2-5 외환위기 이후 경제성장률 및 소비·투자·수출 성장률과 성장기여도

(단위 : 성장률 %, 기여도 %p)

	1997~2005	2000~2005
경제성장률	4.1	4.5
내수	1.8 (1.5)	2.9 (3.4)
소비	2.3 (1.4)	2.8 (2.0)
투자	1.0 (0.1)	2.9 (1.3)
설비투자	1.3 (0.0)	1.1 (0.7)
건설투자	0.3 (0.0)	4.1 (0.6)
수출(재화와 서비스)	12.4 (5.0)	10.6 (5.1)
수출(재화)	14.6 (4.8)	11.9 (5.0)

주 : 1) 내수는 국민계정(2000년 가격 기준)의 민간소비지출과 총고정자본형성의 합으로 정의. 소비는 민간소비지출이며, 투자는 총고정자본형성으로 설비투자, 건설투자, 무형고정투자의 합.
2) ( ) 안은 각 항목이 경제성장에 대한 기여도.
자료 : 한국은행 ECOS DB에 의거 작성.

보였다.

반면, 이 시기의 수출은 연평균 12.4%의 증가세를 보였는데, 이는 1987~1996년의 10.9%보다 1.5%p가 높은 수준이며 경제성장에 대한 기여도가 5.1%p에 달해 내수 부문보다 세 배 이상 높았다. 그러나 수출 부문의 성장세 확대와 수출의 성장기여도 상승에도 불구하고, 내수 부문의 성장기여도 하락으로 외환위기 이후의 경제성장률은 연평균 4.1%로 낮아져 외환위기 이전의 7~8%대의 성장세에서 크게 둔화되었다. 이와 같은 내수 위축과 수출 주도의 경제성장 패턴은 외환위기로 인한 거시경제적 충격이 어느 정도 해소된 2000년 이후에도 크게 개선되지 않고 있다.

외환위기 이후의 한국 경제성장 메커니즘이 어떠한 경로를 보였는지 앞에서와 같은 인과관계 검정을 통해서 살펴보자. 1997년 2/4분기부터 2005년 4/4분기까지 소비, 투자, 수출에 대한 그랜져 인과관계 검정 결과에 따르면, 〈그림 2-5〉에서와 같이 설비투자와 수출, 설비투자와 소비의 연관관계가 마이너스 값을 갖는 것으로 나타나 외환위기 이전에 보였던 인과관계와는 다른 결과를 보였다. 또한 수출의 증가가 간접적으로 소비를 증가시

그림 2-5 1997년 3/4분기~2005년 4/4분기 중 소비·투자·수출의 인과관계

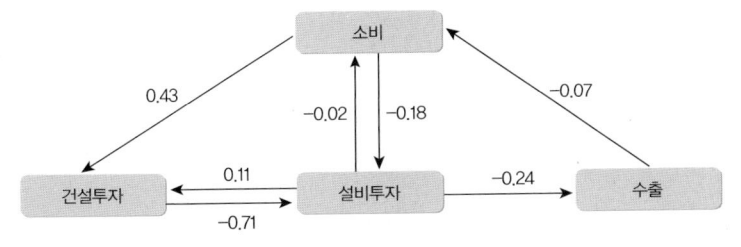

주 : 1) 거시변수들 사이의 인과관계는 그랜져 인과관계를 표시한 것으로 x→y는 x에서 y로의 인과관계, 즉 현재의 y가 과거의 x값에 의해서 설명됨을 의미.
2) 화살표 위의 숫자는 인과성 정도를 나타내는 것으로 VAR 추정식에서 해당 시차 설명변수들의 계수값의 합.

키는 것이 아니라 오히려 감소시키고 있으며 건설투자의 확대가 소비를 증가시키는 것이 아니라 소비가 건설투자를 증가시키는 것으로 나타났다. 건설투자와 설비투자 사이에도 피드백 효과가 있으나 그 부호가 서로 다르게 나타나 안정적인 관계를 보인다고 할 수 없다. 이러한 인과관계를 종합하면, 외환위기 이후 한국 경제의 성장 메커니즘은 수출과 내수 부문이 괴리되고, 소비와 설비투자의 상호 연관성이 변질됨으로써 거시경제적 안정성이 훼손된 것으로 판단된다. 그 결과 한국 경제의 경기변동성이 확대되고 성장 능력도 저하되었다. 외환위기 이후 경제성장률이 이전 기간보다 3.5%p 이상 하락한 것은 이러한 한국 경제의 성장력 약화를 반영한 것이다. 또한 경기변동성의 확대는 경기 확장 기간이 외환위기 이전에는 34개월 지속되었으나 외환위기 이후에는 12개월 정도로 단축됨으로써 전체적인 경기순환 주기가 짧아진 데서 알 수 있다.[5]

---

[5] 외환위기 이전의 경기 확장 기간은 1972년의 제1순환기부터 1998년의 제6순환기의 경기 저점에서 정점까지의 평균 개월 수를 의미한다(김범식 외(2004)). 또한 경제성장률의 표준편차로 경기변동성을 측정할 경우, 1970~1986년과 1987~1996년에는 표준편차가 각각 3.2와 1.7이었으나, 1998~2005년에는 5.0으로 크게 확대된 것으로 나타났다.

외환위기 이후에 나타난 거시경제의 불안전성을 개선하고 경제의 성장 능력을 제고하려면 어떠한 조건이 필요한지를 도출하기 위해 선진국의 거시경제 안정성을 분석하였다. 미국, 독일, 일본 3개국에 대해 1990년대 초부터 최근까지의 소비, 투자, 수출의 인과관계를 분석하기 위해 앞에서와 같이 그랜져 인과관계 검정을 사용했다. 별첨 1의 〈표 별첨 1-1〉에서처럼 이들 국가의 특징은 내수 비중(민간소비와 설비투자 및 건설투자의 합)이 국내총생산에서 차지하는 비중의 70%를 넘고 있다. 수출의 비중은 미국과 일본은 10% 내외이며, 독일의 경우는 29.8%로 미국과 일본보다 높은 것으로 나타났다. 미국의 경우, 소비 비중이 한국의 외환위기 이후 평균 비중 53.4%를 넘으며, 일본과 독일의 경우는 한국보다 높은 수준을 보이고 있다. 또한 일본의 설비투자 비중은 16.3%로 한국의 외환위기 이후 평균 비중인 11.1%를 크게 상회하고 있다.

〈표 별첨 1-2〉는 미국, 일본, 독일의 경제성장률과 부문별 성장률 및 성장기여도를 보여준다. 1990~2005년의 미국의 연평균 경제성장률은 3.0%이며, 내수의 성장기여도가 2.8%p인 반면, 수출의 성장기여도는 0.5%p에 불과하여 내수가 경제성장을 주도하는 경제임을 알 수 있다. 독일은 1991~2004년의 경제성장률이 연평균 1.4%로 저조한 성장세를 보였는데, 이는 내수 부문의 성장세가 부진했기 때문이었다. 독일의 내수 부문은 같은 기간 중 연평균 1.4%의 성장세를 보였으며, 경제성장에 대한 기여도는 0.9%p였다. 반면 국내총생산의 29.8%를 차지하는 수출이 연평균 5.6% 성장함으로써 경제성장기여도가 1.7%p에 달해 내수보다는 상대적으로 경제성장에 더 큰 기여를 한 것으로 보인다. 일본은 1991~2004년까지 연평균 경제성장률 1.4%에서 내수와 수출의 성장기여도가 각각 0.8%p와 0.5%p인 것으로 나타나, 경제성장세가 부진한 가운데서도 미국과 독일보다는 상대적으로 내수와 수출의 성장이 균형을 이루고 있다.

미국, 일본, 독일의 수출과 소비, 투자 간의 인과관계는 〈그림 별첨 2-1〉부터 〈그림 별첨 2-3〉까지 도식화되어 있다. 미국의 경우에는 소비와 설비투자, 설비투자와 건설투자가 피드백 관계를 보이고, 소비는 건설투자에 영향을 미치는 것으로 나타나 내수 부문의 선순환구조가 작동하고 있어 내수 주도의 경제 특성을 보이고 있다. 또한 설비투자와 수출 간에도 피드백 효과가 있어 수출과 내수의 연관관계가 높은 것으로 나타났다. 반면, 독일은 수출과 설비투자, 소비와 설비투자, 소비와 수출이 피드백 관계를 보여 내수와 수출 부문이 유기적으로 연관되어 있다고 볼 수 있다. 특히 독일은 수출의 경제성장에 대한 기여도가 높아 수출주도형 경제성장의 특징을 보였으나, 수출과 내수 부문의 인과관계도 높다는 점을 주목해야 한다. 일본 경제도 설비투자와 수출, 설비투자와 소비, 설비투자와 건설투자, 건설투자와 소비가 피드백 관계가 있는 것으로 나타났다. 독일에서와 마찬가지로 일본도 소비에서 수출로 직접적 인과관계가 성립해 국내 소비시장을 기반으로 한 제품의 개발이나 생산이 수출의 증대로 나타나는 경제구조의 특성을 보이고 있다.

미국, 독일, 일본 등 선진 3개국의 수출과 소비, 투자와의 관계를 분석해

그림 2-6 선진국에서 공통적으로 나타나는 거시경제 연관성

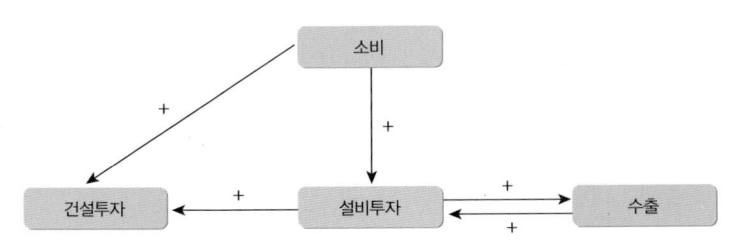

주 : 1) 소비-투자-수출의 연관관계는 그랜져 인과관계로 측정했으며, x→y에서 화살표 방향은 x에서 y로의 인과관계, 즉 y가 x의 과거 값에 의해 설명될 수 있음을 나타낸다.
2) 화살표 위의 +기호는 두 변수 간의 인과성이 정(+)의 값을 가짐을 의미.

본 결과, 3개국 모두에서 수출과 내수의 상호 연관성이 매우 높음을 알 수 있었다. 이들 3개국의 공통적인 인과관계만을 추출해 도식화하면, 〈그림 2-6〉과 같이 나타낼 수 있다. 〈그림 2-6〉을 한국 경제의 외환위기 이후의 상황인 〈그림 2-5〉와 비교하면 한국 경제가 선진국과 같은 안정적 경제구조로 전환하기 위해서는 설비투자와 수출, 소비와 설비투자의 상호 인과관계(feedback)의 복원이 시급한 것으로 보인다. 또한 일본과 독일의 경제성장률이 미국보다 낮은 것은 소비와 투자 등 내수 부문이 부진했기 때문이다. 따라서 경제성장률을 제고하기 위해서는 소비와 투자를 활성화할 수 있는 정책적 유인이 필요하다. 즉 소비와 수출이 경제성장의 동인이 되어야 하며, 설비투자를 확대해 자본스톡의 축적을 통해 경제의 성장 능력을 제고해야 한다는 것이다. 이는 한국 경제가 내수와 수출의 연관성이 단절되고 성장 동인을 수출에 의존하는 데서 탈피하지 못하면 경제성장을 통해 선진국으로 도약하기 어렵다는 점을 의미하는 것이다.

| 별첨 1 | 선진국의 소비·투자·수출의 시계열적 특성

표 별첨 1-1 미국·일본·독일 등 선진 3개국의 내수와 수출 비중

(단위 : %)

	미국	일본	독일
기간	1990~2005	1991~2004	1991~2004
내수	78.8	75.4	76.9
소비	68.5	54.9	59.1
투자	10.3	20.6	17.9
설비투자	7.3	16.3	5.6
건설투자	3.0	4.3	12.3
수출(재화와 서비스)	9.8	10.2	29.8

주 : 소비는 민간소비지출, 투자는 설비투자와 건설투자의 합이며, 내수는 소비와 투자의 합으로 구성.
자료 : 미국 - BEA(Bereau of Economic Analysis).
　　　일본 - 일본 내각부 DB.
　　　독일 - OECD DB.

표 별첨 1-2 미국·일본·독일의 경제성장률과 부문별 성장률 및 기여도(괄호 안)

(단위 : 성장률 %, 기여도 %p)

	미국	일본	독일
기간	1990~2005	1991~2004	1991~2004
경제성장률	3.0	1.4	1.4
내수	3.6(2.8)	1.1(0.8)	1.1(0.9)
소비	3.4(2.3)	1.4(0.8)	1.4(0.9)
투자	5.2(0.5)	0.6(0.0)	0.0(0.0)
설비투자	7.7(0.5)	1.1(0.1)	0.9(0.1)
건설투자	-0.3(0.0)	-1.8(-0.1)	-0.4(0.0)
수출(재화와 서비스)	5.4(0.5)	5.1(0.5)	5.6(1.7)

주 : 소비는 민간소비지출, 투자는 설비투자와 건설투자의 합이며, 내수는 소비와 투자의 합으로 구성.
자료 : 미국 - BEA(Bereau of Economic Analysis).
　　　일본 - 일본 내각부 DB.
　　　독일 - OECD DB.

| 별첨 2 | 미국, 독일, 일본의 내수 및 수출의 인과관계

그림 별첨 2-1 미국의 소비-투자-수출의 인과관계(1990. 1/4~2005. 4/4)

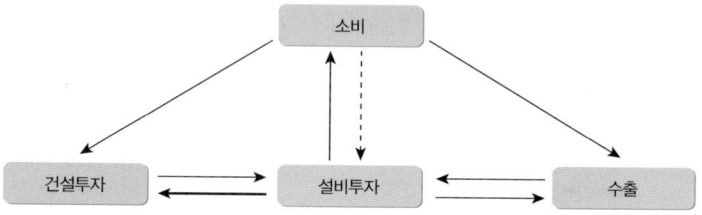

그림 별첨 2-2 독일의 소비-투자-수출의 인과관계(1991. 1/4~2005. 2/4)

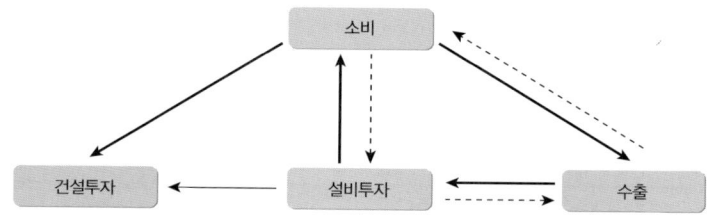

그림 별첨 2-3 일본의 소비-투자-수출의 인과관계(1992. 1/4~2005. 2/4)

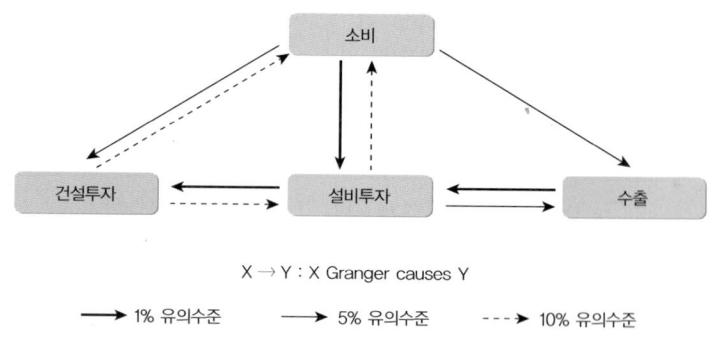

X → Y : X Granger causes Y

⎯⎯→ 1% 유의수준   ⎯⎯→ 5% 유의수준   - - -> 10% 유의수준

주 : 각 국가들의 주요 거시변수들의 인과관계는 정(+)의 값을 가지며, 유의수준은 표기된 그랜져 인과성의 유의수준을 의미.

03

설비투자, 소비, 수출의 변화

설비투자 : 투자 붐에서 슬럼프까지

1987~1997년의 설비투자 특징

투자는 단기적으로 최종 수요를 구성하는 주요 항목일 뿐만 아니라 장기적으로는 경제의 생산 능력을 결정하며, 산업구조의 변화, 기업의 경영 시스템 변화와 같은 미시적인 경제구조 변화의 원동력으로 작용한다. 그러나 경제발전 과정에서 투자는 시장을 통해 자연발생적으로 해결하기 어려운 경제 현상 중 하나이다. 이는 투자가 수요나 비용 요인뿐만 아니라 불확실성, 기업가정신과 같은 정성적인 요인들에 의해 좌우되기 때문이다. 특히 산업화 초기에는 투자를 담당할 기업가 자체가 희소하고 연관 산업의 발전 수준이 낮기 때문에 특정 산업에 선도적인 투자가 이루어지기 어려운 투자의 상호의존성 문제가 존재한다.[6] 따라서 투자에 수반되는 이익을 내부화

---

6 Abramovitz(1986) 참조.

그림 2-7 총고정자본형성의 연평균 증가율 추이

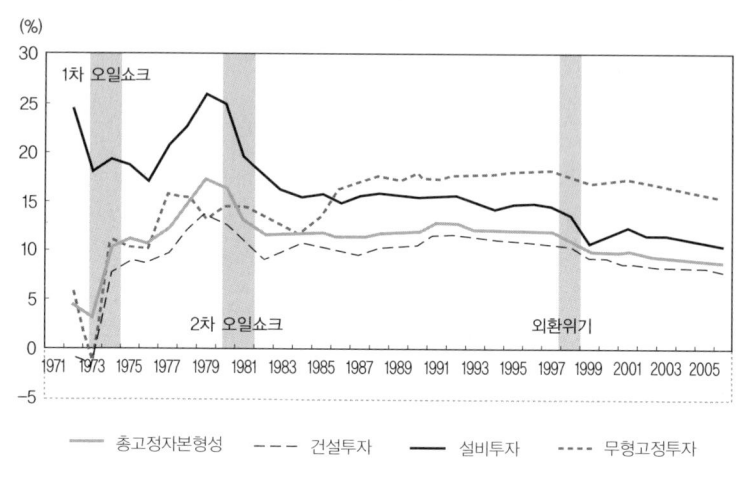

자료: 한국은행, 《국민계정》.

하고 비용을 외부화시켜줄 수 있는 제도적 장치가 필요하며 그 역할은 대체로 정부의 산업정책, 은행의 장기신용공급, 기업가정신 등에 의해 해결된다. 경제개발 초기 정부의 산업정책 틀 안에서 시작된 우리나라의 민간투자는 1980년대 중반 이후 다음과 같은 특징을 보였다.

첫째, 1979년의 2차 오일쇼크와 불황으로 인해 급격한 감소를 경험했던 설비투자와 건설투자가 회복되었다. 중화학 부문의 투자조정과 해외 건설경기의 퇴조로 부진하던 기업의 투자는 1985년 플라자합의를 계기로 나타난 '3저 호황'으로 수출 경기가 호조를 보이면서 본격적으로 증가하기 시작했다. 1986~1996년까지 설비투자는 약 11.8%의 증가율을 보였고 건설투자는 약 11%의 증가율을 보였다. 1990년을 전후한 시기의 설비투자 감소는 '주택 200만 호 건설'과 'SOC 사업'에 기반을 둔 건설투자가 상쇄하면서 총고정자본형성이 지속적인 증가세를 유지했다.

둘째, 대기업이 주도하는 중화학공업 부문 투자가 가속화되었다. 중화학

표 2-6 산업별·규모별 설비투자의 연평균 증가율(1982~1996)　　　　　(단위 : %)

	중화학공업	경공업
대기업	26.5 (23.7 → 55.3)	17.3 (8.6 → 6.5)
중소기업	17.7 (8.2 → 6.5)	17.1 (1.5 → 1.1)

주 : ( ) 안은 1982년과 1996년 해당 부문의 투자액이 전산업 설비투자액에서 차지하는 비중 변화.
　　 대기업은 종업원 1,000인 이상 기업.
자료 : 한국산업은행, 〈설비투자계획조사〉, 각 호에서 작성.

공업에 대한 투자는 1970년대에 급증한 후 1980년 전후의 경기침체와 투자 조정을 거치면서 감소했지만 이후 높은 증가세를 보이며 사실상 1980년대 기업의 설비투자 증가를 주도했다. 실제로 중화학공업 부문에 대한 대기업의 설비투자는 1982~1996년 동안 연평균 약 27%의 높은 증가세를 실현한 반면, 경공업 부문에 대한 대기업이나 중소기업들의 설비투자는 17% 수준의 증가율을 기록했다. 이에 따라 1996년 중화학공업 부문 대기업의 설비투자 비중은 1982년의 약 24%에 비해 두 배 이상 증가한 55.3%를 차지하게 되었다. 즉 이 시기 동안 한국 경제는 설비 확장을 통한 중화학공업 중심으로의 산업구조 개편이 지속적으로 추진되었다고 볼 수 있다.

중화학공업 부문의 투자가 증가하면서 설비투자 상위 업종의 투자집중도가 심화되었다. 산업 전체 기준으로는 〈표 2-7〉에서와 같이 설비투자 상위 4대 업종의 집중도에는 큰 변화가 없지만, 제조업을 기준으로 할 경우 1980년대 투자집중도는 68.1%에서 1990년대 들어 74.2%로 증가했다. 특기할 만한 점은 1980년대 이래 설비투자 상위 4대 업종의 변화가 거의 없다는 점이다. 1970년대 상위 4대 업종 중 섬유가 탈락한 것을 제외하고 한국 경제의 설비투자는 화학, 철강, 전기전자, 운수장비의 4대 업종이 전체 설비투자의 약 50%를 차지하는 투자의 집중 현상이 나타나고 있다. 중화학공업 부문 중심의 투자 집중 현상은 1990년대를 통해 더욱 심화되었다.

표 2-7 설비투자의 집중도 변화 추이

(단위 : %)

	1970년대 (1973~1980)		1980년대 (1981~1990)		1990년대 (1991~2000)		2000년대 (2001~2004)	
투자집중도	43.5 (68.6)		44.7 (68.1)		45.2 (74.2)		49.8 (83.5)	
1	철강	16.8 (26.5)	화학	13.1 (20.0)	전기·전자	18.8 (30.9)	전기·전자	28.6 (47.9)
2	화학	12.1 (19.0)	전기·전자	11.7 (17.8)	운수·장비	9.6 (15.8)	운수·장비	9.2 (15.4)
3	섬유	8.6 (13.6)	철강	11.6 (17.6)	철강	8.4 (13.8)	화학	6.6 (11.0)
4	운수·장비	6.0 (9.5)	운수·장비	8.3 (12.7)	화학	8.3 (13.7)	철강	5.5 (9.2)

주 : 투자집중도는 상위 4대 업종의 전 산업 대비 비중, ( ) 안은 제조업 대비 비중.
자료 : 한국산업은행, 〈설비투자계획조사〉, 각 호에서 작성.

셋째, 1980년대 중반 이후에는 기업의 설비투자 재원조달상의 변화가 나타나기 시작했다. 설비투자 재원 중 기업의 내부자금조달이 차지하는 비중이 1972~1979년의 23.8%에서 1985년에는 43.9%까지 증가하는 등 1980~1989년 사이에 평균 40.1%로 증가했다. 이는 1986년 이후 3저 호황으로 기업들의 내부 유보자금이 증가한 데 따른 것이다.

설비투자 재원 중 기업의 내부자금이 증가하기 시작했다는 점은 이 시기의 투자가 정부 주도의 중화학공업화로부터 벗어나 민간 기업의 독자적인 판단에 의해 실행되기 시작했음을 의미하는 것이다. 특히 1980년대 후반부터는 석유화학, 자동차, 철강 등 주요 업종에서 신규진입을 제한하던 각종 제도적 진입장벽이 사실상 폐지되기 시작했다. 이는 1980년대 들어 중화학공업 부문의 편중 지원이 가져온 경제 전체의 비효율성을 개선하고 민간 자율과 시장에 의한 성장 모델로 전환해야 한다는 인식에 따른 것으로, 정부의 산업정책은 기업별·산업별 지원체계에서 기능별 지원체계로 재편되었다. 실제로 중화학 투자조정 대상이었던 자동차, 중전기기 등은 1986

그림 2-8 설비투자의 자금조달 유형별 비중 변화 추이

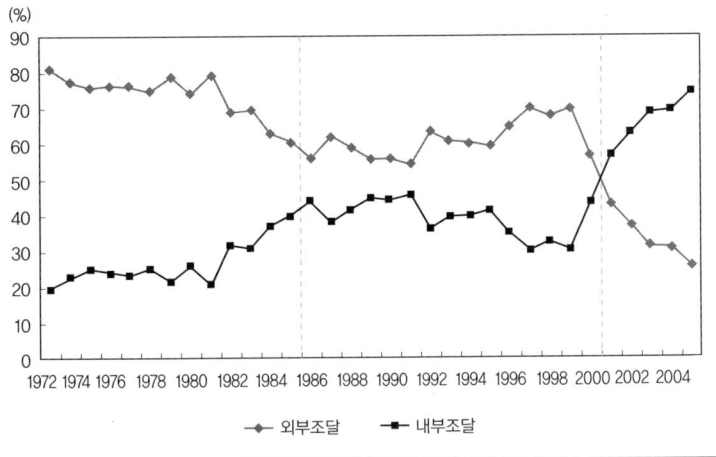

자료: 한국산업은행, 〈설비투자계획조사〉, 각 호에서 작성.

년 공업발전법에 의해 다시 신규진입을 제한하는 조치가 내려졌으나 1989년 폐지되었다. 이러한 제도상의 변화와 더불어 기업의 독자적인 자금조달이 증가하면서 그동안 규제에 의해 진입이 제한되었던 업종에서 대규모 신규투자가 경쟁적으로 진행되었다.[7] 이로 인해 1980년대 후반과 1990년대 초·중반은 과당경쟁과 과잉투자라는 용어가 사회 전체의 주요 이슈로 등장했다. 기존 업체들은 신규진입을 저지하기 위해 과당경쟁과 과잉투자를 강조하였고 신규 업체들은 기존 업체와의 경쟁을 통한 효율성 제고를 주장

---

[7] 일부에서는 이러한 변화를 정부가 대기업의 파워에 밀려 투자조정자로서의 역할을 포기했고 결과적으로 과잉투자로 인한 위기로 연결되었다고 지적하기도 한다. Chang(1998). 그러나 고도성장 과정에서 정부의 투자조정자로서의 역할이 긍정적 역할을 했다는 점을 인정한다고 해도 이러한 주장은 1980년대에 진행된 경제사회구조의 변화를 간과하고 있다. 우선 정부가 투자조정자로 기능할 수 있는 근거는 보조금이나 정책금융이지만, 1980년대 들어서면 양자 모두 급격히 감소한다. 기업들의 자금조달 능력 강화는 이러한 변화에 대한 대응이라고 볼 수 있으며 이는 정부가 더 이상 기업의 진입과 탈퇴를 인위적으로 조정할 근거가 없음을 의미한다. 둘째, 투자조정의 장치는 업종별 독점을 보장하거나 성과가 좋지 않은 기업을 정부 직권으로 제3자에게 인수하는 방식 등인데, 이는 개발 초기가 아닌 이상 효율성을 인정하기 어렵다. 특히 투자조정이 퇴출 관련 제도나 법률로 정착된 것이 아니라 오로지 정부의 권위와 재량에 의존하고 있었다는 점에서 1980년대의 정치적 민주화와도 상충된다.

하면서 새로운 진입을 시도하였다.[8]

외환위기 이전의 투자 증대 요인 분석

1980년대 이후의 투자증가세를 주도한 요인은 무엇이었는가? 이를 알아보기 위해 설비투자의 결정 요인을 수요 요인과 비용 요인, 그리고 제도적 요인들로 나누어 투자함수를 추정한다. 수요 요인으로는 실질민간소비(PC_t)와 실질수출액(EX_t)을, 비용 요인으로는 실질금리(RR_t)와 실질실효환율($REFX_t$)을 설명변수로 사용한다. 제도적 설명 요인들로는 이 시기 산업구조의 변화를 주도하며 높은 투자증가율을 보인 전기전자산업의 비중(RIT_t)과 기업의 투자 행태를 알아보기 위한 실질영업이익률($PRFT_t$), 그리고 개방화에 따른 외국 자본의 유입 효과를 살펴보기 위한 실질외국인직접투자($RFDI_t$)를 사용하였다. 앞에서 설정한 설명변수들과 설비투자가 장기균형을 갖는다는 가정하에서 추정식과 추정 결과는 각각 다음과 같다.[9]

$$\log INV_t = a + b_1 \log PC_t + b_2 \log EX_t + b_3 \log RR_t + b_4 \log REFX_t + b_5 \log RIT_t + b_6 \log PRFT_t + b_7 RFDI_t + Seasonal\ Dummies + \varepsilon_t$$

〈표 2-8〉의 추정 결과에 따르면, 1987년 이후 설비투자는 수요 요인에

---

8 과당경쟁(excessive competition)은 "경쟁은 나쁘고 질서와 협력이 좋다"는 일본 산업정책의 정신적 기초에서 비롯된 개념으로 시장경제를 지지하는 주류경제학에는 존재하지 않는 개념이다. Itoh, M., K. Kiyono, K. Suzumura, M. Okuno-Fujiwara(1991) 참조.

9 실질금리는 3년 만기 회사채금리를 제조업 생산자물가로 실질화했으며, 실질실효환율은 미국, 일본, 중국, 등 7개 국가의 물가와 교역가중치를 고려하여 계산했다. IT산업구조의 변화는 제조업 부문에서 전기전자 부문이 차지하는 비중을 대리변수로 사용하였는데, 이는 한국은행 데이터베이스의 정보통신 부문 총생산이 1995년 1/4분기 이후 공표되고 있어, 시계열을 연장하는 데 무리가 있었기 때문이다. 영업이익률은 한국은행 기업경영 분석의 제조업 부문의 영업이익률을 사용했으며, 실질외국인직접투자는 산업자원부 데이터베이스의 달러 표시 외국인 직접투자를 원/달러 기준환율과 총고정자본형성 디플레이터를 사용하여 계산하였다.

표 2-8 외환위기 이전의 설비투자함수 추정 결과

	1976. 1/4~1986. 4/4	1987. 1/4~1997. 2/4
a (상수)	−13.47** 1)	−5.62***
b_1 (실질민간소비)	1.23**	1.18***
b_2 (실질수출)	1.07***	0.24*
b_3 (실질금리)	1.83**	2.72***
b_4 (실질실효환율)	−2.58***	−0.15
b_5 (IT비중)	0.39	0.40*
b_6 (영업이익률)	−0.27	−0.23
b_7 (실질외국인직접투자)	0.08**	−0.05**
$adj\text{-}R^2$	0.91	0.99

주 : 1) ***, **, *는 각각 1%, 5%, 10% 수준에서 유의함을 표시.
   2) 1976. 1/4~1986. 4/4 중에는 자료의 제약으로 실질실효환율을 계산할 수 없어 해외자본재의 상대가격을 대리변수로 사용.

의해 가장 유의한 영향을 받고 있음을 확인할 수 있다.[10] 1987년 이전의 기간과 비교해보면 이 시기의 설비투자는 특히 민간소비에 민감하게 반응하여 투자 증가가 수출뿐만 아니라 민간소비의 증가에 의해 주도되었음을 알 수 있다. 반면에 실질금리의 설비투자에 대한 추정계수는 정(+)의 값을 가지며 실질실효환율과 투자는 통계적으로 유의적이지 않다. 이는 금리 상승이나 환율 상승과 같은 비용 측면의 압박 요인들은 투자의 걸림돌로 작용하지 않았음을 의미한다. 즉 이 시기의 투자는 자금 수요의 증가에 따른 금리 상승이 투자 감소로 연결되지 않을 정도로 시장에 대한 낙관적 전망이 지배적이었다고 볼 수 있다. 특히 설비투자의 해외의존도가 높은 상황에서 국내 통화가치의 하락은 자본재의 수입 비용을 높이기 때문에 투자에 부정적인 효과를 초래하지만 1970년대와는 달리 1987~1996년 사이에는 이러

---

10 시계열 자료는 외환위기 이전 기간인 1976년 1/분기부터 1997년 2/4분기의 원자료를 사용했으며, 계절적 요인을 고려하기 위해 계절더미변수를 사용하였다. 1976년 1/4분기부터 1986년 4/4분기까지의 추정에서는 자료의 제약으로 실질실효환율 대신 원/달러 명목환율을 대리변수로 사용했으며, 계절더미변수들에 대한 추정 결과는 생략하였다.

한 효과도 투자에 영향을 미치지 못하고 있다. 제도적 측면에서는 산업구조의 변화를 나타내는 전기·전자산업의 부상이 이 시기의 투자에 큰 영향을 미쳤다. 그러나 영업이익률의 증가는 1970년대와 마찬가지로 유의적이지 않은 것으로 나타나고 있다. 이 역시 기업의 투자 의사결정이 단기적 영업이익률보다는 전략적 차원에서의 의사결정에 의존했을 가능성을 시사한다. 마지막으로 외국인 직접투자는 자본스톡이 부족했던 산업화 초기에는 설비투자의 증가 요인으로 작용했지만, 1980년대 후반 이후에는 외국인 직접투자가 설비투자 및 자본스톡에 미치는 영향이 부(−)의 관계로 전환되었다. 결론적으로 1987년 이후 외환위기 직전까지 기업의 설비투자는 높은 수요신장세와 기업의 중장기적인 낙관적·전략적 투자심리가 상승작용을 일으키면서 높은 증가세를 유지했다고 볼 수 있다.

과잉투자와 구조조정 : 한국형 부실기업 정리의 한계

1987~1997년 사이의 높은 투자증가세는 결과적으로 한국 경제의 공급 능력 확대로 연결되지 못한 채 외환위기에 직면했다. 1996년부터 한국 경제는 초과 설비 보유로 기업의 수익성이 악화되는 과잉투자의 양상이 나타나기 시작했다.

실제로 국내 기업들은 매출액영업이익률이 다른 국가들에 비해 상대적으로 높지만 총자산회전율(매출액/총자산)은 낮아 자산 대비 영업이익률이 낮은 상태가 지속되었다. 총자산회전율이 낮다는 것은 과잉투자 등으로 기업의 자산이 효율적으로 운용되지 않고 있음을 의미하는데, 국내 제조업의 총자산회전율은 1984년의 1.3을 정점으로 하락하기 시작하여 1990년대 줄곧 1 이하에 머물러 있으며 1997년에는 0.90을 기록했다.

이에 따라 과당경쟁과 과잉중복투자가 기업 구조조정의 핵심 문제로 제

표 2-9 기업채산성의 국제비교(제조업) (단위 : %)

		한국	일본	미국
1991~1994	매출액영업이익률(A)	6.99	3.23	5.88
	총자산회전율	0.96	1.13	1.06
	총자산영업이익률(B)	6.73	3.55	6.24
	B−A	−0.26	+0.32	+0.36
1995	매출액영업이익률(A)	8.33	3.30	7.68
	총자산회전율	1.00	1.06	1.10
	총자산영업이익률(B)	8.33	3.50	8.45
	B−A	0	+0.20	+0.77
1996	매출액영업이익률(A)	6.54	3.6	7.40
	총자산회전율	0.95	1.08	1.09
	총자산영업이익률(B)	6.21	3.89	8.07
	B−A	−0.33	+0.29	+0.67

자료 : 한국은행, 《기업경영분석》, 각 년도.

기되었으며 특히 대기업의 채산성 악화와 높은 부채 비율은 재벌의 과잉투자를 외환위기의 원인 중 하나로 지적하는 단서를 제공했다.[11] 실제로 대표적인 과잉중복투자 업종으로 지목되었던 빅딜 대상 9개 업종의 1990년대 설비투자액은 제조업 전체 설비투자액의 절반 이상, 전산업 설비투자액의 약 35%를 차지할 정도로 높은 비중을 차지하고 있었다. 게다가 이들 9개 업종의 1998년 매출액 합계는 경상GDP의 7.4%, 자산 규모는 1998년 전체 고정투자액의 약 13%를 차지할 정도로 국민경제적 비중이 높은 상태였다.

그러나 좀더 주목해야 할 점은 과잉투자란 수요 대비 사후에 나타나는 결과로밖에 정의할 수 없는 개념이라는 점이다. 또한 경기변동에 따라 모

---

[11] 대기업의 과잉투자가 외환위기의 원인 중 하나라는 사실은 상식처럼 통용되고 있지만, 이를 지지하는 실증 결과는 많지 않다.

그림 2-9 빅딜 대상 과잉중복투자 산업의 투자 실적 및 비중

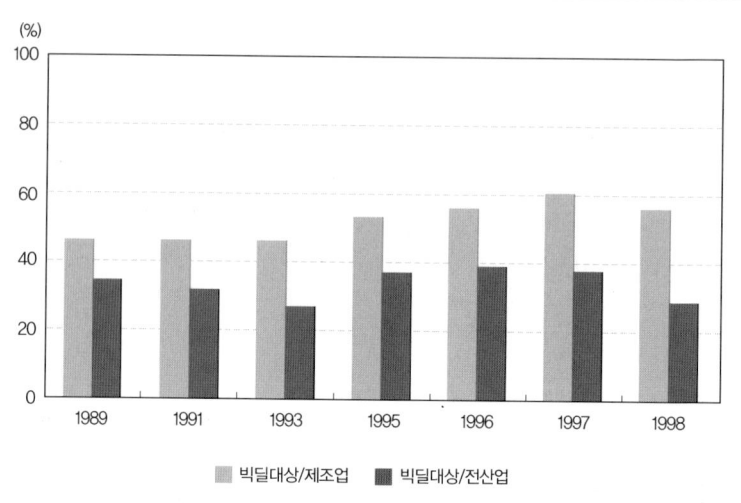

주 : 석유화학, 석유정제, 엔진류, 산업용 기계, 전기전자, 철도차량, 자동차, 항공기 등 빅딜 대상으로 지정되었던 주요 업종의 설비투자 합계액.
자료 : 한국산업은행, 〈설비투자계획조사〉, 각 호에서 작성.

든 국가가 피할 수 없는 문제이기도 하다. 따라서 과잉투자 자체가 문제라기보다는 과잉투자를 효율적으로 처리할 수 있는 제도적 장치가 존재하는가가 좀더 중요하다.[12] 그러나 우리나라의 경우 정부 주도의 부실기업 정리 외에 과잉투자를 처리할 수 있는 어떠한 제도적 장치도 갖추지 못한 상태였다. 즉 일본이나 독일처럼 은행이 기업의 구조조정을 주도할 수 있는 독자적 능력을 갖추지 못한 상태였고 미국처럼 자본시장에서의 M&A도 사실상 불가능한 상황이었다. 이 때문에 대기업들의 재무구조 악화에 대해 부도유예협약과 같은 임시방편적 조치로 대응할 수밖에 없었으며 실질적 구조조정은 지연되었다. 특히 정부의 권위주의적 재량에 의존하는 과거의 부

---

12 Leipziger(1988)는 1980년대의 중화학 투자조정, 1986년의 부실기업 정리, 해외건설 및 해운업의 산업합리화 조치 등 한국의 산업 구조조정을 분석하면서 퇴출시장의 부재를 한국 경제의 구조적 취약점 중 하나로 지적하였다.

표 2-10 빅딜 대상 업종의 현황
(단위 : 억 원, 명)

업종	관련 기업	매출액	자산	부채	종업원 수
반도체	현대전자 LG반도체 삼성전자	38,297	134,495	114,015	17,744
자동차	삼성자동차 현대자동차 기아자동차 대우자동차	57,977	119,070	263,265	17,744
석유화학	현대석유화학 삼성종합화학	17,223	65,549	57,374	3,609
가전	대우전자 삼성전자	112,439	132,898	101,433	21,336
발전설비 (섭박엔진)	현대중공업 삼성중공업	34,588	45,299	33,475	11,571
항공기	삼성항공 대우중공업 현대우주항공	8,433	13,720	11,089	4,371
철도차량	대우중공업 현대정공 한진중공업	6,857	6,058	4,963	2,257
정유	현대정유 한화에너지	56,590	61,041	57,206	2,564
합계	-	332,404	578,132	480,026	85,239
비중(%)	-	7.4[1]	12.9[1]	10.7[1]	2.2[2]

주 : 매출액은 해당 기업의 매출 총액 중 조정대상사업 부문의 매출액이며 자산, 부채, 유형고정자산, 고용 규모는 매출액 비중을 고려하여 추정(1998년 기준).
　　1)은 1998년 경상GDP 대비, 2)는 1998년 12월 제조업 취업자 수 대비.
자료 : 한국은행, 《국민계정》 및 《한국기업평가》, FINDS NET에서 작성.

실기업 정리 메커니즘은 정치적 자유화에 따른 정책결정의 투명성 요구와 특혜 시비, 경제력 집중에 대한 우려와 같은 사회적 규범에 의해 적어도 1980년대 후반부터는 사실상 작동할 수 없는 상황이었다. 이러한 한계는 기아자동차의 부실 처리 문제에 대한 정책적 혼선과 외환위기 이후의 빅딜 실패 등으로 나타났다.

| 별첨 3 | 과잉투자와 정부 주도의 부실기업 정리

외환위기 이전까지 한국 경제의 유일한 퇴출시장은 정부가 주도하는 부실기업 정리 과정뿐이었다고 해도 과언이 아니다. 실제로 1950년대 후반 원조 감소에 따른 부실기업체의 발생, 1960년대 말부터 1970년대 초까지의 차관기업체들의 부실, 1980년대 초의 중화학공업 중복투자로 인한 기업의 부실화 등은 모두 정부 개입에 의해 해결되었다. 한국개발연구원 설립 이후 첫 번째 보고서가 부실기업 정리 과정에 대한 글이었다는 점은 시사하는 바가 크다. 정부 주도 부실기업 정리 과정의 핵심은 첫째, 기투자된 설비시설을 활용하기 위한 제3자 인수, 둘째, 부실기업의 정상화를 위한 금융과 세제 지원, 셋째, 은행의 부실채권 보전을 위한 정부의 금융기관 지원으로 이루어졌다. 따라서 소유권을 잃게 되는 기업 외에는 정부-은행-기업 사이에 이해갈등이 발생할 소지가 거의 없었다. 이 때문에 자산재평가나 인수 가격의 설정 등 처리 절차도 신속히 이루어질 수 있었다. 물론 이 과정에서 각종 특혜 시비, 편법 지원 등이 정치적 쟁점으로 등장하였다. 1988년의 제5공화국 비리 청문회의 주요 내용 중 하나도 부실기업 정리 과정에 관한 것이었다. 정부 주도의 부실기업 정리 과정은 신속한 부실 처리와 이후의 높은 경제성장률을 바탕으로 한 부실채권 비중의 자연 감소로 한국의 독특한 투자조정 메커니즘으로까지 평가

표 별첨 3-1 과거의 정부 부실기업 정리와 1990년대 중·후반의 상황 비교

	과거	1990년대
정부	- 직권조정에 의한 사업포기 및 제3자 인수 - 금융 및 세제 지원	- 강제적 조정 능력 상실 - 특혜시비
진행절차	- 정부 주도하의 자산실사 및 사후정산	- 자산실사 과정 등 절차적 정당성 중시

이해관계자	- 정부가 금융기관의 손실 보전
	  : 신속한 채무조정 가능
	- 근로자 및 주주의 권리의식 미약
	  : 사업통합 및 재배치 용이
		- 금융기관의 생존 불확실
		  : 부실채권의 규모 증대
		- 근로자, 주주, 협력업체의 이해관계 첨예하게 대립

되었다. 그러나 정부의 재량과 권력에 전적으로 의존하고 있었다는 점에서 지속될 수 없는 매우 불안정한 장치였다. 특히 5공화국 청문회 등의 소란에도 불구하고 퇴출시장에 대한 제도적 정비는 이루어지지 않았다. 이로 인해 1996년부터 발생한 일부 대기업의 부실을 조정할 수 있는 능력을 갖출 수 없었다. 우리나라 은행은 일본의 주거래은행제도를 모방한 주채권은행제도를 갖추고 있었지만, 산업은행을 제외하고는 워크아웃이나 기업의 제3자인수 등을 결정한 경험이 거의 전무한 상태였다. 또한 국내 기업들 간의 합병이 이루어지기 위해서는 각종 출자규제에 대한 정치적 판단이 개입할 수밖에 없었는데, 정권교체기에 이러한 정치적 모험을 단행할 수는 없었다.

그림 2-10 설비투자 규모 및 설비투자율 추이(1980~2005)

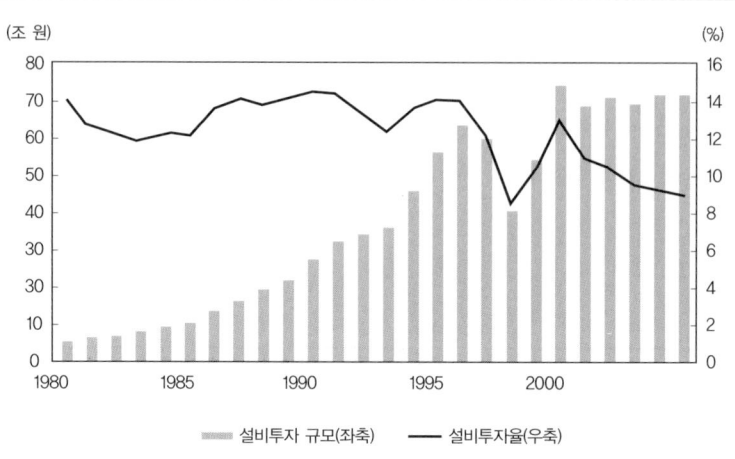

자료 : 한국은행.

외환위기 이후의 설비투자 특징

외환위기 이후 한국 경제는 경제 규모의 성장에 비례하여 투자 확대가 이루어지지 못하는 정체 상태에 빠져 있다. 국내총생산액 대비 설비투자 비중을 나타내는 설비투자율이 1990~1996년에는 평균 약 14%의 수준을 기록했지만 외환위기 이후 1996년 수준을 넘어선 것은 2005년에서야 가능했다. 특히 2000년 하반기부터는 경기회복세가 본격화되고 기업의 내부 자금이 확대되었을 뿐만 아니라 저금리 기조가 지속되는 등 투자 환경의 긍정적 요인들이 적지 않음에도 불구하고 설비투자의 부진이 지속되면서 한국 경제의 구조적 문제점으로 부상하고 있다.

전반적인 설비투자의 부진과 더불어 산업 간 불균형 현상도 두드러지고 있다. 산업별로는 특히 내수 부진에 따른 비제조업 부문의 투자 부진이 특히 심각한 것으로 나타나고 있다. 2000~2004년의 설비투자를 보면 전산업의 설비투자는 연평균 8.1%의 증가세를 보였으며, 제조업 부문과 비제

표 2-11 부문별 설비투자 증가율 및 비중 추이 (단위 : %)

	1981~1986	1987~1996	1997~2004	2000~2004	1981~2004
전 산업	24.5	16.6	0.5	8.1	12.3
제조업	39.1 (47.9)	17.6 (65.0)	0.4 (54.6)	15.5 (56.6)	15.5 (57.3)
비제조업	12.3 (52.1)	14.8 (35.0)	-0.7 (45.4)	-1.1 (43.4)	9.2 (42.7)

주 : 1) 설비투자는 설비투자계획조사의 연간 실적치로 토지 구입 및 조성, 건물 등에 대한 투자 지출을 제외.
  2) ( ) 안은 전 산업 설비투자에 대한 각 부문의 설비투자 비중.
자료 : 산업은행, 〈설비투자계획조사〉, 각 호.

표 2-12 외환위기 전후의 정보통신 부문과 한국 경제 (단위 : %)

	정보통신 부문이 각 항목에서 차지하는 비중				
	GDP	설비투자	민간소비	수출	수입
1995~1996	3.8	29.6	4.1	16.1	9.9
1997~2005	8.9	37.0	7.8	31.3	20.6
2000~2005	10.6	38.9	8.7	35.0	22.8

주 : 1995~1999년의 수출입 자료는 국민계정 데이터베이스에 없는 관계로 IT 부문의 수출입통계(통관기준)를 영상음향 및 통신장비의 수출입 물가로 디플레이트한 자료를 사용.
자료 : 한국은행 ECOS DB, 한국무역협회(KITA.net) DB에 의거 작성.

표 2-13 동기별 설비투자 비중 추이 (단위 : %)

		1981~1986	1987~1996	1997~2004	2000~2004	1981~2004
전 산업	설비 능력	77.6	73.2	70.4	68.9	73.2
	합리화	14.7	13.5	17.2	19.3	15.1
	연구개발	2.4	3.9	4.1	3.6	3.6
제조업	설비 능력	67.0	67.0	63.0	63.0	65.6
	합리화	21.4	16.7	20.1	21.3	18.9
	연구개발	4.0	5.3	7.0	5.9	5.6
비제조업	설비 능력	89.2	85.8	78.9	76.1	84.2
	합리화	7.7	7.3	13.9	16.9	9.7
	연구개발	0.3	1.0	0.6	0.6	0.7

자료 : 산업은행, 〈설비투자계획조사〉, 각 호.

조업 부문은 각각 연평균 15.5%와 -1.1%의 증가세를 보였다. 비제조업 부문의 설비투자증가율 감소는 2001년의 경기침체와 2003~2004년의 카드버블의 후유증 등에 따른 극심한 내수경기 부진을 반영하며 투자의 불균형 현상을 야기하고 있다.

제조업 내에서는 정보통신 부문 관련 설비투자가 차지하는 비중이 크게 증가하여 전체 설비투자에서 정보통신 부문이 차지하는 비중이 2000～2005년 동안 무려 약 40%에 이르고 있다. 이는 정보통신 부문이 한국의 경제성장을 주도함에 따라 나타나는 당연한 현상이지만 역시 산업 간 불균형의 원인 중 하나로 작용하고 있다.

동기별 설비투자 추이를 보면, 지난 1980년대 초반 이후 지속된 설비 능력 확대 중심의 설비투자는 점진적으로 축소되는 반면, 합리화 및 연구개발 투자는 비중이 커지고 있다. 그러나 비제조업 부문의 경우 합리화 투자와 연구개발 투자의 비중이 모두 저조하여 비제조업 부문의 생산성 제고와 경쟁력 강화를 위해서는 합리화를 위한 투자 확대가 필요할 것으로 예상된다.

외환위기 이후의 설비투자 부진 요인

앞서 살펴본 투자함수를 이용하여 외환위기 이후를 대상으로 추정한 결과는 〈표 2-14〉와 같다.

분석 결과에 따르면 민간소비는 외환위기 이후 설비투자와의 상관관계가 더욱 높아졌으나, 수출과 투자와의 상관관계는 부(−)로 전환되었다. 이러한 결과는 외환위기 이후 카드버블의 발생으로 민간소비는 위축된 반면 수출은 2002년 이후 두 자릿수 증가세가 지속되어왔음을 고려할 때 수요 요인이 과거와 달리 투자 증가로 순조롭게 연결되지 못하고 있음을 의미한다. 1987～1997년과 달리 투자를 견인하던 수출변수가 투자와 비유의적인 결과를 보이는 이유는 수출산업의 산업연관도와 관련이 있을 것으로 추정된다. 즉 수출이 호조를 보여도 국내에서의 설비 생산은 저조하고 해외

표 2-14 외환위기 이후 설비투자함수 추정 결과

	1987. 1/4~1997. 2/4	1997. 3/4~2004. 4/4
a (상수)	-5.62***	-8.84**
b_1 (실질민간소비)	1.18***	2.14***
b_2 (실질수출)	0.24*	-0.46**
b_3 (실질금리)	2.72***	-0.65
b_4 (실질실효환율)	-0.15	-2.71
b_5 (IT비중)	0.40*	0.66**
b_6 (영업이익률)	-0.23	0.30*
b_7 (실질외국인직접투자)	-0.05**	0.03
IMF dummy	-	-0.11**
$adj-R^2$	0.99	0.98

주 : 1) ***, **, *는 각각 1%, 5%, 10% 수준에서 유의함을 표시.
2) IMFShock dummy는 1997년 4/4분기~1999년 4/4분기를 표시.

로부터의 자본재 수입이 확대되는 양상이 전개되고 있는 것이다. 실제로 1999~2003년 기간 동안 재화수출과 수입자본재에 의한 투자 간의 상관계수는 0.89인 데 반해 재화수출과 국산자본재에 의한 투자 간의 상관계수는 0.33에 불과하다.

비용 측면에서는 실질금리와 실질실효환율이 모두 투자에 영향을 미치지 못하는 것으로 추정되었다. 반면에 외환위기 이전에는 설비투자에 영향을 주지 못하던 영업이익률이 설비투자에 영향을 주는 변수로 등장하였다. 아울러 더미변수는 IMF의 충격이 기업들의 투자를 감소시키는 요인으로 작용했음을 보여준다. 실제로 과거 설비투자를 주도하던 업종들이 모두 구조조정을 경험했을 뿐만 아니라 기업개혁과 정부규제, 국내외 경제의 불안요인 등이 지속되었기 때문에 기업들의 투자심리가 크게 위축되었을 가능성이 있다. 이는 기업의 투자 성향을 나타내는 〈그림 2-11〉을 통해서도 확인할 수 있다. 국내 기업들은 외환위기 이전에는 보유한 현금보다 두 배 정

그림 2-11 기업의 보유현금 대비 투자 비율 추이

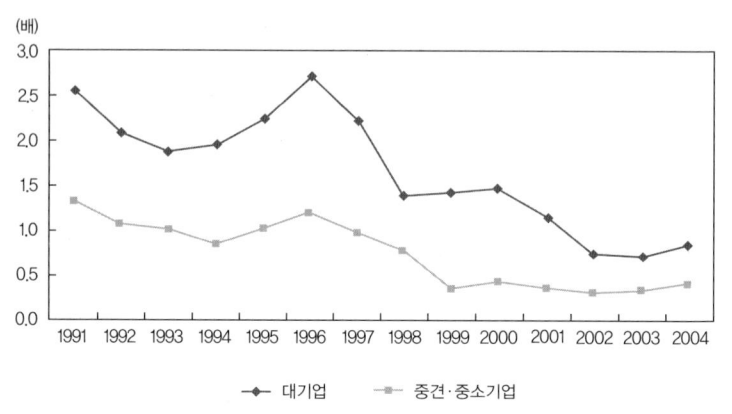

자료 : Datastream, DataGuide DB.

그림 2-12 G7국가와 한국 기업의 투자 성향 비교

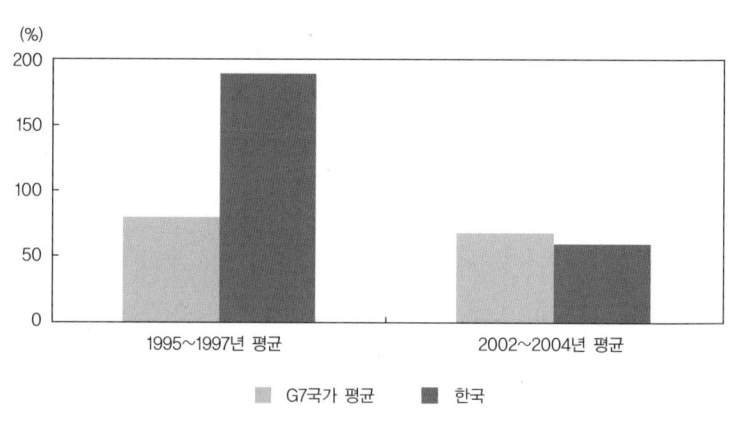

주 : 투자 성향은 설비투자를 보유현금으로 나눈 비율.
자료 : Datastream, DataGuide DB.

도 많은 투자를 실행해왔으나 최근에는 투자 규모가 보유현금의 60~70% 수준에 그치고 있다. 이는 대기업과 중소기업 모두 공통적인 현상으로 대기업의 보유현금 대비 설비투자 비율은 외환위기 이전 1.8~2.6배에서

2002~2004년 동안 0.6~0.8배로 하락했다. 이로 인해 〈그림 2-12〉에서 보는 바와 같이 과거 한국 경제의 성장을 이끌던 기업들의 투자 성향은 G7 국가들의 평균보다도 낮은 수준으로 하락했다.

설비투자 부진의 퍼즐 : 기업의 채산성과 투자 의사결정

외환위기 이후 현재까지 지속되고 있는 설비투자의 부진 현상에 대해서는 다양한 가설들이 제기되고 있다. 앞에서 지적한 거시경제적 연관의 괴리 현상, 주력 산업의 해외자본재 의존도 심화와 내수산업의 구조조정과 같은 산업구조적 요인 외에도 부채비율의 급격한 하락에 따른 자본비용의 상승이나 기업 구조조정 등이 원인으로 제시되고 있다. 특히 기업 구조조정을 위한 다양한 개혁 조치는 설비투자를 주도해온 대기업집단의 투자결정 메커니즘에 상당한 영향을 미쳤을 것으로 예상된다.

무엇보다도 외환위기 이후 기업집단의 경영 기조는 그룹 단위가 아닌 개별 기업의 수익성을 중시하는 방향으로 변화하기 시작했다. 이는 지배구조의 투명성 요구, 내부거래 조사 등으로 계열사 간 보조가 어려워졌을 뿐만 아니라 기업 스스로도 일부 계열사의 위험이 기업집단 전체로 확산되는 시스템 리스크(system risk)를 줄일 필요성이 커졌기 때문이다. 그 외에도 출자규제와 같은 정부규제의 강화·다각화에 대한 국민들의 강한 거부감 등이 기업의 투자 의사결정 메커니즘에 큰 영향을 미치고 있다. 이러한 환경 변화는 실제로 각 그룹들이 경영전략상 개별 기업에 적용되는 자기자본비용의 상한선을 상승시켜 구조조정을 유도하고 신규투자를 개별 기업의 순이익이나 내부 유보자금 중 일정한 범위 내로 제한하는 방식으로 실현되고 있다.

실제로 기업의 채산성(유형자산+재고자산 대비 영업이익의 비율에서 평균 차입금리를 공제한 지표) 추이를 보면 〈그림 2-13〉과 같이 외환위기 이후 크게

그림 2-13 기업의 채산성 변화 추이(1979~2004)

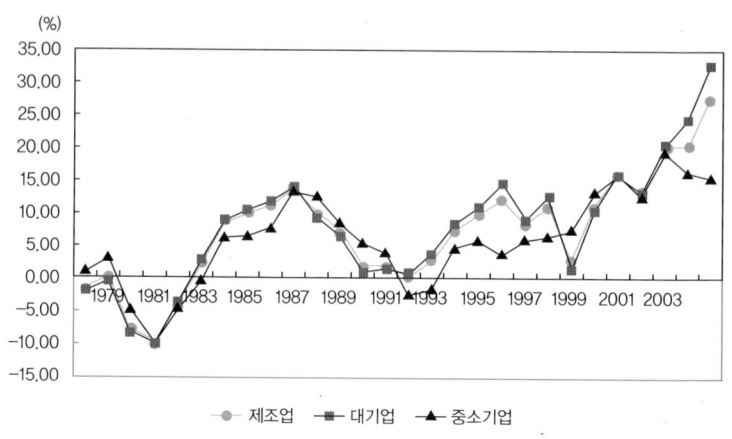

주 : 채산성은 제조업의 영업이익/(유형고정자산+재고자산)-금리로 계산.
자료 : 한국은행 ECOS DB 및 한국산업은행 〈설비투자계획조사〉에 의거해서 작성.

상승하는 추세를 보이고 있다.[13]

이러한 기업의 투자 의사결정의 변화가 설비투자에 미치는 영향을 고려하기 위해 산업은행 설비투자계획 조사의 설비투자 실적치와 투자채산성 자료를 이용한 회귀분석을 시도했다. 다음 식에서 ΔINV_t와 RPF_t는 각각 t기의 실질설비투자증가율(전년 대비)과 투자채산성이다. 추정 기간은 1997년부터 2004년까지이며 설비투자 시계열자료는 산업은행 〈설비투자계획조사〉의 각 해당년 명목설비투자 실적치(토지 및 건설 부문의 투자액 공제)를 설비투자 디플레이터로 실질화하여 분석했다. 투자채산성은 유형고정자산과 재고자산에 대한 영업이익 비율에서 금리를 제외한 자료를 사용하였다. 금리는 대표적인 시중금리인 회사채수익률을 사용하였다.

---

[13] 이하에서 투자채산성은 영업이익/(유형고정자산+재고자산)-금리로 정의되며 투자 프로젝트의 가치를 나타내는 지표로 사용한다. 기업들은 수익성이 금리와 동일한 수준에서는 투자의 유인을 갖지 못하며 수익성을 금리+α로 표시할 때 α가 클수록 기업들이 수익을 중요시함을 의미한다. 安藤浩一(2000).

표 2-15 투자채산성과 설비투자증가율

	1977~1996		1997~2004	
	총제조업	대기업	총제조업	대기업
α	11.36*** (6.62)	10.58*** (−5.77)	−0.93 (−1.17)	−9.09* (−2.00)
β	0.62** (2.88)	0.66*** (3.03)	0.77 (1.55)	0.56* (2.23)
$adj-R^2$	0.42	0.34	0.47	0.53

주 : 식(추정식)의 오차항에 AR(1)을 고려하여 추정.
　　***, **, *는 각각 1%, 5%, 10%에서 유의함을 의미.

표 2-16 투자채산성의 이론적 한계값

	1977~1996		1997~2004	
	제조업	대기업	제조업	대기업
투자채산성의 한계값	−18.3	−16.0	1.21	16.2

주 : 투자증가율=0일 때의 채산성 값으로 α/β로 계산.

$$\Delta INV_t = \alpha + \beta RPF_t + \varepsilon_t$$

〈표 2-15〉는 1977~1996과 1997~2004년의 총제조업 부문과 대기업 부문에 대한 앞의 식의 추정 결과이다. 제조업 부문 대기업들은 1977~1996년까지 투자채산성이 매우 낮은 상태임에도 불구하고 높은 설비투자 증가율을 유지했던 것을 알 수 있다. 설비투자증가율과 투자채산성 사이의 관계를 좀더 구체적으로 살펴보기 위해 〈표 2-16〉에 나타낸 것과 같이 투자가 더 이상 증가할 수 없는 대기업의 투자채산성의 이론적 한계값을 구해보면 1977~1996년 사이에는 −16이다. 이는 과거 국내 기업들이 투자채산성이 마이너스를 보이는 가운데서도 설비투자를 증가시켜왔음을 의미한다. 이처럼 투자채산성이 낮은 수준에서도 높은 설비투자가 실행될 수 있었던 배경에 대해서는 다양한 해석이 가능하지만, 가장 직접적으로는 계열

| 별첨 4 | 기업지배구조 개혁과 수익성 위주 경영의 명암

수익성 중심의 경영은 과거의 투자 관행을 시정한다는 점에서 긍정적으로 평가할 수 있지만, 다른 한편으로는 투자의 축소를 초래할 가능성도 높다. 이론적으로만 본다면 기업의 투자가 수익성, 즉 투자채산성에 따라 결정될 경우 투자 수준은 확대균형을 가져올 수도 있고 축소균형에 빠질 가능성도 있다. 우선 이익률이 상승한 기업들이 증가한 이익을 바탕으로 투자를 증가시킴으로써 생산성 증가를 도모하는 선순환구조를 상정할 수 있다. 그러나 투자채산을 엄격하게 집행하는 경영구조는 개별 기업들의 이익률은 증가하지만 투자는 축소되는 상황을 초래할 수도 있다. 즉 높은 이익률을 유지하기 위해 투자채산성이 낮을 것으로 우려되는 모든 초기 투자를 기피할 수 있는데, 이는 결과적으로 신기술 개발을 지연시켜 경제를 축소균형으로 몰고 갈 수도 있다. 이러한 변화는 〈그림 별첨 4-1〉로 정리할 수 있는데, 외환위기 이후 계열사 간의 공동보조가 어려워진 상황에서 각 기업집단이 투자채산성을 $α_1$에서 $α_2$로 상승시켰다면 개별 기업의 투자는 R_a에서 R_b로 감소하게 될 것이다.

그림 별첨 4-1 수익성 중심 경영으로의 전환과 투자 규모

자료: 安藤浩一(2000)에서 재작성.

사 간의 보조가 전제된 그룹 단위의 의사결정 없이는 사실상 불가능했다고 생각된다. 그러나 외환위기 이후를 대상으로 추정한 대기업의 투자채산성의 이론적 한계값은 16.2로 전환된다.

이러한 결과는 1998년부터 기업의 투자채산성이 설비투자증가율에 미치는 영향에 구조적 변화가 발생하고 있음을 시사한다. 즉 기업들이 투자채산성을 높게 설정할 경우 자금 상황과는 관계없이 과거와 같은 투자 붐을 기대할 수는 없다. 아울러 현재의 높은 채산성 수준을 만족시키지 못하는 경우 새로운 사업을 추진할 동기가 약할 수밖에 없음을 의미한다. 특히 기업집단을 둘러싼 논란이 10여 년 가깝게 진행되면서 기업이 설정하는 투자 의사결정 기준으로서 채산성은 사회적·제도적 비용까지 고려해야 되기 때문에 리스크 요인을 고려할 경우 투자를 가능하게 하는 기준은 실제 값보다 훨씬 높게 형성될 가능성이 있다. 이처럼 설비투자가 지배구조의 변화와 제도적 불확실성에 따른 투자 패턴의 변화에 기인하고 있는 것이라면 이로 인한 투자의 공백은 상당 기간 지속될 수밖에 없을 것이다.

고용제도의 변화와 소비

외환위기 이전의 고용제도

1980년대 시민과 학생의 대대적인 민주화운동과 1987년 노동운동의 역사적 성과로 볼 수 있는 이른바 '민주화선언' 이후 노사관계법은 노동자에게 상대적으로 유리한 방향으로 개정되기 시작하였다. 노사관계법의 개정은 그동안 근로자들의 불만사항이었던 노동기본권 침해조항을 상당 부문 시정하는 데 초점을 두었다. 노동조합법의 경우, 노동조합 설립 요건의 개정,

기업 단위 노동조합의 인정 관련 규제 완화, 노동조합에 대한 행정관청의 간섭 제한, 단체교섭 위임절차 간소화 등이 개정되었다. 또한 노동쟁의조정법은 쟁의행위의 제한사항 완화와 노동쟁의조정제도의 개선이라는 두 가지 점에서 개정되었다. 노사협의회법은 참여적 노사관계의 확립이라는 명분으로 노사협의회의 자율적 운영보장, 근로자 측 위원선출방식, 노사협의회의 기능 확충 등에서 제도적 개선이 이루어졌다.

노동조합법 개정으로 노동조합이 자유롭게 설립되고 조직 형태의 자율적 결정이 보장됨으로써 기업별 노동조합체제에서 산별 노동조합체제로 전환할 수 있었으며, 행정관청의 해산명령 등이 삭제됨에 따라 노동조합의 자주성이 확보되었다. 또한 노사 당사자가 단체협약으로 유니언숍제도를 채택할 수 있도록 개정됨으로써 노동조합의 단결력을 강화할 수 있게 되었다. 이러한 상황에서 대기업의 생산직 노동자들에 의한 격렬한 노동운동이 발생하게 되고, 노사관계의 민주화를 진전시키려는 단체교섭제도가 정착하게 되면서 노동조합의 교섭력이 급속히 증대되기 시작하였다.

이와 같은 변화는 노사관계의 의사결정을 당사자 간에 맡겨두어도 근로자들의 자기보호가 가능할 것이라고 인식한 정부가 노사 간 계약 관계를 자율적으로 유도했던 것이 결정적인 요인으로 작용했다. 또한 당시 정부는 중립적 노사관계를 위한 중재 개입이 과거 정부의 노동통제로 복귀한다는 오해의 소지를 우려했기 때문에 중립적 노사관계 구축을 위한 사회적 장치를 마련하지 못했다.[14] 그러나 바로 이 때문에 정부의 법적 보호로 이뤄지던 근로 기준의 과보호조항에 대한 기업의 부담이 증대하게 되었으며 노동시장 유연화를 위한 추가적인 정책을 필요로 하게 되었다.

---

14 최영기, 전광석, 이철수, 유범상(2000)은 1987년 이후의 노사관계의 특징으로 '자율적 노사관계'를 거론하고 있다. 1987년 이전에는 자율적 노사관계가 존재하지 않았으나, 1987년 이후 노동법 개정 등을 통해 노사관계가 상대적으로 민주화되면서 근로 기준이 향상되었을 뿐만 아니라 집단적 노사관계로 노동시장을 규율할 수 있는 능력이 급속히 증대했음을 지적하고 있다.

그림 2-14 실질임금과 노동생산성 증가율 비교

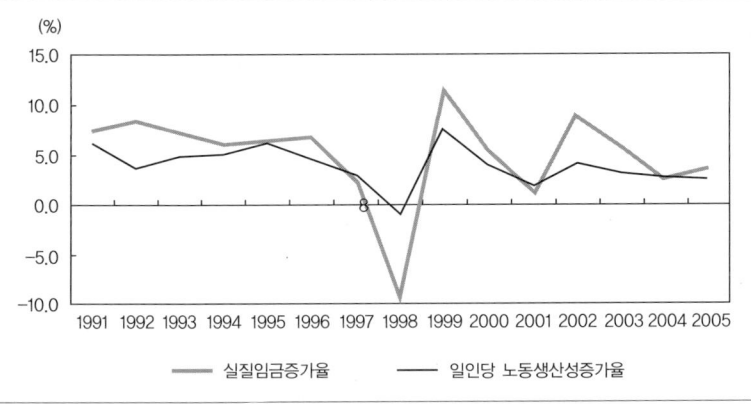

주 : 실질임금의 경우 상용근로자 10인 이상 기준이며, 노동생산성의 경우 실질GDP를 전체 취업자 수로 나눈 수치.
자료 : 삼성경제연구소.

    노동자의 임금과 고용보장에 관한 교섭력이 강화되면서 1987년 이후 임금이 상승하고 고용이 증가하기 시작했다. 특히 대폭적인 임금 상승은 과거의 저임금체제를 붕괴시키고 국내시장을 확대시키는 계기가 되었다.[15]

    물가상승률을 웃도는 명목임금의 상승으로 실질임금의 상승률과 노동생산성증가율의 격차가 발생하게 되었다. 1987년 이후 급상승한 실질임금은 〈그림 2-14〉에서와 같이 외환위기 직후를 제외하면 1990년대 이후부터 줄곧 노동생산성증가율을 웃도는 수준에서 유지되었음을 알 수 있다. 이러한 사실로 볼 때, 1987년 이후 고용제도하에서의 임금은 노동생산성증가율을 초월하는 과잉 수준에 있었다고 볼 수 있다. 임금 상승은 또한 임금분배율(피용자보수/GDP)을 높였다. 1985년 61.5%이었던 임금분배율이 1987년과 1988년에는 64.8%와 69.3%로 크게 상승하였다.[16] 이와 같은 임금분배

---

15 경제기획원 《도시가계연보》 각 년호에 의하면, 육체근로자의 소비지출액은 1968년부터 1990년 사이에 평균 6.1%씩 증가했음을 알 수 있다. 특히 소비재 충족률은 1975년에 40%에 불과하였으나, 1980년대 중반에는 50~60%, 1987년 이후에는 지속적으로 상승하여 1990년에는 77.65%까지 달했음을 알 수 있다.

율은 선진국 수준을 웃도는 것으로 기업들은 경제 규모에 비해 상대적으로 큰 임금 비용 부담을 지게 되었으며, 한국 경제는 고비용구조로 진입하게 되었다.

내구재와 서비스 소비의 증가

1987년 이후 소비 행태의 변화로는 임금 상승에 따른 소비지출의 양적 증대 이외에도 소비지출의 구조적 변화에도 주목해야 한다. 먼저 국내 소비지출을 소비재 형태별 소비 구성으로 분류해보면, 〈표 2-17〉에서와 같이 내구재, 준내구재 및 서비스 소비의 비중이 증가하고 비내구재 소비의 비중이 하락한 것을 알 수 있다. 그중에서도 내구재 소비와 서비스 소비의 증가가 두드러졌다. 1980년대 들어서 자동차와 냉장고, 세탁기 등 가전제품과 같은 내구소비재의 보급이 본격화되었는데, 그 결과 소비지출에서 내구소비재가 차지하는 비중이 1987~1996년 중에는 9.8%로 1970~1986년의 3.8%를 크게 상회하게 되었다.[17] 서비스 부문의 소비 비중 역시 1980년대 이후 점진적인 상승세를 보였다. 1970~1986년 35.2%에 불과했던 서비

표 2-17 소비재 형태별 소비지출 구성의 기간별 추이

(단위 : %)

	1970~1986	1987~1996	1997~2005	1970~2005
내구재	3.8	9.8	7.8	6.5
준내구재	11.9	8.9	6.8	9.8
비내구재	49.8	33.2	29.4	40.1
서비스	35.2	48.4	55.4	43.9

주 : 국내 소비지출에서 차지하는 구성비(명목 기준).
자료 : 한국은행 ECOS DB에 의거 작성.

---

16 임금분배율(피용자보수/GDP)의 데이터는 장하원(1997) 및 김형기(1998)에서 인용(및 계산)하였다. 반면에 1989년 이후의 임금분배율은 67.8%, 67.5%, 65.2%로 점차 저하하기 시작하였으나 이 시기의 다른 선진제국에 비해 상대적으로 높은 수준의 임금분배율을 보여왔다.

표 2-18 품목별 소비지출 구성의 기간별 추이
(단위 : %)

	1970~1986	1987~1996	1997~2005	1970~2005
식료품, 비주류 음료	4.7 [4.8] (35.4)	4.3 [4.3] (21.4)	−0.2 [−0.1] (16.0)	3.3 [3.4] (26.6)
주류 및 담배	6.6 [6.8] (6.2)	3.6 [3.6] (3.1)	−0.6 [−0.6] (2.5)	3.8 [4.0] (4.4)
의류 및 신발	4.7 [5.0] (9.2)	9.7 [9.8] (5.8)	−0.4 [0.3] (4.5)	4.8 [5.2] (7.1)
임료 및 수도광열	4.9 [4.9] (9.2)	6.7 [6.7] (13.1)	3.0 [3.1] (17.2)	4.9 [4.9] (12.3)
가계시설 및 운영	12.9 [13.4] (3.9)	10.3 [10.4] (5.7)	0.0 [0.8] (4.4)	8.7 [9.3] (4.6)
의료 · 보건	13.8 [14.4] (4.0)	6.5 [6.7] (5.2)	3.1 [3.4] (4.3)	8.9 [9.3] (4.4)
교통	11.1 [11.2] (7.9)	11.2 [11.3] (12.2)	−0.2 [0.3] (11.7)	8.1 [8.4] (10.0)
통신	17.4 [18.5] (0.7)	27.2 [27.5] (1.8)	16.0 [16.5] (5.2)	19.7 [20.6] (2.1)
오락 · 문화	12.5 [12.8] (4.0)	13.3 [13.4] (7.9)	3.5 [4.1] (7.5)	10.3 [10.7] (6.0)
교육	7.2 [7.3] (4.2)	4.5 [4.5] (5.6)	2.6 [2.7] (5.7)	5.2 [5.3] (5.0)
음식 · 숙박	5.1 [5.2] (9.2)	5.1 [5.1] (7.5)	3.2 [3.6] (7.4)	4.6 [4.8] (8.3)
기타	13.0 [13.3] (6.2)	13.4 [13.4] (10.8)	3.4 [3.7] (13.6)	10.6 [10.8] (9.3)
민간소비	6.7 [6.7]	8.1 [8.1]	2.5 [2.7]	6.0 [6.1]

주 : 1) 증가율은 2000년 불변가격 기준이며 ( ) 안의 값은 구성비로 경상가격 기준.
    2) [ ] 안은 전년 동기 대비 증감율의 기간평균.
자료 : 한국은행 ECOS DB에 의거 작성.

---

[17] 소비재지출에 점하는 내구소비재지출의 비율은 1980년대 중반부터 상승하기 시작하여 그 상승세가 1994년까지 지속되었다. 통계청에 의하면 1985년의 그 비율은 6%를 조금 넘는 수준이었으나 1994년에는 11.8%까지 상승했다.

스 소비는 1987~1996년에도 48.4%로 상승하여 경제의 서비스화가 진행되고 있음을 보여준다. 반면 비내구재의 소비는 같은 기간 49.8%에서 -33.2%로 크게 감소했다.

　소비지출의 품목별 구조를 보면, 〈표 2-18〉에서와 같이 1987년을 전후로 하여 식료품 및 비주류 음료, 주류와 담배, 의류와 신발, 음식·숙박 등의 비중은 하락했고 임료와 수도광열, 의료보건, 교통, 통신, 오락·문화, 교육 등의 비중은 상승한 것으로 나타났다. 비중이 하락하는 품목은 의식주와 관련된 기초 필수 소비재가 대부분이다. 특히 비중이 가장 높았던 식료품 및 비주류 음료는 1970년대의 30%대에서 지속적으로 감소하여 1990년대 후반에는 16%로 절반 이상 하락했다. 반면, 비중이 증가하는 품목은 교통, 통신과 오락·문화비 등 문화 및 여가생활과 관련된 품목이다. 예외적으로 임료와 수도광열비가 1988년 이후 급속한 상승을 보이는데, 이는 1980년대 후반에 있었던 부동산 가격 및 전세가 폭등과 관련하여 주거비 지출이 늘어났기 때문이다.

　이러한 1987년 전후의 소비 행태의 변화를 종합하면, 자동차, 전기·전자 제품 등의 내구재 소비와 다양한 서비스 소비의 증대로 요약할 수 있다. 특히 표준화된 가정용 내구소비재의 소비 증대를 1987년 이후의 주요한 특징으로 지적할 수 있을 것이다. M. Aglietta(1976)의 주장과 같이 대량생산된 내구재 소비에서 나타는 '소비의 동질화'가 이 시기의 소비 트렌드를 규정하는 가장 큰 특징이었다. 이와 같은 소비 패턴의 변화는 1987년 이후의 노동 관련 제도의 변화로 발생한 임금소득의 증가로 소득분배구조가 변했기 때문이다. 이와 같이 1987년 이후의 임금소득의 증가는 소비지출로 연결됨으로써 앞에서 논의한 것과 같이 내수 중심의 거시경제구조를 형성했으나, 임금과 고용 구조의 경직성을 해결할 수 있는 제도적 장치가 부재했던 것 역시 간과해서는 안 될 것이다.

외환위기 이전의 소비함수 추정

외환위기 이전의 소비 결정 요인을 종합적으로 분석하기 위해 소득과 금융 및 실물자산, 그리고 현재소비의 기회비용인 금리와 미래소득의 불확실성을 나타내는 인플레이션, 고용 상태, 가계의 차입금 규모 등에 의해서 소비가 결정된다고 가정한다. 소비함수에 대한 이러한 가정에 의거하여 종속변수로 민간소비(C_t), 설명변수로는 실질임금(W_t), 주가지수(SPI_t), 주택가격지수(HPI_t), 인플레이션율(PI_t), 실질금리(R_t), 실업률(U_t), 실질가계차입금(HDT_t)과 계절더미로 다음과 같은 행태식을 설정하였다.

$$\log(C_t) = \alpha + \beta_1 \log(W_t) + \beta_2 \log(SPI_t) + \beta_3 R_t + \beta_4 PI_t + \beta_5 U_t$$
$$\beta_6 \log(HPI_t) + \beta_7 \log(HDT_t) + SeasonalDummies + \varepsilon_t$$

소득과 자산 변수로는 제조업 실질임금 지수와 주택가격 지수, 주가 지수를 사용했다. 가계차입금은 은행 및 비은행 금융기관의 가계대출금 자료를 민간소비 디플레이터를 사용하여 실질화했다. 실질금리는 대표적인 시중금리인 회사채수익률에서 소비자물가 인플레이션율을 차감하여 계산하였다. 분석 기간은 1976년 1/4분기부터 1997년 2/4분기까지이며, 계절적 요인을 고려하기 위하여 계절더미변수를 사용하였다. 1987년을 전후로 하여 외환위기 이전까지 소비함수 추정 결과를 〈표 2-19〉에 요약하였다. 외환위기 이전의 기간에 대한 소비함수 추정에서는 가계차입금변수는 시계열 제약으로 제외하였으며 계절더미변수들의 추정 계수는 생략하였다.[18]

추정 결과에 따르면, 민간소비에 가장 유의한 영향을 미치는 것은 임금

---

18 소비함수에 가계차입금변수를 포함시키는 것은 다음 절에서 논의할 외환위기 이후 가계부채의 증가와 소비와의 관계를 추정하기 위해서이다.

소득인 것으로 나타났다. 우선 1987년 이전의 기간에서 민간소비는 임금소득과 실질금리, 그리고 인플레이션에 통계적 유의성을 가지며, 이론적으로도 타당한 부호를 갖는 것으로 나타났다. 반면 금융자산으로서 주식은 '정(+)'의 부호를 가지나, 통계적 유의성이 없는 것으로 추정되었으며, 실업률은 민간소비와 '정(+)'의 상관관계를 갖는 것으로 나타나 고용의 증가가 소비를 증가시킨다는 이론과 상반되는 결과를 보여주고 있다. 이는 1987년 이전의 기간에서 실업률의 변동성이 컸기 때문에 민간소비에 미치는 영향이 왜곡되어 나타난 것으로 보인다. 1987년 1/4분기부터 1997년

표 2-19 외환위기 이전의 소비함수 추정 결과

	1976. 1/4~1986. 4/4	1987. 1/4~1997. 2/4	1987. 1/4~1997. 2/4
α(상수)	6.48*** (34.44)	7.40*** (21.17)	7.56*** (24.43)
β_1(실질임금)	0.92*** (16.42)	1.01*** (20.96)	1.32*** (8.13)
β_2(주가지수)	0.05 (1.18)	−0.08* (−1.99)	−0.13*** (−3.29)
β_3(실질금리)	−0.53** (−2.44)	−1.60*** (−4.22)	−0.03 (−0.04)
β_4(인플레이션율)	−0.96 (−3.03)	−3.21** (−2.30)	−1.29 (−0.67)
β_5(실업률)	3.72*** (3.54)	−7.84** (−2.64)	−1.47** (−2.09)
β_6(주택가격 지수)	−	−	−5.75* (−1.92)
β_7(실질가계차입금)	−	−	−0.35* (−1.72)
$adj-R^2$	0.97	0.97	0.98

주 : 1) ( ) 안은 t-값.
　　2) ***, **, *는 각각 1%, 5%, 10%에서 유의함을 나타내며, −는 해당 설명변수의 시계열 제약으로 추정식에 포함시키지 못한 경우.

2/4분기까지의 소비함수 추정식에서 실질임금은 이전 기간보다 탄력성이 더 크게 추정되고 통계적으로도 높은 유의성을 갖는 것으로 나타났다. 이는 앞에서 논의한 대로 임금 상승이 소비 증가의 주요인이었다는 점을 반영한 결과이다. 또한 실질금리와 인플레이션, 실업이 민간소비에 미치는 영향은 모두 부정적인 것으로 추정되었으며, 추정 계수의 통계적 유의성도 이전 기간보다 개선된 것으로 나타났다. 반면 주가와 민간소비는 마이너스 상관관계를 가지는 것으로 추정되었다. 이러한 결과와는 반대로 최창규·이범호(1999)는 1976년 2/4분기부터 1998년 4/4분기 동안 소비와 주가와의 관계 분석에서 주가가 소비에 미치는 영향이 1990년 이후에 더 커졌다는 결과를 보였다.

특히 실질금리의 추정 계수는 두 기간에서 모두 마이너스 부호를 갖는 것으로 추정되어 실질금리의 상승은 현재소비를 미래소비로 전환시키는 기간별 대체효과를 보여주고 있다. 이러한 기간별 대체효과는 1987년 이후에 더욱 확대된 것으로 나타났다. 이는 실질금리가 2차 오일쇼크가 발생했던 1979~1981년 이전 기간에는 고금리-고변동성에서 1982년 이후에는 저금리-저변동성으로 '레짐 변화(regime shift)'를 보이며 미래의 소비에 대한 안정성이 보장되었기 때문으로 해석된다.[19]

특히 1987년 이후에는 실업 증가가 민간소비에 미치는 효과가 부정적으로 추정되었으며, 통계적으로 유의성도 높은 것으로 나타나 이전 기간과 다른 결과를 보였다. 이는 연평균 실업률이 이전 기간의 4.1%에서 2.5%로 크게 낮아지고, 표준편차도 1.0에서 0.5로 낮아지면서 민간소비와의 마이너스 상관관계가 안정적으로 추정되었기 때문이다. 이러한 결과는 고용의

---

[19] 1976년 1/4분기부터 1981년 4/4분기 중 실질금리는 연평균 19.7%이었으나 1982년 4/4분기부터 1986년 4/4분기 중에는 연평균 13.8%로 5.9%p 낮아졌으며, 같은 기간 중 표준편차는 각각 3.19와 1.89로 1982년 이후의 기간에서 실질금리의 변동성이 크게 축소되었다.

표 2-20 민간소비증가율과 실업률의 변동성 비교

	1976. 1/4~1986. 2/4		1987. 1/4~1997. 4/4	
	평균	표준편차	평균	표준편차
민간소비	6.7	2.7	7.9	1.8
실업률	4.1	1.0	2.5	0.5

주 : 민간소비증가율의 평균은 분기별 전년 동기 대비 증가율의 산술평균이며, 실업률은 구직 기간 1주 기준의 분기별 실업률을 사용.
자료 : 한국은행 ECOS DB, 통계청 KOSIS DB에 의거 작성.

표 2-21 고용변동계수와 연간 민간소비증가율의 변화

	1970~1986	1987~1996
고용변동계수(연평균)	9.8 (-8.87)	3.8 (-0.94)
민간소비증가율(연평균)	6.7	8.1

주 : 해당년 고용변동계수=해당년 분기별 취업자 수의 표준편차/해당년 취업자 수×100.
자료 : 삼성경제연구소.

안정성이 민간소비와 '정(+)'의 상관관계를 갖는 것으로 설명할 수 있다. 고용의 안정성을 취업자의 표준편차와 취업자 수의 비율인 고용변동계수로 측정하면, 고용변동계수가 하락할수록 민간소비는 증가하는 것으로 나타났으며, 1987년 이후에는 이러한 마이너스 상관관계가 더 높아진 것으로 분석되었다.

주택가격으로 본 실물자산의 민간소비에 대한 영향은 1987년 1/4분기 이후에 가능한데, 추정 결과는 〈표 2-19〉의 네 번째 열에 정리했다. 이 기간 중 주택가격의 상승에 따른 부(wealth)의 효과가 마이너스로 추정되었다. 이는 주택가격의 상승이 주택 보유자들의 부의 증가로 나타나 가계의 항상소득(permanent income)을 증가시켜 소비를 늘리는 효과보다는 소비를 줄이고 저축을 증가시키는 요인으로 작용했음을 의미한다. 즉 주택가격의 상승은 주택을 보유하지 않은 가계는 장래의 주택 구입을 위해 저축을 늘리게 되며, 주택을 보유한 가계는 주택의 투자수익률이 상승함으로써 추가적으로 주택 투자를 늘리게 되는 경우를 생각할 수 있다. 1987년 이후 1997년까지는 전국 가구 수의 증가보다 주택 공급이 빠르게 증가했다. 그 결과 연평균 주택보급률은 77.0%까지 상승하여 1978~1986년 기간의 70.7%보다 높은 수준이었음에도 불구하고 주택시장에서는 여전히 초과수요가 존재하는 상황이었다.[20]

외환위기 이후의 노동제도 변화

외환위기 이후 국제통화기금(IMF)의 요구에 따라 김대중 정부는 노동 부문의 구조조정을 통해 노동시장 유연화정책을 실시하게 되었다. 노동시장 유연화정책의 핵심은 고용과 임금의 유연화에 있었다.[21] 이러한 노동개혁은 1990년대 초반부터 시도되었으나 1987년 이후의 고용제도하에서는 노조의 강한 저항으로 관철시키지 못하고 있었으므로 외환위기를 계기로 좀더 전면적으로 단행될 수 있었다. IMF 구제금융이 결정된 이후 한국 사회에서는 정리해고에 대한 사회적 공감대가 지배적이었으며, 노동자들에게도 IMF 경제위기에 대한 책임으로 정리해고를 수용해야 한다는 여론까지 형성됨으로써 김대중 정부는 노동개혁을 가속화시킬 수 있었다.

김대중 정부에 의한 노동개혁이 가속화될 수 있었던 또 다른 요인은 노사정위원회를 노동 부문의 구조조정 과정에 편승시켰다는 것이다. 1998년 1월 노사정위원회가 정부 주도에 의해 출범되어 1998년 2월 노사정 간의

---

20 1970년 이후 1986년까지 전국 주택 수는 연평균 2.4% 증가한 반면, 전국 가구 수는 연평균 3.1%의 증가세를 보였다. 그러나 1987년 이후 1997년까지는 전국 가구 수의 연평균 증가율은 2.0%인 반면, 주택 공급의 증가 등으로 주택 수는 연평균 4.6%의 높은 증가율을 보였다. 여기서 가구 수는 1인 가구 및 비친족 가구를 제외한 수치이며 주택 수는 빈집을 포함한다. 건설교통부, 주택 통계 사용.

21 장상환(2002).

'경제위기 극복을 위한 사회협약'을 도출하고 정리해고제와 근로자파견법 도입에 합의하였다. 1999년 5월에 상설기구화된 노사정위원회는 노사정이 참가한 가운데 경제정책과 노동정책에 대해 협의할 수 있는 안정적 대화창구를 처음으로 만들었다는 데서 그 의의를 찾을 수 있다.

그러나 노사정위원회는 다음과 같은 몇 가지 한계를 지니고 있어 당초의 기대에 미치지 못하는 성과를 보였다. 첫째, 노사정위원회는 정부 주도 모델로서 참여자들의 자발적 참여와 합의를 이끌어내는 데 한계가 있었다. 더구나 정부도 고용유연화정책과 고용보호정책 사이에서 혼선을 거듭함으로써 애초부터 첨예한 대립 관계에 있었던 구성원들 간의 상호 의견 절충과 합의를 어렵게 하였다. 둘째, 노사정위원회가 법률적 기반 위에서 설치되고 운영되었으나 합의사항에 대한 법적 구속력이 약해 확고한 입지를 세우지 못하였다. 특히 첨예한 이견 대립을 보인 공무원노동조합 인정, 공공부문 구조조정, 노조전임자 임금 지급, 근로시간 단축 등의 문제에 있어서는 노사정위원회의 틀 안에서 타협점을 찾지 못하는 한계를 보이기도 하였다.[22] 마지막으로 '사회적 코퍼러티즘'의 경험과 토양이 일천한 가운데 노사정위원회의 협의 내용이 부당노동행위, 실업지원대책, 근로조건 등 개별 현안에 치중한 결과, 경제구조 개혁의 내용과 방법, 노사정 3자의 역할과 책임 규정 등에 대한 사회적 합의를 도출하는 데 가시적 성과를 거두지 못했다. 이러한 점들이 당시 한국 사회에서는 진정한 사회적 합의기구를 구축하기 위한 기본적 여건이 조성되지 않았다는 것을 말해주고 있다.[23]

---

[22] 앞의 책에서 인용.

[23] 북유럽 제국과 같은 오랜 전통의 노사 간 또는 노사정 간 '제도화된 타협'에 관한 경험 및 지식(인식)의 결여 문제와 우리의 타협 메커니즘에 일관되게 관철되고 있던 고유의 담합구조의 해소야말로 사회적 합의기구 구축을 위한 기본적 조건이었다고 볼 수 있다. '사회적 코퍼러티즘' 구축과 관련한 우리의 이러한 문제를 역사적 경로의존성(path dependence)의 문제로 볼 것인가, 아니면 IMF위기라는 절체절명의 국면에서 사회적 고민의 여지가 존재하지 않았던 데에서 기인된 것으로 볼 것인가에 대해서는 좀더 심층적으로 논의되어야 할 것이다.

IMF는 구제금융 지원 조건 중 하나로 노동시장의 유연성 증대, 특히 해고에 대한 규제의 완화와 근로자파견업의 허용 등을 구체적으로 요구하였다. 이에 따라 노사정위원회의 합의로 김대중 정부가 단행한 대표적 제도 개혁으로는 고용조정제도인 '정리해고제'의 도입과 노동력을 유연하게 이동시킬 수 있는 '근로자파견법'의 제정을 들 수 있다. 김대중 정부에서 지속된 노동시장 유연화정책은 지나치게 경직된 노동시장을 유연화할 수 있는 법·제도적 기틀을 마련하고 실업률을 조기에 낮추는 등 나름의 성과를 가져왔으나,[24] 정부 여당 내에서의 노동정책을 둘러싼 노선 혼재와 정부의 노동시장 유연화가 갖는 경제적 함의에 대한 무지로 일관성 있는 노동개혁을 추진할 수 없었다는 문제점을 노출했다.

고용조정제도(정리해고제)와 근로자파견법과의 조합에 의해서 초래된 현저한 변화는 단시간노동자와 파견노동자 등 불안정 취업자인 비정규직 노동자의 급증을 들 수 있다. 이와 같은 노동개혁에 의해서 기존의 경직적 고용구조는 일정 부분 타파되었다고 볼 수 있으나, 상용직 근로자의 비중이 줄어들고 임시직과 일용직 근로자가 크게 증가하여 고용구조의 불안정성을 가져온 것 역시 부인할 수 없다. 임시직과 일용직 근로자의 증가로 2004년에는 비상용근로자의 비중이 전체 임금 근로자의 48.8%까지 상승했다. 비상용근로자 비중의 상승은 노동시장의 양극화를 심화시키는 요인으로 작용했다.[25]

연봉제와 성과배분제 등의 유연한 임금제도의 확산도 소득분배구조의 악화를 초래하였다. 외환위기 이후의 소득분배구조를 분석한 대부분의 연구[26]에 의하면, 외환위기 이후 최고소득계층의 소득이 상대적으로 증대한

---

[24] 김경원, 권순우 외(2003)에서 인용.
[25] 김형기(2002)는 1997년까지의 한국 노동시장은 대기업의 경직적 노동시장하에서 기업별로 분리되어 유지되어 있었지만, 외환위기 이후의 노동시장은 유연화와 양극화가 급진전하였다고 지적하고 있다.

표 2-22 비상용근로자(임시직 및 일용직) 비중 (단위 : %, %p)

	1993(A)	2004(B)	증감(B-A)
상용근로자	58.9	51.2	-7.7
비상용근로자	41.1	48.8	7.7
(임시직)	26.7	34.1	7.4
(일용직)	14.4	14.7	0.3

자료 : 통계청 KOSIS DB에 의거 작성.

반면, 중산계층과 저소득층의 소득은 상대적으로 감소함으로써, 소득분배의 양극화가 발생하고 있음을 지적하고 있다. 특히 외환위기 이후에 나타난 소득불평등 심화 현상이 계층 간의 지출불평등성을 고조시키고 있다는 점을 주목할 필요가 있다. 지출 관련 지니계수를 보면, 1997년까지는 완만하게 하락하는 경향을 보이고 있으나, 1998년에 상승하기 시작하여 외환위기의 충격에서 벗어나기 시작한 1999년에도 그 경향은 지속됨으로써 사회 전체적으로 지출상의 불평등이 커지고 있었음을 알 수 있다.[27] 소득 관련 지니계수와 소득5분위배율을 보면, 두 지수는 1980년대 말부터 외환위기 이전까지 하락세가 지속되어 1997년에는 각각 0.28과 4.49를 기록하였다. 그러나 외환위기 직후인 1998년의 동 지수들은 각각 0.32와 5.41로 상승하였다. 소득불균형 정도는 1998년을 정점으로 소폭 개선되는 모습을 보였으나, 2002년까지도 여전히 외환위기 이전 수준을 회복하지 못하였다.[28]

---

26 김재훈(2002)과 이정선(2002)이 대표적이다.
27 정건화·남기곤(1999)은 가계지출이나 소비지출의 지니계수를 '도시가계조사' 해당 연도 1/4분기의 데이터를 이용하여 계산함으로써 소비지출의 전체적인 분배상태를 확인할 수 있는 척도로 활용하고 있다. 여기서 말하는 지출 관련 지니계수는 가계지출 및 소비지출의 지니계수를 말하는 것이며 소득 관련 지니계수와도 구분한다. 이들의 측정결과에 의하면, 가계지출 지니계수가 1997년에 0.3133이었던 반면 1999년에는 0.3166으로 증가했음을 알 수 있다.
28 김경원, 권순우 외(2003)에서 인용. 2002년 중 지니계수와 소득5분위배율은 각각 0.312와 5.181로 여전히 높은 수준이었다.

그림 2-15 최근 지니계수 및 소득5분위배율 추이

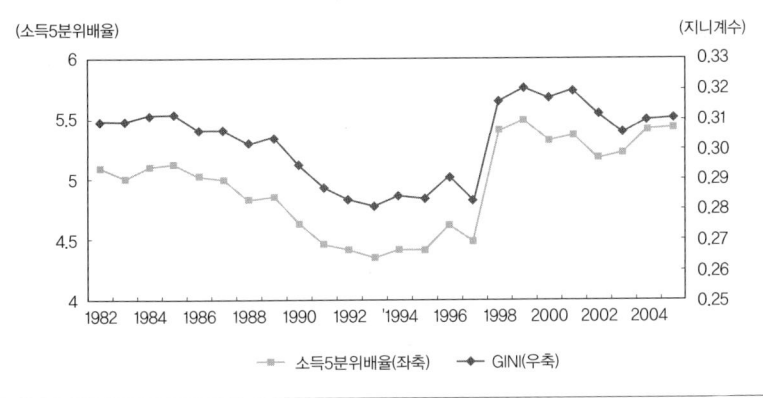

자료 : 삼성경제연구소.

소비의 양극화와 변동성 확대

외환위기 이후 소비 부문에서 나타난 특징으로 소비의 양극화와 고급화 현상을 들 수 있다. 앞에서 살펴본 것과 같이 계층 간 소득격차가 확대되는 가운데 소비의 양극화 현상이 진행되고 있다. 소비의 양극화 정도를 나타내는 소비지출5분위배율을 보면 2002년에 2.71로 외환위기 이래 최저 수준을 기록했지만, 1995년의 2.59와 외환위기 직전인 1997년의 2.69에 비해서 여전히 높은 수준이다. 또한 소비의 양극화 등으로 인해 필수적 소비지출은 감소한 반면, 선택적 소비지출이 증가하였다. 즉 교통, 통신, 교양, 오락 등 선택적 소비지출이 큰 폭의 증가세를 지속하면서 전체 소비지출에서 차지하는 비중도 지속적으로 높아졌다. 도시근로자 가계의 소비지출 중 선택적 소비지출의 비중은 1997년의 18.3%에서 2002년 21.8%로 3.5%p나 증가하였다. 이와 같은 선택적 소비지출의 증가는 주로 고소득층에 의해 주도되었는데, 이는 외환위기 이후의 계층 간 소득격차 확대와 소비 생활에 있어서 계층 간 질적 격차를 반영하는 것으로 해석된다.[29]

소비지출5분위배율을 항목별로 나누어 살펴보면, 식료품비는 1999년 이후 지속적으로 하락하고 있는 반면, 교양·오락비는 1999년 3.36에서 2002년 3.97로 0.61포인트 상승하였다. 한편, 소비의 고급화 추세에 따라 수입차 판매가 높은 성장세를 지속하였다. 국내 자동차시장에서의 수입차 판매 실적은 외환위기 직후 잠시 위축되는 모습을 보였으나, 1999년 이후 호조세를 지속하고 있는데, 2000년에는 전년 대비 80.0%나 상승했으며 2000년 이후 2005년까지는 연평균 31.5%의 증가세를 보이고 있다. 소비의 고급화 추세로 2535세대(25~35세) 고소득층을 중심으로 초고가 상품에 대한 수요가 창출되면서 100만 원대 화장품, 300만 원대 유모차, 1,000만 원대 인형 등도 등장하였다. 또한 패션과 액세서리 수입명품시장이 매년 50%씩 확대되면서 2002년 중에는 4조 2,000억 원 규모의 시장이 형성되기도 하였다.[30]

외환위기 이후 나타난 또 다른 소비의 구조적 변화는 소비변동성이 확대되었다는 것이다. 소비는 외환위기 직후 실업 증가에 따른 소득 감소와 소비심리 위축 등으로 크게 위축되었으나, 1999년 들어 증가세로 반전된 이후 빠른 회복세를 보였다. 특히 2001년 하반기 이후에도 신용카드 사용 장려 등 정부의 내수진작정책으로 민간소비가 경제성장률을 웃도는 호조세를 보였다. 일반적으로 소비는 투자와 수출에 비해 경기순환에 따른 변동폭이 작은 편이지만, 2001년에는 민간소비가 경제성장률 3.1%보다 높은 4.7%의 성장세를 보여 경기급랭을 방지하는 완충 역할을 담당하기도 했다. 민간소비는 2002년 중에서도 6.8% 증가함으로써 경제성장률 6.3%를 웃돌며 경기회복을 주도했다.

---

29 앞의 책에서 인용.
30 앞의 책에서 인용.

표 2-23 경제성장률과 민간소비성장률 및 변동성
(단위: 연평균 성장률, %)

	1970~1986	1987~1996	1997~2005
국내총생산	7.6 (3.2)	8.1 (1.8)	4.1 (4.3)
민간소비	6.7 (2.3)	8.2 (1.5)	2.3 (7.3)

주: 국내총생산과 민간소비, 가계소비의 기간 중 연평균(기하평균) 성장률. ( ) 안은 기간 중 표준편차로 변동성을 나타냄.
자료: 한국은행 ECOS DB에 의거 작성.

그러나 2001년부터 시작된 카드버블로 인해 가계부채와 신용불량자가 증가하고 주택가격이 상승하면서 소비는 2003~2004년 중에 2년 연속 감소세를 지속했다. 특히 주택가격의 상승은 그 후에도 지속적으로 상승하여 참여정부가 종합부동산세 도입과 같은 고강도의 주택시장 안정화정책을 실행하게 되었다. 또한 가계부채잔액도 2001년 말 341.7조 원에서 2006년 상반기 말 현재 545.5조 원으로 지속적으로 증가했다. 이와 같은 주택가격 상승과 가계부채의 증가 등은 소비심리를 위축시키는 요인으로 작용하고 있다. 그 결과 민간소비로 〈표 2-23〉에서와 같이 외환위기 이후 2005년까지 연평균 2.3%의 저조한 성장세를 보였으며, 변동성도 1987~1996년보다 5배가량 확대된 것으로 나타났다. 거시경제변수들 중 가장 안정적 행태를 보이는 소비가 변동성이 커지면서 경제성장률의 변동성을 확대시킴으로써 한국 경제의 경기순환을 불안정하게 하는 주된 요인이 되고 있다.

외환위기 이후의 소비함수 추정

외환위기 이후의 소비 행태를 종합적으로 분석하기 위해 1997년 3/4분기 이후 2005년 4/4분기까지의 소비함수를 추정하고 〈표 2-24〉에 정리하였다. 외환위기 이전과 비교하기 위해 〈표 2-19〉의 결과 중 1987년 1/4분기

표 2-24 외환위기 이후의 소비함수 추정 결과

	1987. 1/4~1997. 2/4	1997. 3/4~2005. 4/4
α(상수)	7.56*** (24.43)	10.39*** (40.73)
β_1(실질임금)	1.32*** (8.13)	−0.01** (−2.17)
β_2(주가지수)	−0.13*** (−3.29)	0.06*** (3.70)
β_3(실질금리)	−0.03 (−0.04)	−0.70*** (−4.19)
β_4(인플레이션율)	−1.29 (−0.67)	−1.52*** (−4.34)
β_5(실업률)	−1.47** (−2.09)	−2.61*** (−9.49)
β_6(주택가격지수)	−5.75* (−1.92)	−0.24*** (−3.22)
β_7(실질가계차입금)	−0.35* (−1.72)	0.23*** (6.19)
$adj-R^2$	0.98	0.99

주 : 1) ( ) 안은 t-값.
2) ***, **, *는 각각 1%, 5%, 10%에서 유의함을 나타냄.

부터 1997년 2/4분기까지의 추정 결과를 〈표 2-24〉의 두 번째 열에 다시 표시했으며, 마지막 열은 설명변수에 가계차입금변수를 포함했을 경우의 결과이다.

외환위기 이후의 기간, 즉 1997년 3/4분기 이후에는 민간소비 결정 요인들의 추정 계수는 통계적 유의성이 이전 기간보다 높은 것으로 나타났다. 그러나 실질임금과 민간소비와의 상관관계가 마이너스로 추정되어 1997년 2/4분기 이전과는 다른 결과이다. 이는 실질소득의 증가에도 불구하고 외환위기와 2002~2003년의 가계부채 버블 붕괴의 영향으로 민간소비가 감소세를 보인 것을 반영한 것이다.

그림 2-16 종합주가지수와 민간소비 증가율 추이

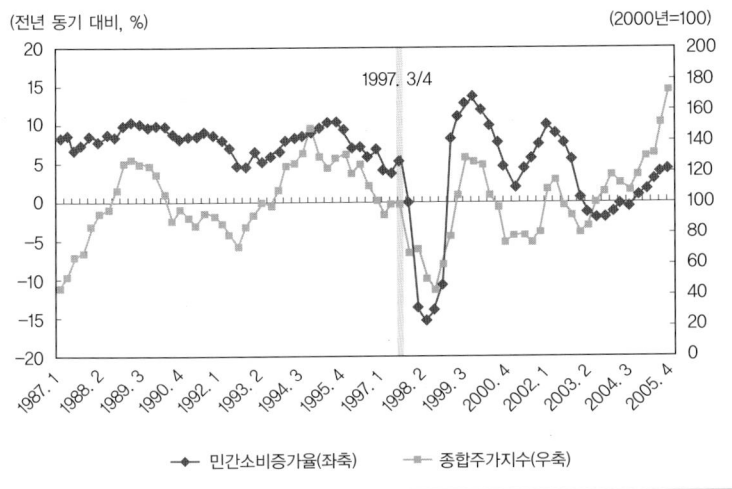

주 : 종합주가지수는 분기평균자료, 2000년 = 100
자료 : 통계청 KOSIS DB, 한국은행 ECOS DB.

    실질임금과 함께 민간 부문의 소득을 결정하는 고용 수준을 나타내는 실업률변수는 외환위기 이후에도 민간소비와 마이너스의 상관관계를 가지며, 통계적 유의성도 높은 것으로 나타났다. 이러한 결과는 외환위기 이후의 민간소비가 임금소득보다는 고용량(雇傭量)에 더 큰 영향을 받았다고 해석할 수 있다. 반면 주가가 민간소비에 미치는 영향은 외환위기 이전 기간과 달리 '정(+)'의 부호를 가지며, 통계적으로 유의성도 높아진 것으로 분석되었다.[31] 이는 외환위기와 2002년의 세계 IT버블의 붕괴, 2003년의 카드버블 붕괴 등으로 주식시장이 급변동하는 것에 맞추어 민간소비도 〈그

---

[31] 김형기(2003)는 이와 같이 소비가 임금소득 및 고용 수준이 아니라 주가 등의 자본시장 관련 제변수에 의해 영향을 받고 있거나 투자가 소비나 수출이 아니라 주가 등의 자본시장 관련 제변수와 은행 경영에 행하는 글로벌스탠더드의 압력 등에 의해 영향을 받는 거시경제 시스템을 '금융화(financialization)' 또는 '금융 주도 축적체제(finance-led accumulation regime)'로 규정하고 있다.

그림 2-17 가계부채 및 가계부채 비중 추이

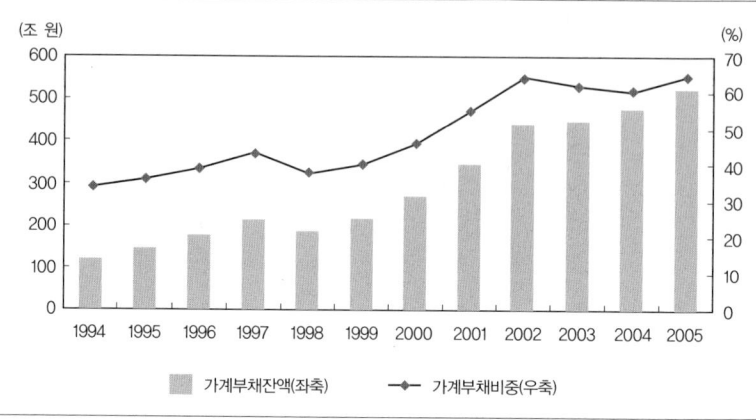

자료: 한국은행 ECOS DB에 의거 작성.

림 2-16)에서와 같이 주가와의 동행성이 커졌기 때문이다. 외환위기 이전 기간(1987년 1/4분기~1997년 2/4분기)에서 민간소비의 전년 동기 대비 증가율과 종합주가지수와의 상관계수는 0.38이었으나, 1997년 3/4분기 이후에는 상관계수가 0.53으로 상승했다.

실질금리와 인플레이션의 추정 계수는 마이너스 부호를 가지며 통계적 유의성도 높은 것으로 나타났다. 특히 민간소비는 실질금리보다 인플레이션에 더 크게 영향을 받는 것으로 추정되었다. 주택가격은 이 기간 중에도 민간소비에 부정적인 영향을 미치는 것으로 나타났으나 그 정도는 1997년 2/4분기 이전의 기간보다 약화된 것으로 추정되었다.

가계차입금의 증가는 민간소비를 증가시키는 것으로 추정되었다. 외환위기 직후인 1998년 말 가계부채(신용)잔액은 183.6조 원으로 전년 동기 대비 13.0%나 감소했다. 그러나 1998년 이후 2002년까지 가계부채는 연평균 24.3%의 높은 증가세를 지속해, 2002년 말 가계부채잔액은 439.1조 원으로 증가했다. 과도한 가계부채의 영향으로 2003~2004년 동안 2년 연속 소비가 감소세를 보였다. 같은 기간 중에는 가계부채도 각각 연말 기준으로 전년 동기 대비 1.2%와 0.3%의 감소세를 기록했다. 2005년 말 현재 가계부채잔액은 국내총생산의 64.6%에 해당하는 521.5조 원에 달해 가계버블의 후유증이 발생하기 시작한 2003년의 64.2%를 웃도는 수준으로 향후에도 민간소비의 제약 요인으로 작용할 것으로 예상된다.

수출 부문 : 경제개방과 산업구조 변화

수출주도형 성장 전략과 경제개방

한국 경제가 본격적인 경제발전을 시작한 것은 1960년대에 들어서이다. 1950년대는 전쟁으로 피폐해진 경제를 복구하기 위한 외국의 원조가 필요했던 시기로 경제발전과는 거리가 멀었다. 한국 경제는 1960년대 초 경제 선진화를 목적으로 경제개발계획에 착수하면서 '수출주도형 성장전략'을 채택하였다. 자원빈국인 한국이 자력으로 공업화를 추진하기 위해서는 필요한 재원을 수출을 통한 외화 획득으로 마련하는 것이 유일한 방법이라는 강력한 정부의 의지가 반영된 전략이었다. 후카가와 유키코(1997)는 이러한 전략의 특징을 '성장지향성', '자립지향', '정부 주도', 그리고 '대외지향'이라고 규정했다. 이러한 수출주도형 성장 전략은 1980년대 후반 이후 대량생산체제와 기술혁신에 따른 세계 시장의 공급과잉, 미국 등 주요 선진국 시장의 수요증가세 둔화, 중국 등 경쟁국의 부상 등으로 위협을 받고 있다. 그러나 지난 20년간 한국 경제의 특징이 수출의 높은 성장기여도에 있다는 점에서 수출주도형 성장 메커니즘은 아직 유효하다고 할 수 있다.

한국 경제는 1980년대 중반, 소위 '단군 이래 최대의 호황'이라고 불리는 3저 호황기를 맞았다. 1985년 9월 선진국들의 플라자합의로 달러화가 엔화나 마르크화에 대해 약세로 전환하고, 국제 유가와 금리도 낮은 수준을 지속하면서 한국은 1986년 이후 3년 연속 10%를 웃도는 높은 경제성장률을 기록했다. 이 기간 중 국제수지는 만성적인 적자에서 탈피하여 흑자로 전환했으며, 기업들의 수익성과 자산 규모가 크게 확대되기도 했다. 그러나 국제수지 흑자 관리를 위한 통화긴축과 수입자유화 확대 등 필요한 조치를 하지 않음으로써 부동산투기와 과소비 같은 부작용을 유발하기도 했다. 3저 호황에 이어 1989년과 1995년의 반도체 호황으로 한국의 교역 규모가 급격히 신장되고 세계 경제에서 차지하는 지위가 향상됨에 따라 OECD 가입 문제가 거론되기 시작했다.

1960년대만 하더라도 빈곤국 수준에서 벗어나지 못했던 한국이 OECD에 가입한다는 것은 선진국 대열에 합류한다는 국가적 자부심을 고취시키기에 충분한 계기가 되었다. 실제로 OECD 가입은 국제 사회에서 한국의 위상을 제고시키고 선진국의 축적된 경험과 정보를 활용함으로써 한국 경제의 경쟁력을 향상시켜 대외지향적 성장 전략에 긍정적인 효과를 기대할 수 있었다. 하지만 부정적 영향도 무시할 수는 없었다. 당시 경제 규모 등을 보면 OECD 가입을 추진하는 것이 큰 무리는 아니라고 할 수 있지만,[32] 당시 한국 사회에서는 OECD 가입에 대한 충분한 공감대가 형성되지 않았으며, 정부도 OECD 가입에 대한 단계별 사전 준비에 소홀한 점이 있었다. 또한 OECD 가입은 국제 사회에서 개발도상국의 지위를 상실함으로써 개도국에 부여되는 각종 특혜가 상실되어 한국의 수출을 저해하는 요인으로 작용할 가능성도 있었다. OECD 회원국으로서 경상무역외거래 자유화규약과 자본이동 자유화규약은 반드시 준수해야 했는데, 이들 부문은 한국의

---

[32] OECD 가입 당시 한국의 경제 규모는 5,200억 달러이고, 일인당 국민총소득은 1만 1,385달러에 달했다.

표 2-25 GATT와 WTO의 비교

	GATT	WTO
설 립	1948년	1995년
성 격	국제협정의 성격 (agreement)	법인격을 갖는 국제기구 (Organization)
권 한	위반국에 대한 제재 능력 미비	위반국에 대한 강제적 집행 능력 보유
분쟁 해결	분쟁 해결은 분야별로 산재	분쟁 해결을 전담할 상설기구인 DSB(Dispute Settlement Body, 분쟁해결기구) 설치
관세 및 비관세 장벽의 완화	- 주로 관세 인하에 주력 - 비관세장벽은 선언적 규범의 정립 수준	- 관세 인하는 물론 특정 분야에 대한 일률적인 관세 철폐 및 하향평준화 달성 - 비관세장벽 철폐 강화
국제무역 규율범위	- 주로 공산품이 대상 - 서비스, 지적재산권, 투자조치에 대한 규범이 없음	- 공산품 외 농산물에 대한 규율 강화 - 서비스, 지적재산권, 투자조치도 규율 대상에 포함
무역규범의 강화	보조금협정, 반덤핑협정 등이 있으나 보조금의 정의 등이 불명확하고 반덤핑조치의 남용 및 자의적 운용이 이루어짐	- 보조금의 정의 설정 및 규율 강화 - 반덤핑조치의 발동 기준 및 부과절차 명료화

국제 경쟁력이 매우 취약한 부문이어서 한국 경제에 부담으로 작용하게 되었다.

WTO체제의 출범은 한국 경제의 OECD 가입과 더불어 개방과 자유화에 큰 영향을 미쳤다. 1990년대 초반까지 국제 무역상의 '관세 및 무역에 관한 일반협정(GATT)'은 국제 무역에 관한 일반협정에 불과하여 국제기구로서 성격이 미약하였다. 따라서 협정 위반국에 대한 제재 조치가 거의 불가능했다. 이런 이유로 1990년대 들어서 GATT를 대체할 무역기구의 필요성이 선진국들을 중심으로 제기되었다. 관세 및 비관세 장벽의 철폐를 통한 자유무역을 모토로 하여 1986~1994년까지 8차례의 다자간협상의 결과, GATT를 대체하여 국제 무역 분쟁을 해결할 국제기구로서 WTO(World Trade Organization, 세계무역기구) 설립에 합의하게 되었다. 1995년 1월에 출범한 WTO는 협정 위반국에 대한 강제적 집행 능력을 갖는다는 점에서 GATT와 차별성을 갖는다. 또한 분쟁이 생겼을 경우 분쟁 해결을 전담하는 상설기구에서 문제점을 해결하고, 실질적으로 관세 및 비관세 장벽의 철폐를 지향한다는 점에서 GATT보다 효율적인 자유무역체제로 인식되었다. 그러나 시간이 지날수록 미국 등 주요 선진국들이 농업 부문의 개방을 요구하는 등 주요 통상국들의 이견 노출이 심화되고, 다자간협상의 특성상 협의 도출에 난항을 겪게 되자 세계 경제는 자유무역협정(FTA)과 같은 지역주의화의 길을 걷게 되었다.

외환위기 이전의 수출 특징

1961년에 4,000만 달러에 불과했던 한국의 수출 규모는 대외지향적 경제발전정책이 실시되면서 1964년 1억 달러, 1977년 100억 달러, 1981년 200억 달러를 각각 돌파하였고, 1995년에는 1,250억 달러를 기록할 정도로 가파른 증가세를 보였다. 기간별 수출증가율을 살펴보면 1960년대에는 38.5%, 1970년대에는 37.4%의 매우 높은 수치를 기록한 반면, 1980년대와 1990년대에는 14.6%와 10.6%로 상대적으로 과거보다 낮은 증가세를 보였다. 1960년대와 1970년대에 이와 같이 급격한 수출신장세를 기록할 수 있었던 것은 수출주도형 경제정책의 추진과 상대적으로 양질의 저렴하고 풍부한 노동력을 경쟁력으로 일구어낸 결과이다.

한국의 수출은 1973년 1차 오일쇼크를 계기로 세계 경기가 위축되는 등 어려운 여건 속에서도 괄목할 만한 성장을 이룩하였는데, 이는 정부의 강력한 수출지원정책과 지속적인 투자의 확충, 그리고 업계의 꾸준한 수출

그림 2-18 1961~1997년 중 수출액 및 수출증가율 추이

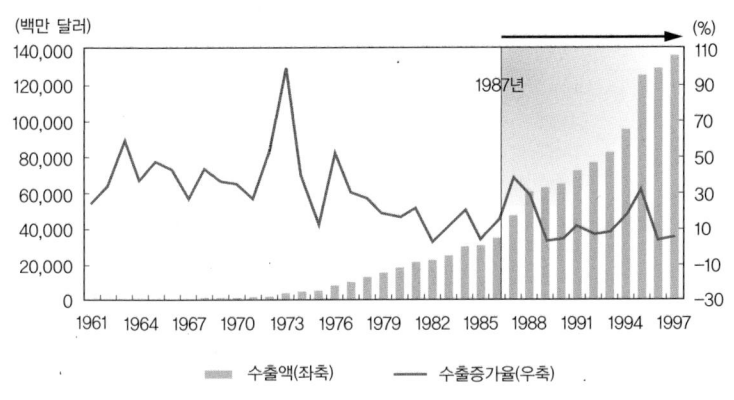

자료 : 무역협회 KOTIS DB에 의거 작성.

증대 노력이 있었기 때문이다. 1979년 2차 오일쇼크를 경험한 이후에는 수출증가세가 이전의 연평균 30%대의 증가세에서 10%대로 둔화되었다. 1987년 이후에도 한국의 수출은 두 자릿수의 증가세를 지속했다. 1987년부터 외환위기가 발생한 1996년까지 통관 기준 수출은 연평균 11.9%의 증가세를 보였다. 이와 같은 수출호조세는 1986년 이후 3년간의 3저 호황 그리고 1980년대 후반과 1990년대 중반의 반도체 호황이 있었기 때문에 가능했다. 3저 호황기 중 1987년에는 수출이 전년 대비 36.2%나 늘었으며, 이듬해에도 28.4%라는 높은 증가세를 보였다. 또한 반도체 슈퍼붐(super boom)이 있었던 1995년에도 한국의 수출은 전년 대비 30.3%의 높은 증가세를 보였다.

수출 상품의 산업별 구조를 살펴보면, 1960년대 초반까지는 광물과 농수산물 등 1차 산품이 수출을 주도했으나 공업화정책이 추진됨에 따라 그 비중이 축소되고 공산품은 연차적으로 확대되는 추이를 보였다. 1980년대 중반 이후에는 경공업 위주의 대외지향적인 수출구조에서 자본과 기술 집약적인 수출구조로 전환되었다. 주력 품목도 의류, 합판, 그리고 신발 등 경

표 2-26 1988년과 1996년의 산업별 수출 추이와 비중 (단위: 억 달러, %)

	1988	1996
1차 산품	33.2(5.5)	90.2(6.9)
공산품	573.7(94.5)	1,207.0(93.1)
경공업	237.5(39.1)	275.7(21.3)
IT제품	74.1(12.2)	262.6(20.2)
기타 제품	262.1(43.2)	668.7(51.5)
수출액 총계	607.0(100)	1,297.2(100)

주: ( ) 안은 수출액 총계 대비 비중. 공산품 중 IT제품 수출액과 기타 제품 수출액을 합하면 중화학제품 수출액이 도출.
자료: 무역협회 KOTIS DB에 의거 작성.

공업제품 위주에서 자동차, 반도체 등 중화학공업제품 위주로 재편되었다. 이런 변화는 1970년대의 중화학공업 투자와 1980년 중반의 연구개발 투자 확대로 인한 고부가가치의 경쟁력 있는 제품을 생산할 수 있는 기반이 마련되었기 때문에 가능했다.

1987년 이후부터 외환위기 이전까지의 수출에서 가장 큰 특징은 IT제품의 수출 규모와 수출 비중이 급증했다는 것이다. 이 기간 중 IT제품이 전체 수출에 대하여 차지하는 비중은 1996년에 20.2%를 기록하여 1988년의 12.2%를 8.0%p 웃돌았다. 한편 경공업제품의 비중은 21.3%로 1988년의 39.1% 대비 17.8%p나 하락했다. 즉 수출산업구조가 중화학공업 부문으로 재편되며 수출 품목도 IT제품 등으로 고도화되기 시작한 시기였다.

수출 품목별 집중도를 보면, 1987년 이후 한국의 주요 수출 상품은 자본과 기술 집약적 업종으로 재편되었고 1차 산품과 경공업제품의 비중은 매우 낮아지고 일부 품목은 10대 수출품 목록에서 사라졌다. 반도체의 경우 1977년 7위를 차지하고 전체 수출액에서 차지하는 비중도 3%에 불과했지만, 1988년에는 5위(비중 5.2%)를 거쳐 1996년에는 11.7%를 차지하는 제1의 수출 품목으로 올라섰다. 영상기기와 자동차의 경우, 1977년에는 10대 품목에 포함되지 못했으나, 1988년에는 전체 수출액에서 차지하는 비중이

표 2-27 1977년, 1988년, 1996년의 10대 수출 품목의 비교 (단위: 억 달러)

1977		1988		1996	
1. 의류	19.4	1. 의류	84.5	1. 반도체	152.4
2. 선박, 해양구조물	5.3	2. 신발	38.0	2. 자동차	104.7
3. 신발	5.0	3. 영상기기	35.2	3. 선박, 해양구조물	72.1
4. 목재류	4.8	4. 자동차	34.6	4. 영상기기	55.5
5. 어류	4.4	5. 반도체	31.8	5. 컴퓨터	54.6
6. 음향기기	3.4	6. 음향기기	24.6	6. 금·은·백금	54.2
7. 반도체	3.0	7. 컴퓨터	24.3	7. 인조장 섬유직물	52.5
8. 철강판	2.9	8. 철강판	22.5	8. 의류	39.7
9. 레일 및 철구조물	2.5	9. 선박, 해양구조물	17.9	9. 석유제품	37.4
10. 기타 섬유제품	2.3	10. 인조장 섬유직물	17.6	10. 철강판	36.5

주: 품목은 MTI 3단위 기준.
자료: 무역협회 KOTIS DB에 의거 작성.

표 2-28 1980년대와 1990년대 지역별 수출 추이 (단위: 억 달러, %)

	1980	1985	1990	1995
선진국	113.4(64.8)	211.5(69.8)	453.0(69.7)	624.3(49.9)
미국	46.1(26.3)	107.5(35.5)	193.6(29.8)	241.3(19.3)
일본	30.4(17.4)	45.4(15.0)	126.4(19.4)	170.5(13.6)
EU	27.1(15.5)	32.6(10.8)	88.8(13.7)	163.0(13.0)
신흥 시장국	61.7(35.2)	91.3(30.2)	197.2(30.3)	626.3(50.1)
중국	0.2(0.1)	0.4(0.1)	5.8(0.9)	91.4(7.3)
홍콩	8.2(4.7)	15.7(5.2)	37.8(5.8)	106.8(8.5)
대만	2.2(1.2)	2.0(0.6)	12.5(1.9)	38.8(3.1)
ASEAN	11.3(6.5)	33.2(10.9)	52.2(8.0)	179.8(14.4)
중동	25.4(14.5)	28.9(9.5)	26.2(4.0)	48.8(3.9)
중남미	4.9(2.8)	10.8(3.6)	21.0(3.2)	73.7(5.9)
아프리카	4.2(2.4)	6.6(2.2)	8.9(1.4)	22.3(1.8)
총수출액	175.0	302.8	650.2	1,250.6

주: ( ) 안은 총수출액 대비 비중.
자료: 무역협회 KOTIS DB에 의거 작성.

각각 5.8%와 5.7%로 늘어나 3위와 4위 품목이 되었다. 자동차와 영상기기의 수출은 지속적으로 늘어나 외환위기 직전인 1996년에 각각 104.7억 달러와 55.5억 달러의 수출 실적을 기록하여 수출 2위와 4위 품목으로 상승했다. 그러나 경공업제품으로서 대표적 수출 품목들이었던 의류와 신발은 1977년 각각 19.4억 달러와 5.0억 달러를 수출하여 각각 수출 1위와 3위 품목이었으나, 1996년에는 의류 수출이 39.7억 달러에 그쳐 순위가 8위로 밀려났으며, 신발의 경우는 10대 품목에서 제외되었다.

    1987년 이후에는 수출시장의 다변화도 진행되었다. 1970년대 초반 한국 수출품 중 72.3%가 미국과 일본 시장에 집중되었는데 1990년에는 49.2%, 1995년에는 32.9%로 축소되었다. 특히 한국의 최대수출국인 미국의 비중은 1985년의 35.5%에서 점차 하락하여 1995년에는 19.3%로 낮아졌다. EU의 비중도 1980년의 15.5%에서 1995년에는 13.0%로 하락했다. 이러한 영향으로 대선진국 수출 비중은 1980년 64.8%에서 1995년에는 49.9%로 낮아졌다. 반면, 신흥 시장의 수출 비중은 1980년 35.2%에서 1995년 50.1%로 상승하였다. 그중에서도 대중국 수출 비중은 1990년의 0.9%에서 1995년 7.3%로 상승하여 5년 만에 8배를 웃돌 정도로 크게 확대되었으며, 1997년에는 한국 수출 제품 중 세 번째로 큰 시장이 되었다. 중남미와 아세안(ASEAN)에 대한 수출 비중도 1980년대 이후 1990년대에 걸쳐 점차 상승하고 있는 것으로 나타났다.

외환위기 이전의 수출함수 추정

1980년대 중반 이후 한국의 수출구조는 대외적 수출 환경의 변화와 함께 국내에서는 산업구조가 중화학공업 및 IT산업으로 전환되었다. 또한 국내총생산에서 수출이 차지하는 비중이 1970~1986년의 12.2%에서 1987~

1997년 중에는 20%를 상회하고, 수출의 경제성장에 대한 기여도 역시 같은 기간 중 1.8%p에서 2.4%p로 높아졌다. 즉 이 시기의 수출에는 투자 확대에 따른 노동생산성의 향상과 반도체, 자동차 등 고부가가치 수출 품목 개발, WTO 출범, OECD 가입 등과 같은 경제의 자유화와 개방화 등이 주요한 요인으로 작용한 것으로 보인다. 이와 같은 요인들이 수출에 미치는 영향을 분석하기 위하여 수출함수를 다음 식으로 설정했다. 수출(*EX*)은 원/달러 환율(*FX*), 세계GDP(*WGDP*), 노동생산성(*APL*), 산업구조(*STRIT*) 등에 의해서 영향을 받는다고 가정하고 실증분석을 하였다.

$$\log(EX_t) = \alpha + \beta_1 FX_t + \beta_2 \log(WGDP_t) + \beta_3 \log(APL_t) + \beta_4 \log(STRIT_t) + dummies_t + \varepsilon_t$$

수출은 국민계정의 2000년 기준 가격의 실질수출액이며, 환율은 한국은행의 기준 환율을 사용했다. 세계GDP는 미국, 일본, 영국, 프랑스, 독일, 중국의 실질GDP의 가중평균 자료이다. 자본과 기술 집약적 구조 변화에 따른 생산성 증가를 측정하기 위해 국내총생산을 취업자 수로 나눈 평균 노동생산성을 사용했다. 또한 수출 및 산업 구조의 변화 중 1980년 중반 이후 수출을 주도하고 있는 IT 부문의 성과를 측정하기 위해 국내총생산에서 전기·전자 부문의 생산이 차지하는 비중을 대리변수로 사용하였다. 분석 기간은 1987년 이전 기간을 고려하기 위해 1970년 1/4분기부터 1997년 2/4분기까지로 정했다. 계절적 요인을 고려하기 위해 계절더미를 추정식에 포함시켰으며, 1996년 12월의 OECD 가입에 따른 효과를 분석하기 위해 1996년 4/4분기부터 1997년 2/4분기까지 OECD 더미변수를 사용하였다.

〈표 2-29〉는 1970년 1/4분기~1986년 4/4분기와 1987년 1/4분기~1997년 2/4분기의 기간에 대한 수출함수 추정 결과이다. 1970년 이후

표 2-29 1970년대 이후 외환위기 이전까지의 수출함수 추정 결과

	1970. 1/4~1986. 4/4	1987. 1/4~1997. 2/4	1987. 1/4~1997. 2/4
α(상수)	2.13 (0.76)	3.94 (1.14)	8.22** (2.30)
β_1(원/달러 환율)	2.13 (0.76)	0.96*** (4.37)	0.65*** (2.75)
β_2(세계GDP)	1.29** (2.17)	0.49 (0.65)	−0.40 (−0.52)
β_3(노동생산성)	−0.15 (−0.79)	1.09** (2.57)	1.55*** (3.63)
β_4(산업구조)	0.66*** (9.62)	0.81*** (7.32)	0.76*** (7.29)
OECD dummy	−	−	0.13** (2.64)
$adj-R^2$	0.98	0.97	0.98

주 : ( ) 안은 t-값이며, ***, **, *는 각각 1%, 5%, 10%의 유의성을 표시.

1980년대 중반까지는 세계 경제 및 산업구조의 변화가 한국 경제의 수출에 '정(+)'의 상관관계를 가지며, 통계적 유의성도 높은 것으로 추정되었다. 반면 원/달러 환율이 수출에 미치는 효과는 통계적 유의성을 갖지 않는 것으로 나타났는데, 이는 1970년대 말까지의 고정환율제에 따른 환율의 경직성과 1980년 1월의 복수통화바스켓제도 전환으로 인한 환율제도의 변화 등이 영향을 미친 것으로 보인다. 노동생산성의 경우, 수출과 마이너스 상관관계를 가지는 것으로 나타났으나 통계적 유의성은 없는 것으로 추정되었다.

1987년 이후의 수출함수 추정 결과에서는 환율이 통계적 유의성을 갖는 것으로 나타났다. 복수통화바스켓제도로 고정환율제의 환율경직성이 다소 개선되면서 충분하지는 않지만 환율이 대내외 경제 환경을 반영하게 되었다. 1987년 이후 외환위기 이전까지의 기간에서는 원/달러 환율의 1%

상승이 수출을 0.96% 증가시키는 것으로 추정되었다. 반면 1970년대 이후 1980년대 중반까지 수출에 큰 영향을 미쳤던 세계GDP는 통계적 유의성이 없는 것으로 나타났다. 이는 1986~1988년의 3저 호황 이후 세계 경제의 성장세 둔화와 특히 이라크의 쿠웨이트 침공(1990년 8월) 이후 세계 경제가 급속히 냉각되면서 1993년까지 연평균 2% 내외의 성장세를 보였기 때문으로 보인다. 반면, 이 시기에는 수출이 1987년 이전 기간과는 달리 노동생산성에 탄력적인 것으로 나타났다. 노동생산성의 1% 상승은 수출을 1.09% 증가시키는 것으로 추정되었다. 또한 산업구조의 IT화도 수출을 증가시키는 것으로 추정되었으며, 추정 계수 값도 이전 기간의 0.66보다 큰 0.81로 나타나, 산업구조의 IT화가 수출에 미치는 영향이 더욱 심화된 것을 알 수 있다. 1980년대 말부터 반도체와 영상기기, 컴퓨터가 수출의 상위 5대 품목으로 진입하고, 1994~1997년 중에는 반도체 수출이 총수출의 10% 이상을 차지하는 등 수출 부문에서 IT제품의 부상이 두드러졌기 때문이다. 특히 〈표 2-29〉의 네 번째 열에 따르면 1996년 12월 OECD 가입에 따른 한국 경제의 개방은 수출 확대에 긍정적인 영향을 미친 것으로 평가된다. OECD 더미변수의 추정 계수는 0.13으로 5%의 유의수준에서 유의성을 갖는 것으로 분석되었다.

외환위기 이후의 수출 특징

외환위기 이후 2005년까지 수출의 연평균 증가율은 9.6%로 1987~1996년의 연평균 증가율인 11.9%보다는 둔화되었으나 수출 규모는 빠르게 성장하고 있다. 외환위기 이듬해인 1998년과 세계 IT경기의 붕괴로 세계 경제가 크게 위축되었던 2001년에 수출이 전년 대비 각각 2.8%와 12.7%의 감소세를 보였으나 2003년 이후에는 최근까지 두 자릿수의 증가율을 지속

그림 2-19 외환위기 이후 수출액과 수출증가율 추이

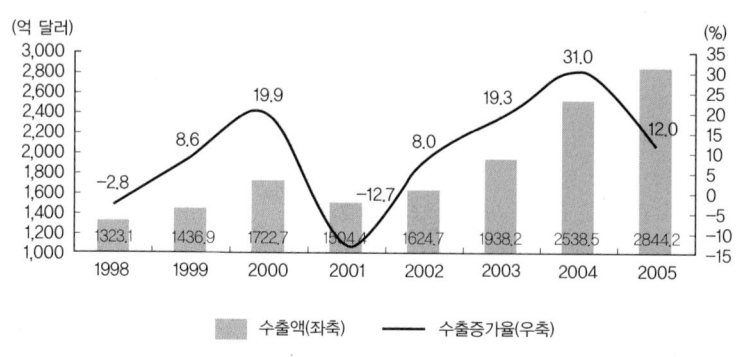

주 : 수출액과 수출증가율은 관세청 통관 기준.
자료 : 무역협회 KOTIS DB에 의거 작성.

표 2-30 수출증가율에 대한 각 요인의 기여율

(단위 : %)

	총수출증가율	해외경기	환율 요인	생산성 요인
1991~1997	100(73.9%)	37.8	27.9	34.4
1998~2004	100(62.3%)	48.3	2.3	49.3

주 : 1) 환율 요인은 원/달러 및 엔/달러 환율효과의 합.
    2) ( ) 안은 기간 중 수출의 총성장률.
자료 : 장재철 외(2005), "한국 수출경쟁력의 재발견", 《CEO Information》, 삼성경제연구소.

하고 있다. 특히 수출 규모의 확대가 두드러졌는데, 1995년에는 1,251억 달러를 기록한 후 2004년에는 2,538억 달러를 달성하여 10년 만에 수출 규모가 두 배 이상 확대되었으며, 2006년에는 3,000억 달러를 웃도는 수출 실적이 예상되고 있다.

이러한 수출 호조세의 원인은 세계 경제의 호황과 한국 수출제품의 품질 경쟁력 상승에서 찾을 수 있다. 2003년 이후 세계 경제는 근래 20년 중 가장 높은 경제성장세를 보이고 있어 한국 수출제품의 수요 증가에 크게 기여했다. 또한 기술 면에서 세계 시장을 선도하는 반도체와 휴대전화, 그리고 품질경쟁력이 높아진 자동차, 선박 등이 수출을 주도하고 있다. 외환위

표 2-31 수출산업의 품질 및 디자인 경쟁력 (단위 : %)

	선진국 대비 품질		선진국 대비 디자인	
	우위	열위	우위	열위
1996	19.0	38.0	9.0	46.0
2000	20.1	33.4	9.6	36.0
2004	30.4	24.2	11.9	22.8

자료 : 무역협회, 〈수출산업실태조사〉, 1996~2004년 각 호.

표 2-32 1998년과 2005년의 산업별 수출입 추이 (단위 : 억 달러, %)

	1998	2005
1차 산품	104.3 (7.9)	42.3 (1.5)
공산품	1,218.8 (92.1)	2,801.9 (98.5)
경공업	248.0 (18.7)	252.4 (8.9)
IT제품	970.9 (22.8)	2,549.5 (29.0)
기타 제품	301.7 (50.6)	825.1 (60.6)
수출액 총계	1,323.1 (100)	2,844.2 (100)

주 : ( ) 안은 수출액 총계 대비 비중. 공산품 중 IT제품 수출액과 기타 제품 수출액을 합하면 중화학공업제품 수출액이 도출.
자료 : 무역협회 KOTIS DB에 의거 작성.

기 전후의 수출경쟁력을 분석한 결과, 외환위기 이후에는 생산성 향상에 따른 경쟁력 상승과 세계 경제의 호전이 수출 증가에 미치는 영향이 각각 49.3%와 48.3%로 외환위기 이전보다 10%p 이상 큰 것으로 나타났다. 반면, 환율변동에 따른 가격경쟁력 변화는 외환위기 이전에는 수출 증가의 27.9%를 설명했으나 외환위기 이후에는 2.3%만을 설명하고 있어 수출에 미치는 영향이 크게 축소된 것으로 나타났다.

수출제품의 품질경쟁력을 결정하는 또 다른 요인으로 디자인 경쟁력을 들 수 있다. 특히 휴대전화와 가전제품의 경우는 품질경쟁력의 바탕 위에서 디자인 경쟁력까지 더해져 수출이 크게 향상되었다. 〈표 2-31〉에서와 같이 선진국 대비 한국 수출산업의 품질 및 디자인 경쟁력을 보면 이들 부문에서의 경쟁력이 점진적으로 개선되고 있음을 알 수 있다.

수출구조를 산업별로 보면, 1차 산품의 경우 2005년의 수출액과 수출 비중은 1998년보다 모두 감소하였고 공산품의 수출액과 수출 비중은 증가한 것으로 나타났다. 공산품 중에서도 경공업제품의 수출 비중은 같은 기간 중 18.7%에서 8.9%로 크게 하락했다. 반면 IT제품의 경우는 수출액이 2.6배로 증가하였고 수출 비중도 상승했다. IT제품을 제외한 중화학공업제품 역시 수출액은 2.7배의 증가세를 보였으며 수출 비중도 10%p 상승했다.

외환위기 이후 주요 수출 상품의 구성을 보면, 반도체, 휴대전화, 선박 등 주력 품목의 수출의존도가 심화되는 경향을 나타내고 있다. 1998년 외환위기 직후에는 12위의 품목이었던 무선통신기기가 2005년에는 275억 달러의 수출액을 기록하면서 3위에 오른 것이 무엇보다 눈에 띈다. 석유제품도 150억 달러 이상의 수출액을 기록하면서 5위로 뛰어올랐고 합성수지도 103억 달러를 수출하면서 7위로 상승하였다. 반면, 5대 수출 품목이었던 컴퓨터는 생산기지의 중국 이전으로 수출증가세가 2005년에 감소세로 전환되어 5대 품목에서 제외되었다. 1998년에 4위 품목이었던 금·은·백금의 경우는 외환위기 당시 국민적 '금 모으기 운동'에 따른 일시적 순위 상승이었다. 전통적인 노동집약적 경공업으로 분류되는 의류 품목도 인건비 등의 비용 상승으로 인해 공장이 이전하는 등 10대 수출 품목에서 밀려났다.

외환위기 이후에는 수출집중도가 심화되었다. 수출 상위 5개 품목의 수출 비중은 1998년의 36.0%에서 2005년에는 42.2%로 6.2%p 상승하였다. 수출 상위 10개 품목의 수출 비중을 살펴보아도 1998년 52.4%에서 60.0%로 7.6%p 상승하였다. 이처럼 소수 품목에 수출이 집중되는 것은 세계시장에서 경쟁력 있는 품목이 다양하지 못하다는 것을 의미하는 것이다.[33]

---

[33] 2004년 현재 한국의 세계 시장 점유율 1위 품목은 77개로 세계 1위인 독일(851개)은 물론 중국(833개)의 10분의 1 미만인 것으로 조사되었다. 한국무역협회 무역연구소(2006. 5. 8).

표 2-33 1998년과 2005년의 10대 수출 품목 비교 (단위 : 억 달러)

1998		2005	
1. 반도체	171.6	1. 반도체	299.9
2. 자동차	106.8	2. 자동차	295.1
3. 선박, 해양구조물 등	66.5	3. 무선통신기기	275.0
4. 금·은·백금	63.7	4. 선박, 해양구조물 등	177.3
5. 컴퓨터	62.2	5. 석유제품	153.7
6. 철강판	39.7	6. 컴퓨터	141.2
7. 의류	39.5	7. 합성수지	103.0
8. 석유제품	51.6	8. 철강판	102.2
9. 합성수지	40.4	9. 자동차 부품	84.5
10. 인조장 섬유직물	49.6	10. 영상기기	74.3

주 : 품목은 MTI 3단위 기준.
자료 : 무역협회 KOTIS DB에 의거 작성.

이러한 '소수편중형' 구조는 특정 업종의 경쟁 상황이나 경기변동에 따라 수출이 좌우될 수 있다는 점에서 수출의 안정성을 위협할 수 있을 것으로 보인다.

외환위기 이후 주요 수출시장에도 변화가 나타났다. 2003년 이후에는 중국이 미국을 제치고 한국 수출의 제1시장 지위를 지키고 있다. 대중국 수출은 1998년까지만 해도 수출 비중이 9.0%로 미국의 절반 수준인 119.4억 달러 수준이었다. 그러나 2005년의 대중국 수출액은 619.2억 달러, 대중국 수출 비중은 21.8%이다. 홍콩을 포함하면 대중국 수출 비중은 27.3%로 전

표 2-34 1998년과 2005년 수출 5대 품목과 10대 품목의 집중도 비교 (단위 : %)

	1998	2005
수출 5대 품목	36.0	42.2
수출 10대 품목	52.4	60.0

주 : 품목은 MTI 3단위 기준.
자료 : 무역협회 KOTIS DB에 의거 작성.

표 2-35 1998년과 2005년 5대 수출국 및 EU의 수출액 비교

(단위 : 억 달러, %)

1998		2005	
국가명	수출액	국가명	수출액
1. 미국	228.1 (17.2)	1. 중국	619.2 (21.8)
2. 일본	122.4 (9.3)	2. 미국	413.4 (14.5)
3. 중국	119.4 (9.0)	3. 일본	240.3 (8.4)
4. 홍콩	92.6 (7.0)	4. 홍콩	155.3 (5.5)
5. 대만	51.4 (3.9)	5. 대만	108.6 (3.9)
총수출액	1,323.1 (100)	총수출액	2,844.2 (100)
EU	181.7 (13.7)	EU	436.6 (15.4)

주 : ( ) 안은 총수출액 대비 비중.
자료 : 무역협회 KOTIS DB에 의거 작성.

체 수출의 30%에 육박하고 있다. EU의 경우는 2005년 현재 수출 비중이 15.4%로 1998년 대비 1.7%p 상승해 중국 다음으로 큰 시장이 되었다.

중국과 EU, 미국 3개 지역으로의 수출 비중이 2005년 현재 51.7%를 차지하고 있다. 이는 1998년의 39.9%보다 11.2%p나 높은 수준으로 외환위기 이전부터 추진되었던 수출시장 다변화 노력이 후퇴하고 있음을 의미한다. 이러한 상황에서 최근 정부가 추진하고 있는 FTA는 수출시장 다변화에 기여할 것으로 보인다. 한국 정부는 이미 칠레, 싱가포르, EFTA(European Free Trade Association, 유럽자유무역연합)와 FTA를 체결했으며, 멕시코, 캐나다, ASEAN, 인도 등과의 FTA도 추진 중에 있다.[34]

2003년 이후에 나타난 수출 부문의 또 다른 특징은 대기업과 중소기업 간의 양극화 현상과 수출의 산업연관효과 약화이다. 외환위기 이후 2001년까지는 〈그림 2-20〉에서와 같이 중소기업의 수출증가율이 대기업을 상

---

[34] 한국-칠레 FTA는 2004년 2월, 한국-싱가포르 FTA는 2006년 3월에 정식 발효되었으며, EU에 참가하지 않은 스위스, 노르웨이, 아이슬란드, 리히텐슈타인 등 4개국의 EFTA와의 FTA는 2006년 9월 1일에 정식 발효되었다.

그림 2-20 **대기업과 중소기업의 수출증가율 추이**

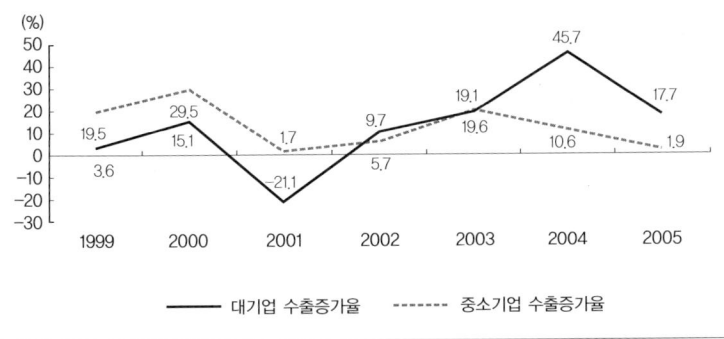

자료 : 중소기업청 통계 DB에 의거 작성.

회했다. 이는 외환위기로 인한 부실대기업의 퇴출과 세계 IT경기의 침체 영향으로 대기업의 수출이 부진했기 때문이다. 그러나 2003년 이후에는 대기업들의 구조조정이 일단락되고 IT 부문의 수출도 회복되면서 대기업들의 수출은 호조를 보이고 있으나, 원화 강세 기조와 고유가 등 대외적인 하방 리스크에 대기업보다 상대적으로 취약한 중소기업의 수출은 부진한 것으로 나타났다. 게다가 중소기업은 대기업보다 기술력과 마케팅 능력이 부족한 것도 수출 부진의 주요한 요인으로 지적할 수 있다.

또한 앞에서 거시경제 안정성에 대해 논의했던 것과 같이 외환위기 이후에는 수출이 호조를 보여도 설비투자나 소비의 증가에 크게 기여하지 못하

표 2-36 **IT수출의 수입의존도 추이**

	1999	2000	2001	2002	2003	2004	2005	2000~2005
수출 비중	29.2	32.0	27.0	30.0	30.7	30.5	28.8	29.8
수입의존도	41.9	38.7	41.2	37.1	37.1	32.4	32.7	36.5

주 : IT 부문 수입의존도 = (IT 부문 수출용 수입/IT 부문 수출)×100
자료 : 삼성경제연구소, 무역협회 KOTIS DB에 의거 작성.

고 있다. 이는 전체 수출의 30% 내외를 차지하고 있는 IT제품의 수출 호조세와 관련이 있는 것으로 보인다. IT제품 수출의 수입의존도는 2000년 이후 6년간 연평균 36.5%로 높은 수준을 보이고 있다. 즉 1달러 수출을 위해서 0.37달러의 수입을 해야 한다는 것인데, 그만큼 다른 산업의 생산이나 고용의 증가에 기여하는 정도가 크지 않다는 것이다. 특히 고용 측면에서 보면 수출의 취업유발계수가 크게 낮은 것으로 나타났다. 수출구조가 IT 위주의 자본집약적인 중화학공업 중심으로 전환되면서 수출 10억 원당 취업자 증가가 1995년의 25.8명에서 2000년에는 15.7명으로 10명 이상 줄어들게 되었다.

외환위기 이후의 수출함수 추정

외환위기 이후 한국 경제의 수출은 경제에서 차지하는 비중과 경제성장에 대한 기여도가 큰 폭으로 상승했다. 수출 비중이 외환위기 이전 기간인 1987~1997년 중에는 국내총생산의 연평균 20.2%에 불과했으나, 1997년 이후 2005년까지는 연평균 41.1%로 높아졌으며, 경제성장의 기여도도 같은 기간 중 2.4%p에서 5.0%p로 높아졌다. 특히 반도체, 컴퓨터, 무선통신기기 등 IT품목의 수출 비중이 확대되고 2000년 이후에는 자동차와 조선의 수출도 높은 증가세를 보였다. 이로 인해 2000년 이후 반도체, 컴퓨터, 무선통신기기, 자동차, 선박 등 5대 품목의 수출 비중은 연평균 42%를 차지할 정도로 소수 주력 품목의 집중도가 높아졌다. 반면 외환위기로 인해 과도하게 저평가된 원화가치가 점진적으로 조정되면서 원/달러 환율이 하락하였다. 외환위기 발생과 함께 한국의 환율제도가 자유변동환율제로 전환(1997년 12월 16일)함으로써 원/달러 환율은 1997년 12월 24일 달러당 1,964.8원까지 급상승했다. 그러나 외환위기의 충격이 점차 가시면서 원/

표 2-37 외환위기 이후의 수출함수 추정 결과

	1987. 1/4~1997. 2/4	1997. 3/4~2005. 4/4	1990. 1/4~2005. 4/4
α(상수)	3.94 (1.14)	−0.08 (−0.02)	−1.99 (−0.70)
β_1(원/달러 환율)	0.96*** (4.37)	−0.21** (−2.55)	−0.08 (−1.26)
β_2(세계GDP)	0.49 (0.65)	1.56* (1.77)	1.64*** (2.76)
β_3(노동생산성)	1.09** (2.57)	1.06** (2.76)	1.84*** (9.26)
β_4(산업구조)	0.81*** (7.32)	0.34** (2.67)	0.16** (2.25)
OECD dummy	−	−	0.07** (2.30)
$adj-R^2$	0.97	0.99	0.99

주: 1) ( ) 안은 t−값이며, ***, **, *는 각각 1%, 5%, 10%의 유의수준에서 유의함을 나타냄.
 2) 1997. 3/4~2005. 4/4, 1990. 1/4~2005. 4/4의 분석에서는 외환위기(1997. 4/4~1999. 4/4) 더미변수를 사용하여 추정.

달러 환율은 하향안정세를 지속해 2005년 말에는 달러당 1,013원까지 하락했다. 이처럼 달러화에 대한 원화가치가 점진적으로 하락하는 가운데, 통관 기준 수출액은 2000년 이후 2005년까지 연평균 10.5%의 높은 증가세를 보였다. 이와 같은 특징을 보이는 외환위기 이후의 수출을 앞에서 사용한 수출함수식을 이용하여 추정해보았다.

〈표 2-37〉의 추정 결과에 따르면 환율이 저평가된 상태에서 점차 하향안정화되는 가운데, 수출이 두 자릿수의 증가세를 보였다는 것을 반증하듯 환율과는 통계적으로 유의한 마이너스 상관관계를 보이는 것으로 추정되어 이론과는 상반되는 결과를 얻었다. 반면, 세계GDP와 수출은 정(+)의 상관관계를 보이며, 통계적으로도 유의한 것으로 나타났다. 세계GDP에 대한 수출의 탄력성은 1.56으로 외환위기 이전보다 높아진 것이 특징이다. 또한 노동생산성의 상승과 산업구조의 IT화도 수출에 긍정적 영향을 미친

것으로 추정되었다. 노동생산성에 대한 수출의 탄력성은 외환위기 이전과 유사한 반면, 품질경쟁력이 높아진 자동차와 선박 등 전통 제조업 부문의 두각으로 IT 부문의 확대가 수출에 미치는 영향은 상대적으로 줄어든 것으로 나타났다. 이는 외환위기 이후 원화 강세로 인한 수출 가격경쟁력의 약화에도 불구하고 수출 품목의 고급화와 생산성 향상에 따른 품질경쟁력의 개선으로 해외 시장에서의 수요 증대를 지속적으로 유발했음을 간접적으로 보여주는 것이라고 해석할 수 있다.

〈표 2-37〉의 네 번째 열은 〈표 2-29〉에서 분석한 것처럼 OECD 가입을 더미변수로 고려했을 때 1990~2005년의 수출함수 추정 결과이다. 〈표 2-29〉에서와 마찬가지로 이 기간 중에도 한국의 OECD 가입은 수출 확대에 기여한 것으로 추정되었다.

외환위기의 도전과 응전

01
외환위기의 발생 원인

한국 경제에서 외환위기가 발생한 원인에 대해서는 다양한 진단이 이루어져왔다. 그만큼 외환위기의 발생 원인이 복합적이라는 반증이기도 하다. 한국을 비롯한 아시아 외환위기의 원인을 설명하는 3세대 이론이 등장한 것도 아시아 외환위기가 과거의 경험들과는 다른 성격을 가졌기 때문이다. 1세대와 2세대 이론이 외환위기 발생의 원인을 기본적으로 경제의 기초여건(fundamental) 악화, 즉 실물경제 내부의 문제에서 찾는 것과는 달리, 3세대 이론은 금융기관의 역할, 금융제도의 효율성 등 금융 시스템상의 문제에 초점을 맞춘다. 외환위기를 금융적 현상으로 본다는 것은 외환위기가 당사국의 내부적 문제만이 아니라 국제금융시장과의 관련하에서 발생한다는 것을 의미한다. 물론 외환위기의 원인을 칼로 물 베듯이 경제의 기초여건 때문만이라거나 금융 시스템만의 문제라고 구별 지을 수는 없을 것이고 양자가 복합적으로 작용한 결과라고 할 수 있을 것이다. 〈그림 3-1〉은 한국 경제에서 외환위기의 발생과 관련된 변수들을 중심으로 외환위기 발생 과정을 도식화한 것으로, 이를 바탕으로 여기에서는 한국에서 외환위기가 발생한 원인을 살펴보고 그에 대해 평가를 하였다.

그림 3-1 한국의 외환위기 발생 구조

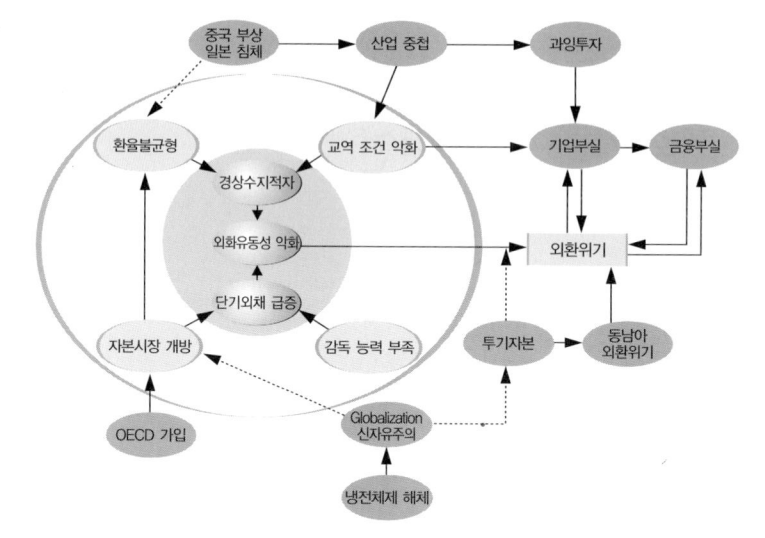

외환위기가 발생하기 전인 1995년과 1996년의 경제성장률은 각각 9.2%와 7.0%를 기록해 성장률로만 보면 상당히 양호했고, 국제금융시장 등 해외에서의 한국 경제에 대한 평가도 호의적이었다. 1996년 한 해 국제 자본은 국내 주식과 채권 등의 매입을 통해 212억 달러나 국내로 유입되었다. 국제 자본이 이처럼 대규모로 한국 경제에 유입됐다는 것은 외국 투자자들에게 한국 경제가 그만큼 매력적이었다는 것을 의미하며 당시로서는 한국 경제가 외환위기를 맞을 것이라고 생각하기조차 어려웠다는 것을 의미한다.

한국에 자금을 제공했던 국제 자본의 태도는 1996년 말을 기점으로 두드러지게 변했다. 1996년까지만 해도 한국 경제에 경쟁적으로 자금을 제공하던 국제 자본은 1997년 들어 태도를 바꿔 긴축 또는 회수 기조로 돌아서면서 외화유동성 부족에 직면하게 되었다. 즉 한국에서의 외환위기 발생은 단기간에 대규모 외국 자본이 국내로 유입되었다가 단기간에 유출되는 과정에서 발생했다.[1] 따라서 외환위기의 원인을 밝히는 작업은 왜 단기간에 국제 자본의 급격한 유입과 유출 현상이 발생했는가를 규명하는 작업이 되어야 할 것이다. 여기에서는 외환위기의 원인 규명 작업을 ① 왜 국제 자본이 급격히 유입됐는가? ② 왜 국제 자본은 급격히 자본을 회수하려 했는가? ③ 왜 국내 금융 기관은 국제 자본의 회수 요구에 응하지 못했는가? 하는 순서로 살펴보고자 한다.

외국 자본의 급격한 유입

외환위기가 발생하기 전인 1995~1997년 기간 동안 대규모의 외국 자본이 국내로 유입되었다. 외국 자본의 유입은 주로 외국인의 증권투자와 국내 금융기관 및 기업의 차입 형태로 이루어졌다. 〈표 3-1〉은 외환위기 직전까지 외국 자본 유입 규모와 형태를 보여준다. 외국인 증권투자는 1994년 81.5억 달러 수준에서 1996년에는 211.8억 달러로 크게 늘어났고, 국내 기업 및 금융기관에 대한 대출도 크게 늘어나 1996년 한 해에만 193.5억 달

표 3-1 외국인 국내 투자 추이
(단위 : 억 달러)

	1994	1995	1996	1997. 1~9	1997. 10~12
직접투자	8.1	17.6	23.3	20.3	8.1
증권투자	81.5	138.7	211.8	143.7	−20.8
기타 투자 (차입)	136.3 (108.2)	214.5 (162.4)	245.7 (193.5)	54.0 (44.7)	−26.0 (−6.9)
자본수지	103.0	167.9	233.3	112.3	−99.2

주 : 기타 투자는 차입, 무역신용 등.
자료 : 한국은행 ECOS DB에 의거 작성.

---

1 Sachs(1997)는 외국 자본이 급격하게 유입된 이후에 다시 급격히 유출됨으로써 발생하는 위기를 'boom-bust cycle'로 설명했다.

러에 달했다.[2] 대규모의 외국 자본 유입으로 1994~1996년의 3년간 자본수지는 504.2억 달러의 흑자를 기록했다. 이는 그 이전 3년간(1991~1993년)의 자본수지 흑자 157.4억 달러의 3배를 넘는 규모였다.

금융자유화와 자본시장 개방

이처럼 대규모의 외국 자본이 갑자기 한국 경제로 유입된 것은 당시 한국 경제에서 자율화와 개방화 과정이 빠르게 진행된 데서 원인을 찾을 수 있다. 1990년대 중반부터 한국 정부는 자본시장 개방정책을 적극적으로 추진했다. 적극적인 자본시장 개방정책은 OECD 가입이라는 한국의 정책적 목표와 WTO 체제의 출범을 계기로 확산된 세계화의 물결을 타고 이루어졌다. 당시 김영삼 정부는 OECD 가입을 국정의 중요한 목표로 삼고 OECD의 자본자유화 규약을 충족하기 위해 자본거래의 자유화를 신속하게 추진하였다. 또한 세계화의 경향은 국제 무역뿐만 아니라 자본이동활동도 왕성하게 하는 계기가 되었다.

자본거래의 자유화로 그동안 엄격하게 유지했던 국내 금융기관과 기업들의 국제금융시장 접근 관련 규제가 단기간 내에 과감히 완화되었다. 국내 금융기관과 기업들은 국제금융시장 접근이 가능해지자 직접적인 차입과 해외 증권 발행을 통해 대규모 자금을 조달했다. 당시 국내 금리가 높은 상황에서 국제금융시장의 저리자금은 상당히 매력적이었다. 대규모 외국 자본 유입으로 원화가치가 안정적 움직임을 보였기 때문에 환위험(exchange risk)에 대한 고려는 소홀히 다루어졌다.[3]

---

[2] 반면에 외국인 직접투자 형태의 자본 유입은 20억 달러 내외로 큰 변동이 없어 당시 자본 흐름의 변화가 대부분 증권거래나 차입 등에 의해 이루어졌음을 보여주고 있다.

[3] 경상수지 적자를 자본수지 흑자로 보전함으로써 환율의 안정이 유지되고 있는 상황임을 감안하면 금융기관과 기업들이 해외 부채를 크게 늘리는 데 따른 환위험은 상당했다. 당시 대외 부문은 일단 해외로부터 자본 유입

여기서 특히 주목할 것은 국내 금융기관들이 단기차입을 크게 확대하는 차입 행태를 보임으로써 외채구조가 불안정해졌다는 점이다.[4] 국내 금융기관들이 단기차입을 늘린 것은 단기자금의 조달 금리가 낮았던 이유 때문이기도 하고 국내의 금융규제 때문이기도 했다. 금융 당국은 국내 외국환은행에 대해 중장기차입의 한도배정제도와 사전신고제도 등을 운영하면서 중장기차입을 억제하는 정책을 취했다. 중장기차입 억제정책은 결국 단기차입을 확대하는 결과를 낳았고 이후에 유동성 부족을 더욱 악화시키는 요인으로 작용했다.

또 하나의 문제는 종금사 등 금융기관들의 해외 영업활동 관련 규제를 대폭 완화했다는 점이다. 특히 종금사의 경우 진입제한 완화와 해외 영업활동 규제 완화가 거의 동시에 이루어지는 등 단기간에 규제 완화가 대폭적으로 이루어졌다. 1994년에 9개 투자금융사가 종금사로 전환되었고 1996년에는 15개 투자금융사가 종금사로 전환되었는데, 새로운 업무에 적응할 사이도 없이 이들에게도 국제 업무가 허용되었다. 미처 준비가 되어 있지 않은 상황에서 이루어진 규제 완화로 이들 금융기관들은 국제금융시장에서 단기자금을 조달해 국내 기업에 장기자금을 공급하기도 하고, 동남아시아와 러시아 등의 고위험채권에 투자하는 등 높은 위험의 자산운용 행태를 보였다.

이처럼 국내 금융기관들이 국제금융시장에서 위험스러운 자금조달을 할 수 있었던 데는 해외 자금 공급자들의 한국 경제에 대한 과신도 한몫했다. 1995년을 전후로 한국 경제가 반도체 호황기를 구가한 데다 1996년에는 OECD 가입이 추진되면서 국제금융시장은 한국 경제에 대해 높은 평가

이 줄어들기 시작하면 원화가치는 쉽게 떨어질 수 있는 불안정한 상황이었다.
4 단기외채 규모는 1994년 384.5억 달러에서 1996년에는 758.9억 달러로 2년 만에 두 배에 가까운 374.4억 달러가 급증했다.

를 내렸다. 세계적 신용평가기관인 S&P는 한국의 국가신용등급을 AA-로 평가하는 등 한국 경제에 호의적이었다.

기업의 대규모 투자 수요

한편 국내 기업들의 왕성한 투자활동이 국내 금융기관과 기업들의 국제금융시장으로부터의 자금 조달을 촉진했다. 1990년대 중반 한국 기업에는 대규모 투자 열풍이 불었다. 석유화학, 철강, 자동차 등의 사업에 대기업들의 투자가 잇달았고[5] 기업 간에 경쟁적으로 투자를 확대하는 경향으로까지 발전했다. 이러한 국내적 상황과 한국 경제에 자금을 공급하고자 하는 국제금융시장의 상호 이해가 맞아 떨어졌고, 외국 자본은 국내 금융기관을 통해서 기업들에 유입되거나 또는 기업들에 직접 공급되었다. 당시 기업들이 이처럼 적극적으로 투자 확대에 나선 데는 다음과 같은 몇 가지 이유가 있다.

첫째, 1990년대 중반의 소위 '반도체 호황'을 계기로 대기업들은 '캐쉬카우(cash cow)'가 될 만한 사업에 집중적으로 투자하려는 전략을 구사했다. 기업들은 호전된 실적을 바탕으로 새로운 사업 기회를 찾는 데 적극적이었다. 둘째, 기업들의 이러한 전략은 정부의 업종전문화정책[6]과 맞아떨어졌다. 업종전문화정책은 기업 그룹별로 자율적으로 전문 업종을 선택해 해당 업종에 특화된 대기업 그룹으로 발전해나가는 것을 목표로 도입되었다. 그러나 대기업들은 주로 대규모 투자를 필요로 하는 업종들을 주력 업종으로 선정함으로써 업종전문화제도는 그 본래 의도와 관계없이 투자 과

---

[5] 이러한 현상은 비단 우리나라만의 현상은 아니었고 태국, 인도네시아, 대만 등 동남아시아 국가에서도 대규모 투자 현상이 나타났다. 이러한 현상은 결국 아시아 지역에서 과잉중복투자를 심화시킴으로써 경쟁 압력의 강화와 교역 조건의 악화를 초래했다.

[6] 업종전문화제도의 주요 내용은 pp. 159~160 참조.

표 3-2 기간별 연평균 설비투자 및 자본재수입 증가율 (단위 : %)

	1987~1990	1991~1993	1994~1996	1997~2005	1987~2005
설비투자증가율	16.3	5.2	17.1	0.1	6.7
자본재 수입증가율	23.4	6.4	24.1	4.9	11.7

자료 : 한국은행 ECOS DB, 한국무역협회 KITA.net 자료에 의거해 산출.

열과 그에 따른 과잉투자를 유발하는 촉매제 역할을 하게 되었다. 업종전문화제도는 1993년 10월 발표되어 1997년 1월 폐지되었는데, 이 제도가 시행된 3년간(1994~1996년) 연평균 설비투자증가율은 17.1%(실질, 국민계정 기준)에 달했다(표 3-2). 이는 1987~2005년 기간 중 연평균 설비투자증가율 6.7%보다 훨씬 높은 증가율인 것은 물론이고, 3저 호황으로 투자가 왕성했던 1987~1990년의 설비투자증가율 16.3%보다도 높았다. 왕성한 설비투자 과정에서 자본재 수입도 크게 늘어나 1994~1996년의 연평균 자본재수입증가율이 24.1%를 기록했고, 전체 수입에서 자본재 수입이 차지하는 비중이 41%에 달했으며, 금액으로는 1,533억 달러를 기록했다. 이 시기 기업의 왕성한 투자활동에 소요된 자금의 상당 부분은 금융기관과 기업이 국제금융시장에서 조달한 자금이었다.

표 3-3 총대외채무 추이 (단위 : 억 달러, %)

	1994	1995	1996	1997. 9
대외채무	898.3	1,198.0	1,573.6	1,774.2
장기채무	513.8	649.4	814.8	969.5
단기채무	384.5	548.6	758.9	804.7
은행	344.4	540.4	781.3	852.2
비은행 금융기관	1.2	4.0	9.3	17.3
민간	299.7	366.5	461.1	524.9
대외채무/GDP	21.2	23.2	28.2	33.7*

주 : *는 1997년 연간 비중 자료.
자료 : 한국은행 ECOS DB, 재정경제부 〈국가채무현황〉 자료에 의거 작성.

금융기관과 기업들이 국제금융시장에서 대규모 자금을 조달함에 따라 한국 경제의 대외채무는 단기간에 급격하게 증가했다. 1994년 898.3억 달러 수준이던 한국의 총대외채무는 채 3년도 되지 않은 1997년 9월에는 1,774억 달러로 거의 두 배로 늘어났다.[7] 대외채무의 급증으로 외채부담이 가중되어 GDP 대비 총외채 비중이 1994년 21% 수준에서 1997년에는 34% 수준까지 크게 높아졌다(표 3-3).

결국 단기간에 급격하게 외채가 늘어나는 과잉차입 현상(over-borrowing syndrome)은 기업들의 대규모 투자수요와 국제금융시장에서의 자본공급 확대 욕구가 맞아떨어짐으로써 발생했다. 주목할 것은 이러한 과잉차입 현상이 한국 외에 동남아시아 지역에서도 광범위하게 발생했다는 점이다. 취약한 외채구조를 공유하고 있는 상황에서 어느 한 국가에서 발생한 위기는 손쉽게 다른 국가로 전염되는 결과를 낳았다.[8]

외국 자본의 급격한 유출압력

한국이 자본자유화 조치들을 서둘러 단행하고 OECD에 가입한 이듬해 외환위기가 발생했으니 한국 경제가 국제금융시장에 노출되자마자 위기가 발생했다고 해도 과언이 아니다. 특히 대규모 자본 유입이 이루어진 지 얼마 안 가 자본 유출압력이 발생한 데는 대기업의 연쇄부도와 같은 대내적인 요인

---

[7] 이 총대외채무 수치는 외환위기가 발생한 이후 실질적인 지불부담능력에 바탕을 두고 새로이 산정한 '대외지불부담' 기준의 대외채무 액수다. 외환위기 이전의 대외채무는 세계은행(World Bank) 기준에 의해 산정되었는데, 이 기준에 의해 산정된 외채 규모는 1,208억 달러로 '대외지불부담' 기준 외채보다 500억 달러 이상 적은 수준이다.

[8] 동남아시아 국가들은 국가 차원의 산업구조 고도화 전략을 세우고 중화학공업 중심으로 대규모 투자를 단행했는데, 필요한 재원조달을 외국 자본에 상당 부분 의존했다. 그리고 외국 자본의 유입을 촉진하기 위해 경상수지 적자가 확대되고 있었음에도 불구하고 자국의 통화가치 절하를 용인하지 않고 무리하게 방어함으로써 대외불균형이 해소되지 못하고 고착화되었다.

과 동남아시아 외환위기의 전파 등 대외적인 요인이 복합적으로 작용했다.

대기업 연쇄부도

한국 경제의 외국 자본 유출압력은 1997년 초부터 나타나기 시작해 그해 11월 절정에 달하는데, 그 과정에서 몇 차례의 주요 변곡점이 있었다.

1차 변곡점은 1997년 1월의 한보 부도였다. 당진제철소 공사를 위해 5조 7,000억 원의 은행대출을 받아 비자금을 조성하고 정치권에 로비를 한 한보의 부도는 한국 경제를 보는 해외 투자자들의 눈이 달라지는 시발점이 되었다. 상황을 더욱 악화시킨 것은 한보의 부도에 대한 정부의 대응이었다. 한보 부도에 직면해 정부 당국자는 한보 부도로 인해 "은행이 망한다 하더라도 정부가 지원하지 않겠다"고 발언을 했는데 해외 투자자들은 한보의 부도보다 이러한 정부의 태도에 더욱 충격을 받았다. 해외 투자자들이 한국 경제에 공격적으로 투자를 한 것은 사실 한국 금융기관에 대한 최후의 후원자로서 정부가 기능을 하고 있다고 판단했기 때문이었다. 그런 정부가 은행에 대한 지원을 하지 않겠다고 공언한 것은 해외 투자자들 입장에서는 상당히 우려할 만한 변화였다. 결국 한국의 금융기관들은 한보 부도의 사후처리 과정에서 대외신인도에 큰 타격을 받게 되었고, 한국에 대한 외국 자본의 신규 투자가 억제되는 가운데 기존 투자분에 대한 점검이 시작되는 계기를 제공했다.

한보에 이어 1997년 4월 삼미, 진로, 대농 등 대기업의 연쇄부도 현상이 발생하게 되자 일반 은행의 해외 채무 만기연장이 거부되는 경우가 발생하는 등 외화 차입의 환경 악화가 확대되는 양상이 나타났다.[9]

구체적인 변화를 살펴보면 세계적 신용평가기관인 무디스(Moody's)가 한보와 관련이 있는 제일은행, 조흥은행, 외환은행의 장기차입 신용등급을 하향조정했고, 특히 제일은행의 신용도는 정크본드 수준에 가까울 정도로 떨어졌다. 당연히 이들 은행과 종금사 등의 외화 차입 환경이 악화되기 시작해 장기자금조달에 차질이 생기고 기존 채무에 대해서도 만기 단기화를 요구받았다. 단기채무의 재차입 요구가 거부되는 상황이 발생하고 외화 차입 금리가 상승하기 시작했다. 이때부터 한국은행에 외화 자금의 지원을 요청하는 금융기관이 나타나기 시작했다.

동남아시아 외환위기의 전염

2차 변곡점은 1997년 7월 기아자동차의 부도유예협약 체결과 동남아시아 외환위기[10]의 발생이다. 기아자동차의 부도처리 과정이 장기화[11]되고 설상가상으로 동남아시아에서 외환위기가 겹치면서 한국 경제에 대한 우려감이 증대되었다. 결국 국내 국책 은행들까지도 국제금융시장에서 장기차입에 어려움을 겪기 시작했고, 산업은행의 차입금리가 리보(Libor)+1%p를 상회하는 등 금리 프리미엄이 크게 높아졌다. 종금사 등 신용도가 낮은 금융기관은 단기채무 만기연장률이 크게 떨어졌고 조달금리는 정크본드 수준으로 급등했다. 그러나 이때까지만 해도 높은 금리를 지불할 경우 조달은 가능해 높은 금리 프리미엄과 차입 기간 단기화의 불이익을 받으면서 신용 라인을 유지할 수는 있었다. 이 시기는 한국 경제가 외환위기를 모면

---

9 한보 부도와 그에 이은 정부의 미숙한 대응, 국내 은행의 장기차입 신용등급 하락, 외환시장에서의 달러화 가수요 현상, 외채 규모의 급격한 확대 등을 근거로 외환위기 가능성에 대한 경고가 나오기 시작했다. 권순우(1997a).

10 동남아시아 외환위기는 이 지역 국가들의 통화가치가 고평가된 데서 비롯됐다. 동남아시아의 자본시장과 외환시장은 개방화가 상당히 진전되어 있어서 국제적인 투기자본의 접근이 쉽게 이루어졌다. 국제적인 투기자본은 거래가 자유로운 현물과 선물 외환시장을 이용해 인위적으로 고평가된 동남아시아 통화를 집중적으로 매도함으로써 통화가치 폭락을 초래했다.

11 기아자동차는 1997년 7월 15일 런던 어프로우치(London Approach)를 모방해 도입한 부도유예협약을 체결해 회생의 발판을 마련했으나, 9월 22일 법원에 화의 신청, 10월 24일 채권단의 법정관리 신청으로 최종적으로 부도처리되었다. 당시 3개월에 걸친 기아자동차 처리 과정은 경제적 규율(economic deciphine)을 상실한 한국 경제의 관리 능력 부재를 보여줌으로써 해외 투자자들의 신뢰를 또 한번 잃는 계기가 되었다.

표 3-4 한국의 외환위기 진행 과정

	1997. 1~	1997. 7~	1997. 10~	1997. 11~
주요 사건	• 한보 부도 • 대기업 연쇄부도 시작	• 기아 부도 • 동남아시아 외환위기	홍콩 위기	외환위기
주요 변화	− Moody's의 한보 관련 은행의 장기차입 신용등급 하향조정 − 외국 자본의 한국에 대한 신규 투자 억제, 기존 투자 점검 시작 − 한국은행에 외화 자금을 지원 요청하는 금융기관 발생	− 산업은행 차입금리가 리보 +1%p를 상회 − 종금사, 단기채무 만기연장률 급감, 조달금리 정크본드 수준	− 외국 자본의 아시아 자금 공급 축소와 기존 공급 자금의 회수 본격적으로 시작 − Moody's 등 한국 국가신용등급 하향조정 시작 − 단기채무 만기연장률 급감으로 외환위기 회피가 불가능한 시점	− 외화차입 완전 불가능 − 대외채무 상환 능력 상실 − IMF에 금융지원 요청

할 수 있는 실질적인 마지막 기회였다고 판단된다. 당시 기아자동차 문제를 신속히 처리하고 고평가되어 있는 원화가치를 떨어뜨리도록 유도했다면 상황은 많이 달라졌을 것이다.

3차 변곡점은 동남아시아의 외환위기가 홍콩으로까지 전파된 1997년 10월이었다. 동남아시아의 외환위기가 진정되지 않고 오히려 더욱 악화되자 동남아시아 경제와 밀접히 연계되어 있는 홍콩과 대만 경제로 충격이 전파되었다. 홍콩과 대만의 주가가 폭락했고 그 여파로 아시아 금융시장에 대한 국제금융시장의 불신이 급속히 확산되었다. 이를 계기로 국제 자본의 대아시아 자금 공급 축소와 기존 공급 자금의 회수가 본격적으로 시작되었으며 한국에서도 외국인 투자 자금 회수가 본격화되었다. 1997년 10월 한 달 동안 한국 주식시장에서 외국인은 1조 원의 주식을 순매도했다. 무디스 등 신용평가기관들이 한국의 국가신용등급을 낮추기 시작했고 일부 국책은행을 제외한 국내 금융기관들은 해외 단기채무의 만기연장이 사실상 불가능해졌다. 국책 은행들조차 장기차입이 거의 불가능해지고 해외 단기채무의 만기연장률이 크게 떨어졌다. 일반 금융기관들에 대한 한국은행의 외

표 3-5 아시아 지역[1] 해외 자본 조달(순) 추이

(단위 : 억 달러)

	1994	1995	1996	1997	1998
비차입성 조달	150	147	164	172	133
은행 차입	83	118	255	162	−30
기타 조달[2]	122	298	74	−155	−183
계	379	593	464	407	73

주 : 1) 일본, 중국, 인도를 제외한 아시아 국가.
　　 2) 국제 자본시장으로부터의 채권 발행 또는 차입.
자료 : IMF(1999), World Economic Outlook.

화 지원이 바닥이 나고 있는 중에 국책 금융기관까지 만기연장에 어려움을 겪게 되자 11월 들어서는 해외 단기채무의 상환 능력을 완전히 상실하게 되어 최종적으로 IMF에 금융 지원을 요청함으로써 파국을 맞이하게 되었다.

한국을 비롯한 아시아 지역에서 발생한 급격한 자본의 유출입과 외환위기의 전염 현상은 자본의 성격별 움직임을 살펴보면 좀더 명확하게 나타난다(표 3-5).

아시아 역내로 유입된 자본의 성격을 보면 투기자본을 포함한 국제 자본시장으로부터의 차입성 자금이 은행 차입이나 직접투자 유치 등에 비해 훨씬 변동이 크고 민감하게 움직이는 것을 볼 수 있다. 1990년대 중반 아시아 역내에서 조달한 해외 자본 규모를 보면 1995년에 593억 달러로 규모가 가장 컸고, 조달 형태 면에서는 국제 자본시장으로부터의 채권 발행을 포함한 차입성 자금조달 규모가 298억 달러로 가장 컸다. 반면에 1996년에는 은행 차입이 크게 늘어난 반면 국제 자본시장으로부터의 차입성 자금조달은 현저히 줄어들었고, 1997년에는 오히려 155억 달러가 순유출되었다. 직접투자 유치나 주식 발행 등을 통한 자금조달은 150억 달러 내외를 일관되게 유지해 가장 안정적인 움직임을 보였다. 이러한 사실은 자본시장으로부터 공급되는 차입성 자금이 환경 변화에 가장 민감하고 변동성이 큰 자금이라는 것을 보여준다.

외화유동성의 부족

단기외채의 급증

국제 자본이 국내에 유입된 자금을 급격히 회수하려 했어도 그에 상응하는 자금을 마련할 수 있거나, 최소한 자금을 마련할 수 있다는 믿음을 해외 투자자에게 줄 수 있었다면 상황이 외환위기로까지 진전되지는 않았을 것이다. 한국 경제가 극단적인 외화유동성 부족에 직면해 결국은 IMF로부터 금융 지원을 받을 수밖에 없었던 것은 대외채무가 많기도 했지만 채무구조가 불안정한 것이 더 큰 요인으로 작용했다.

앞서도 살펴보았지만, 1994년 이후 한국의 대외채무는 급격하게 증가하는데, 그 과정에서 단기외채가 크게 증가하게 된다. 1994년 말 265억 달러 수준이던 민간 부문(금융 부문과 기업 부문)의 단기외채는 빠르게 증가해 1997년 2분기에는 627억 달러에 달했다. 외채가 가장 많이 증가했던 1996년 4분기에는 한 분기에만 단기외채가 83억 달러나 증가하기도 했다. 단기

그림 3-2 민간 부문 외채 추이

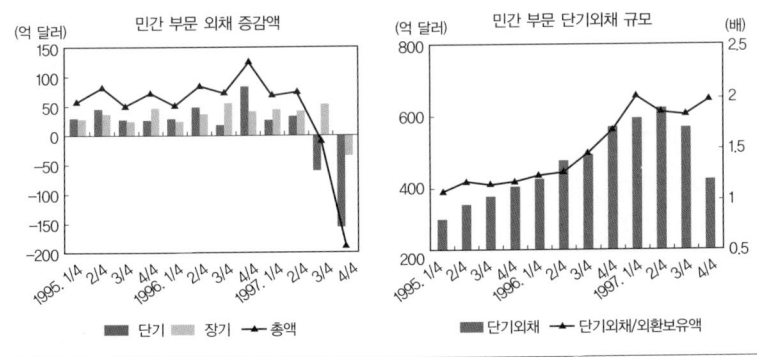

주: 민간 부문은 금융 부문과 기업 부문의 합.
자료: 한국은행 ECOS DB.

외채가 크게 증가한 반면 외환보유액은 300억 달러 내외로 늘어나지 않은 결과 외환보유액 대비 민간 부문의 단기외채 비율은 1994년 말 1.03에서 1997년 1분기에는 2.03으로 크게 높아져 단기외채 규모가 외환보유액의 두 배에 달하게 되었다(그림 3-2).

외환보유액에 비해 지나치게 많은 단기외채에 대한 우려는 1997년 3분기에 들어서면서 현실로 나타났다. 1997년 7월 기아자동차가 부도 상황에 직면하고 동남아시아에서 외환위기가 발생하면서 외국 채권자들은 한국에 제공한 단기외채에 대해 상환연장을 거부하는 사례가 확산되었다. 그 결과 1997년 3분기에 이미 단기외채가 감소세로 돌아서 민간 부문의 단기외채는 60억 달러가 감소했다. 그러나 이때만 해도 우량 금융기관을 중심으로 장기외채의 차입이 가능해 장기외채는 단기외채 감소분과 비슷한 51억 달러가 늘어 전체적으로 유동성에 심각한 문제가 발생하지는 않았다.

그러나 1997년 10월 홍콩으로까지 동남아시아 외환위기가 전염되면서 아시아 금융시장은 공황적 상황에 빠져들었고 그 영향은 곧바로 한국으로 전해져 민간 부문에서 만기가 돌아온 단기외채의 대규모 상환요구가 발생했다. 그 결과 1997년 4분기에 민간 부문의 단기외채는 154억 달러가 줄어들었고 여기에 만기가 돌아온 장기외채까지도 상환 압력으로 인해 34억 달러가 줄었다. 당시 가용 외환보유액 200억 달러 내외를 가지고 600억 달러가 넘는 단기외채를 감당하는 것은 불가능했고, 결국 외환위기를 불러왔다.

환율불균형과 경상수지 적자 확대

단기외채 비중이 높았던 기형적 외채구조가 외환위기를 초래한 외화유동성 부족의 직접적 원인이 되었다면, 대규모 경상수지 적자로 인해 외채가 늘어날 수밖에 없었던 경제 상황은 근본적 원인이라고 할 수 있다. 한국 경제는 외환위기가 발생한 1997년의 1/4분기까지도 경상수지 적자가 지속적으로 확대되어 대외불균형이 확산되는 상황에 있었다. 경상수지 적자가 확대된 것은 다음의 두 가지 요인에 기인했다.

첫째, 원화가치의 고평가 상태가 지속되었다. 경상수지 적자가 확대되고 있었음에도 그에 대응해 원화가치는 충분히 절하되지 못했다. 원화가치가 충분히 절하되지 못한 것은 앞에서 언급한 것처럼 해외로부터 대규모 자본이 유입되면서 원화가치의 하락이 억제된 반면, 중국과 일본의 통화가치가 크게 하락한 데 기인한다. 중국은 1994년 1월을 기점으로 달러화에 대한 위안화 가치를 달러당 5.76위안에서 8.63위안으로 33.3% 절하했다. 이후 중국의 대외수출은 큰 폭으로 증가하기 시작했다. 일본의 엔화도 1995년 한때 달러당 80엔 수준까지 이르렀던 것이 이후 약세를 보이며 1997년 4월에는 130엔 수준까지 상승했다. 결국 중국 위안화는 대폭적으로 평가절하되고, 일본 엔화는 큰 폭의 약세를 보임으로써 한국을 비롯한 아시아 외환위기국들의 통화가치는 이들 통화에 대해 오히려 절상되어 아시아권에서의 환율불균형 현상이 발생했다.[12] 환율불균형은 실질실효환율의 추이에서도 잘 나타난다. 〈그림 3-3〉에서 보는 것처럼 외환위기 직전까지 원화의 실질실효환율은 고평가 상태를 유지함으로써 경상수지 적자를 해소하지

---

[12] 동아시아 외환위기국들은 경상수지 적자에도 불구하고 경상수지 적자 규모를 능가하는 해외 자본의 유입이 이루어짐으로써 이들 국가의 통화가치 절하가 억제되었다.

아시아 지역* 경상수지와 해외 자본 조달(순) 추이

(단위 : 억 달러)

	1992	1993	1994	1995	1996	1997	1998
경상수지	-161	-206	-245	-393	-404	-244	227
해외 자본 조달(순)	314	412	379	593	464	407	73

주 : 일본, 중국, 인도를 제외한 아시아 국가.
자료 : IMF(1999).

그림 3-3 원화의 실질실효환율 지수 추이

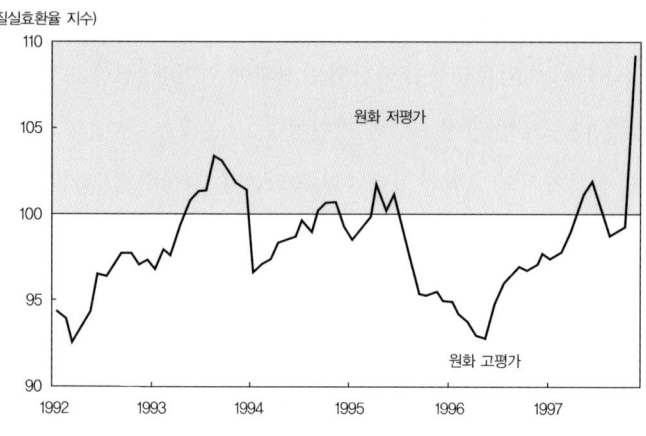

못했다. 대규모 경상수지 적자에도 외환위기국들의 통화가치가 고평가 상태를 지속하고 불균형이 확대되자 이들 국가들에 대한 자본 공급자들은 불안을 느끼고 자금 회수에 나섰다. 결국 환율불균형은 최종적으로 외환위기라는 파국을 맞아 이들 통화가치가 큰 폭으로 떨어지면서 해소되었다.

둘째, 교역 조건이 악화되었다. 한국의 수출단가는 1996~1997년에 21.0%가 하락했고 그 영향으로 교역 조건은 11.8% 악화되었다.[13] 수출단가 하락과 교역 조건의 악화 현상은 1990년대 중반 동아시아 경제에서 나타난 투자 경쟁과 관련이 있다. 동아시아 지역에서 나타난 과잉투자와 과잉생산은 중국 경제의 부상과 일본 경제의 장기침체가 상당한 원인을 제공했다. 중국은 1990년대 중반부터 적극적인 외자유치와 위안화의 대폭적인 평가절하를 통한 수출확대정책으로 경제성장을 도모했는데 이는 태국, 인도네시아 등 동남아시아 국가들의 수출시장에 상당한 압박을 주게 되었고, 이후 한국에도 영향을 주었다.

---

[13] 수출단가 하락과 교역 조건 악화는 외환위기 이후에도 지속되어 1998~2001년 중 수출단가가 32.1% 하락하고, 교역 조건이 21.9%나 악화되었다.

동남아시아 국가들은 중국의 추격에 위협을 느끼는 한편, 자립공업화를 추구할 목적으로 아시아 NIES 국가들의 주력 산업인 자동차, 화학, 철강 등의 산업에 집중 투자로 대응했다. 그리고 아시아 역내 산업구조의 최상위에 있던 일본은 경제의 장기불황으로 활력을 잃고 첨단산업 등 지식기반산업으로의 이행이 부진해 기존 전통산업에서 아시아 NIES 국가들과 치열한 경쟁을 계속했다.[14] 아시아 NIES 국가들은 그들대로 시장우위 확보를 위해 전통 주력산업과 반도체산업 등에 대한 투자를 확대함으로써 아시아 역내에 광범위한 과잉투자와 제품 가격 하락 현상을 초래했다. 이 시기는 결국 과거 아시아 역내에 형성되어 있던 안행형(雁行形) 발전구조가 와해되고 산업구조의 동조화 현상이 나타나며 경쟁구조가 첨예화하기 시작한 시기였다.

교역 조건의 악화는 경상수지 적자를 확대시키는 요인으로 작용한 것 이외에도 기업들의 채산성을 악화시킴으로써 기업수익성을 떨어뜨리고 부실을 확대시키는 요인으로 작용했다. 특히 차입자금으로 대규모 투자를 한 대기업들의 경우 제품 가격 하락으로 수익성이 크게 악화됨으로써 부실화가 급격하게 진전되었다.

---

[14] 한국과 일본 간 수출경쟁도 지수는 1990년 49.2에서 1995년 58.8로 높아졌고, 2000년에는 66.7로 더욱 높아져 양국 간 수출시장에서의 경쟁이 갈수록 치열해졌다.

한·중·일 3국간 수출경쟁도 지수

	1990	1995	1998	2000	2002	2005
한국 ↔ 일본	49.2	58.8	58.9	66.7	65.9	69.8
한국 ↔ 중국	-	-	46.7	50.3	54.5	57.2
일본 ↔ 중국	-	-	38.9	45.3	49.3	56.6

자료: 한국무역협회 KOTIS 자료를 이용해 산출.

02
외환위기와 정책 실패

앞에서 살펴본 것과 같이 한국에서 외환위기가 발생하는 데는 한국 경제를 둘러싼 외부 환경 요인들의 역할이 중요하게 작용했다. 일본의 장기침체와 중국의 부상, 아시아 역내 산업구조의 동조화와 경쟁 심화 등 동아시아 경제의 구조적 문제, 세계화와 신자유주의의 확산으로 인한 개방화 압력과 투기자본의 확산 등 동아시아 경제는 외환위기가 발생할 수 있는 취약한 환경에 노출되어 있었다. 그리고 결국에는 동남아시아에서 발생한 외환위기가 한국으로 전염되었다는 점에서 한국이 외환위기에 빠진 원인을 한국 경제의 내부적 요인으로 설명하는 것은 한계가 있다. 이런 점을 특히 강조하는 경우 한국의 외환위기를 외부적·환경적 요인들이 우연적으로 작용한 사고(accident)로 해석되기도 한다. 하지만 외환위기가 발생하기까지의 과정에서 외부적 요인 외에 일련의 내부 정책 실패가 있었다는 점에서 한국의 외환위기를 우연적 사고로 해석하는 것 역시 무리가 있다. 여기에서는 외환위기가 발생하기까지의 과정에서 나타난 정책 실패에 초점을 맞추어 살펴보고자 한다.

외환정책의 실패

가장 직접적인 정책 실패는 외환정책이었다. 1990년대 중반부터 외환위기가 발생하기까지 외환 당국의 외환정책은 원화가치를 안정시키는 정책으로 일관했다. 경상수지 적자가 지속적으로 확대되고 있었음에도 이의 해소를 위해 원화가치의 하락을 유도하는 대신 자본 유입의 확대를 통해 문제를 해결하려 했다. 당시 김영삼 정부는 공격적인 자본자유화 계획의 추진을 통해 외국 자본의 유입을 유도했다. 경상수지 적자가 231억 달러[15]로 절정에 이르렀던 1996년에 자본수지는 이보다 2억 달러가 많은 233억 달러를 기록했다.

환율 안정을 위해 외환 시장에 직접 개입하는 적극적인 정책도 취해졌다. 재정경제부가 국회 '국제통화기금(IMF) 환란 특별위원회'에 제출한 자료 중 1997년 3월 당시 재정경제원이 작성한 〈최근의 환율동향 및 정책방향〉에 따르면 한국은행은 환율방어를 위해 1996년 하반기 중 69억 달러, 1997년 1~2월 중 67억 6,000만 달러(선물환 포함 시 90억 6,000만 달러) 등 모두 136억 6,000만 달러(선물환 포함 시 159억 6,000만 달러)의 보유외환을 매각했다.[16] 정부의 적극적인 외환시장 개입으로 인해 대규모 경상수지 적자에도 불구하고 환율조정은 거의 이루어지지 않았다. 1994년의 평균 원/달러 환율이 달러당 803.5원이었는데 경상수지 적자가 200억 달러를 넘어선 1996년의 평균 환율이 804.8원으로 거의 변동이 없었다.

정부의 외환정책 기조는 1997년 들어서도 계속됐다. 1분기에 경상수지 적자가 분기별 최고치인 73억 달러로 더욱 크게 확대되고 외환보유액이 300억 달러 아래로 떨어지자 정부는 이에 자본자유화의 추가 확대로 대응

---

15 1996년 경상수지 적자는 GDP의 4.1%에 이르는 규모였다.
16 한국조세연구원 전자도서관(www.tax.re.kr/lis/old_library) 국내 경제 관련 기사(1999. 1. 20.)에서 재인용.

그림 3-4 외환위기 이전 경상수지와 자본수지 추이

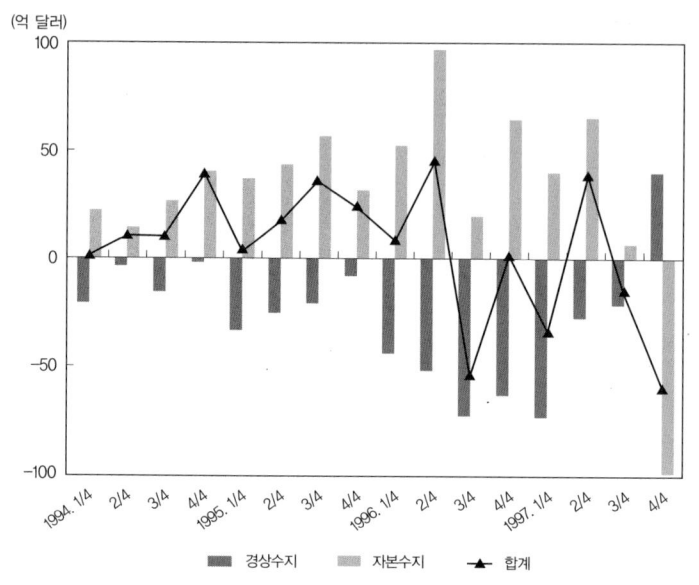

자료: 한국은행 ECOS DB에 의거 작성.

했고, 그 결과 2분기에 자본수지는 65억 달러로 분기별로는 가장 많은 흑자를 기록하기도 했다(그림 3-4). 즉 경상수지 적자에 정부는 철저하게 자본유입을 촉진하는 정책으로 대응했고 대외불균형 해소를 위한 원화의 절하는 최대한 억제했다. 이러한 정책 대응은 당시 경쟁국이었던 일본의 엔화 가치가 크게 떨어지고 중국이 위안화가치를 큰 폭으로 평가절하한 것과는 극히 대조적인 것이었다. 정부의 이러한 외환정책은 외환위기가 발생하기 직전까지도 지속되었다. 1997년 10월 30일부터 11월 6일까지 환율 안정을 위해 총 23.3억 달러를 외환시장에 공급했고,[17] 이후에도 환율방어를 위한 노력이 계속되었다.[18]

---

[17] 조갑제(1998. 3)에서 인용.
[18] 김인호(1998. 4)에서 인용.

외환 당국은 경상수지 적자에 외국 자본 유입정책으로 대응했고 외환위기 가능성이 높아지고 있는 상황에서도 외환보유액을 사용해 환율을 방어하는 정책을 사용했다. 이러한 정책이 성공하기 위해서는 당시의 원화가치가 고평가되어 있지 않고 외환보유액도 외채 상환 수요에 대응할 수 있을 만큼 충분했어야 했다. 그러나 유감스럽게도 당시 한국 경제는 이 두 가지 조건을 모두 만족시키지 못하고 있었다. 특히 외환보유액은 외채 규모에 비해 턱없이 부족했다. 외환보유액은 300억 달러 내외에 불과했으나 총대외채무는 1,700억 달러까지 늘어났다. 단기외채 규모는 600억 달러를 넘어 외환보유액의 두 배에 달했으며 가용 외환보유액을 기준으로 할 경우 외환보유액은 200억 달러 정도에 불과한 상황이었다.

그렇다면 외환시장 개입을 통한 원화가치 안정정책 대신 어떤 정책이 가능했을까? 가능한 정책으로는 통화긴축을 동반한 원화가치 방어정책과 시장압력을 적극적으로 수용하는 원화가치 절하정책을 생각해볼 수 있다.

우선, 통화긴축을 동반한 원화가치 방어정책은 통화긴축을 통해 금리인상을 유도해 한편으로는 국내 수요를 위축시켜 경상수지 개선 효과를 기대하고, 다른 한편으로는 외국 자본의 유입을 촉진함으로써 외화유동성을 개선시켜 외환위기로부터 벗어날 수 있다. 이 정책은 경기위축이라는 비용을 지불해야 할 뿐만 아니라, 효과 면에서 금리변동에 따른 자본 유출입 탄력성이 높아야 성공이 가능하다. 이 정책의 시행으로 인해 발생할 경기위축의 정도는 한국 경제가 외환위기와 그에 이은 IMF 프로그램 이행 과정에서 실제로 겪은 경기침체를 감안한다면 충분히 지불할 수 있는 비용일 것이지만, 당시 한국 경제가 채권시장 개방이 거의 이루어지지 않아 금리인상에 따른 자본 유입 효과를 크게 기대할 수 없는 상황이었다는 점에서 정책 효과에 문제가 있었을 것이다. 따라서 1997년 외환위기가 다가오는 상황에서 통화긴축을 수반한 원화가치 방어정책은 외환위기를 막기 위한 대책으로서 한계가 있었을 것으로 생각된다.

둘째, 원화가치 절하정책의 경우는 직접적으로 경상수지를 개선시켜 외화유동성 부족의 근본적 원인을 제거한다는 점이 장점이지만, 외채를 지고 있는 금융기관들과 기업들의 채무상환 부담이 크게 늘어나고, 물가상승에 대한 부담을 감수해야 한다. 아마도 당시 정부가 원화가치의 방어에 적극적이었던 이유 중에는 국민소득 1만 달러 달성이라는 정치적 고려 외에도 원화가치 하락에 따른 채무상환비용 부담을 우려한 측면도 있었을 것이다.

이 정책의 성공 여부는 결국 정책이 시행됐을 때의 원화가치 불안정과 원화가치 절하 정도가 실제 외환위기가 발생했을 때의 경우에 비해 양호할 수 있을 것인가에 달려 있다. 실제 외환위기가 발생해 IMF 프로그램이 시행됐을 때 원화가치는 대외균형을 달성할 수 있는 수준 이상으로 큰 폭으로 하락해 외채상환 부담을 가중시켰다. 따라서 환율방어를 위해 외환보유액을 소모하지 않고 적절한 시기에 원화가치 절하를 용인하는 정책을 취했다면 외환위기가 발생했을 때보다는 원화절하 폭이 작았을 개연성이 높다.

이러한 점들을 감안할 때 기아자동차 부도와 동남아시아 외환위기가 발생한 1997년 7월쯤 정부 당국이 외환시장 개입을 통한 원화가치 방어정책을 포기하고 적극적으로 원화가치 절하를 용인하는 정책으로 전환했다면 외환위기가 발생해 IMF로부터 금융 지원을 받는 일은 피할 수 있었을 것으로 판단된다.[19]

---

[19] 박원암(1999)은 외환위기에 직면한 상황에서 두 가지 정책 대응의 실패 사례를 제시했다. 1992~1993년 ERM 위기 때 통화위기국들은 자국 통화의 절하를 방지하고자 초기에 강력한 통화긴축정책을 실시했으나, 경제가 지나치게 위축된 결과 경제 불안이 확대됨으로써 결국은 환율 안정에 실패했다(통화가치 방어정책). 한편 멕시코는 1994년 12월 19일 외환보유액이 거의 바닥난 상태에서 뒤늦게 20%의 평가절하를 단행하며 더 이상 평가절하는 없을 것이라고 공언했으나, 이때는 이미 정부 정책에 대한 시장의 신뢰가 무너져 외환수요의 확산을 막는 데 실패했다(통화가치 절하정책).

금융감독의 실패

한국의 외환위기는 다음과 같은 이유로 감독 기능의 개선이 수반되지 않은 채 자본시장을 개방하여 발생한 감독정책의 실패였다.

첫째, 외채구조를 안정적으로 유도하는 데 실패했다. 재정경제원은 1993~1996년 사이에 외국환은행의 중장기차입에 대해 한도배정제도를 운영하여 중장기차입을 억제하는 정책을 취했다. 한국은행은 여기에 더해 중장기 자금 조달의무비율을 70%에서 50%로 낮추어 단기차입이 늘어나는 것을 용인하는 정책을 시행했다. 결과적으로 금융감독 당국은 자본자유화를 추진하는 과정에서 금융기관들이 장기차입을 지양하고 단기차입을 늘리는 쪽으로 정책 유도를 한 결과가 됐는데, 이로 인해 단기차입 비중이 지나치게 확대되는 취약한 외채구조를 갖게 되었다. 감독 당국으로서는 장기차입이 기업들의 부채의존적 경영을 촉진할 것을 우려해 이러한 감독 방향을 설정한 것으로 생각되지만, 단기차입 비중이 비정상적으로 늘어나는 데 따른 외화유동성 문제는 간과한 것이다.

둘째, 금융기관들의 해외 영업활동에 대한 감독이 체계적으로 이루어지지 못했다. 국내 금융기관이 해외에서 조달해 해외에서 운용한 자금들은 외채통계에 잡히지 않아 금융 당국은 실질적인 외채 규모조차 정확히 측정하지 못했다. 외환위기 이전 공식적인 외채통계는 세계은행 기준의 통계였는데 여기에 역외금융과 금융기관들의 해외 점포 차입금은 외채에 포함시키지 않았었다. 그러나 외환위기에 직면해서는 이 부분도 명백히 외화유동성과 직결되는 외채였다. 문제는 역외금융과 해외 점포 차입금 규모가 무시할 수 없을 만큼 컸다는 점이다. 외환위기 직전인 1997년 9월에는 역외금융과 해외 점포 차입금 규모가 509억 달러에 달해 세계은행 기준의 총외채 1,197억 달러의 42.5%에 달했다(표 3-6). 결국 이 부분을 가산하지 않은

표 3-6 총외채 추이(기말 기준)

(단위: 억 달러)

	1996	1997. 3	6	9	11	12
총외채(A)[1]	1,047	1,103	1,167	1,197	1,161	1,208
장기	437 (41.7)	461 (41.8)	489 (41.9)	541 (45.2)	545 (46.9)	696 (57.6)
단기	610 (58.3)	642 (58.2)	678 (58.1)	656 (54.8)	616 (53.1)	512 (42.4)
역외금융 및 해외 점포 차입금(B)	528	–	468	509	457	336
총대외지불 부담(A+B)[2]	1,575	–	1,635	1,706	1,618	1,544

주: 1) 세계은행 기준에 의한 외채 규모. ( ) 안은 구성비.
  2) 실질적 대외채무 규모를 파악하기 위하여 IMF와 협의하에 새로 정의한 기준으로, 세계은행 기준에 의한 외채에 국내 금융기관 역외금융과 해외 점포 차입금을 합산.
자료: 한국은행(1998. 1), "1997년 중 금융·외환 시장 동향과 향후 정책과제", 《한국은행 조사통계월보》.

외채통계로는 외화유동성을 정확하게 측정하는 것은 불가능했다. 외환위기 이후 IMF와의 협의하에 실질적 대외채무 규모를 파악하기 위해 세계은행 기준에 의한 외채에 국내 금융기관 역외금융과 해외 점포 차입금을 합산하여 총외채를 산정하게 되었다.

금융기관들의 해외 자금조달뿐만 아니라 자금운용에 대한 감독도 소홀했다. 금융기관들이 해외에서 단기자금을 조달해 장기자금으로 운용하는 위험한 영업활동이 이루어졌지만 이에 대한 감독이 제대로 이루어지지 않았다. 외화자산과 외화부채 간 만기불일치 현상은 외화유동성을 제약함으로써 외환위기를 더욱 촉진하는 결과를 낳았다.

또 하나의 문제는 종금사에 대한 감독 체계가 미흡했다는 점이다. 종금사의 경우 국내적인 진입제한 완화와 해외 영업활동 규제 완화가 거의 동시에 이루어지는 등 단기간에 규제 완화가 대폭적으로 이루어졌다. 종금사에는 새로운 업무에 적응할 사이도 없이 국제 업무가 허용되었다. 미처 준비가 되어 있지 않은 상황에서 이루어진 규제 완화로 이들 금융기관들은 국제금융시장에서 단기자금을 조달해 국내 기업들에 장기자금을 공급하기도 하고, 동남아시아와 러시아 등의 고위험채권에 투자하는 등 높은 위험의 자산운용 행태를 보였다. 그러나 다양한 종금사 취급 업무에 대한 감독이 재정경제원의 여러 과에서 개별법에 따라 이루어지는 등 종금사에 대한 감독 체계는 제대로 정비되어 있지 않았다.

자본자유화정책과 업종전문화제도

한국에서는 1990년대 중반 자본시장 개방정책과 기업투자 규제 완화가 동시에 진행되었다. 두 정책은 모두 개별적으로는 타당한 정책으로 인식되었으나 두 정책이 조합을 이루게 되면서 예기치 못한 부작용이 발생했다. 우선 기업들의 투자 관련 규제가 완화되면서 대규모 투자가 이루어지는 과정에서 수입이 증가한 영향으로 경상수지 적자 환경이 조성되었다. 한국은 당시 변동환율제도를 채택하고 있었기 때문에 정상적인 상황이라면 경상수지 적자는 원화가치의 하락을 통해 자연스럽게 해소될 수 있어야 했다. 그러나 그렇지를 못했다. 자본시장이 급격히 개방되면서 해외로부터 자본이 유입됨으로써 외화유동성 면에서 경상수지 적자를 상쇄하고도 남았다. 즉 자본자유화로 인해 기업들이 투자에 필요한 자금을 금융기관을 통하거나 기업들 스스로 해외로부터 조달하는 것이 가능해짐으로써 경상수지 적자의 대외불균형은 해소되지 못했고 외채는 누증되는 결과를 가져왔다.

물론 김영삼 정부의 당초 의도가 기업투자 규제를 완화하는 것은 아니었다. 김영삼 정부에서 도입한 업종전문화정책은 기업 그룹별로 자율적으로 전문업종을 선택해 해당 업종에 특화된 대기업 그룹으로 발전해나가는 것을 목표로 했다. 전문 업종에 대해서는 여신한도 관리대상 제외, 자구노력 의무 면제, 출자총액제한 완화, 채무보증한도 규제 예외 인정 등의 유인을

표 3-7 업종전문화제도의 주요 내용

	제도의 내용	근거 법령
적용 대상	• 30대 기업집단	대규모 기업집단 업종전문화시책
주력업종 및 업체 선정방식	• 〈주력업종〉 12개 업종을 대상으로 10대 이상은 3개, 11대 이하는 2개 업종까지 선정	대규모 기업집단 업종전문화시책
	• 〈주력업체〉 주력업종 내에서 전업률 70% 이상, 매출액 10% 이상인 기업 중 자율적으로 선정	
주력업체 우대사항	• 출자총액한도 예외 인정 : 7년간 　- 상장비주력기업이 주력기업의 신주 취득 시 　- 상장주력기업이 동일한 주력업종에 속한 기업의 　　신주 취득 시	공정거래법
	• 여신관리규제의 완화 　- 여신한도관리에서 제외 　- 기업투자·부동산 취득의 사전승인 및 자구의무 　　예외 인정	여신관리규정
	• 해외 금융 및 국내 직접금융 우대	-
	• 공업입지 및 기술개발에 있어서의 규제 완화	-

자료 : 김정해(2004), 《대기업규제의 변화와 재규제에 관한 연구》에서 재인용.

제공했다. 대기업들은 주로 대규모 투자를 필요로 하는 업종들을 주력업종으로 선정함으로써 업종전문화제도는 그 본래 의도와 관계없이 대규모 투자를 유발하는 촉매제 역할을 하게 되었다.

자본자유화정책은 경제논리 외에 정치적 논리가 상당히 개입되었다. 1990년대 중반 한국 정부의 적극적인 자본자유화정책은 OECD 가입이라는 정부의 정책적 목표를 달성하기 위해 불가피하게 이루어진 측면이 있다. 당시 김영삼 정부는 OECD 가입을 국정의 중요한 목표로 삼고 OECD 국가로서 받아들여야 할 자본자유화 관련 규약을 적극적으로 수용하였다.

의도하지 않았던 대기업정책의 결과와 비경제적 논리에 의해 도입된 자본시장 개방정책이 대외불균형의 고착화와 외채의 급증이라는 외환위기의 기초 환경을 제공했다는 점에서 당시 표면적으로는 관계가 없는 두 정책이

동시에 진행된 것은 결과적으로 정부 당국의 정책 실패이자 한국 경제의 불행이었다.

외환위기 발생 평가

이상의 논의를 종합하면 한국에서 발생한 외환위기는 '동아시아 역내의 경쟁체제 심화와 환율불균형, 세계 금융자유화 및 투기자본 확산 등의 외부적 요인이 외환위기의 환경을 조성하고 있는 가운데, 이러한 외부 환경이 어떤 위험을 가지고 있는지를 정확히 인지하지 못하고, 경직적 환율방어정책, 급진적 자본자유화 추진에 상응하는 감독의 실패, 인위적 업종전문화 정책 등의 잇따른 정책 실패가 빚어낸 결과'였다.

이렇게 규정할 때 한국의 외환위기는 '적절한 정책'이 취해져 정책 실패가 일어나지 않았더라면 충분히 피할 수 있었던 위기였다. 일례로 환율정책만 유연하게 이루어졌어도 상황은 많이 달라졌을 것이다. 외환위기 이후 원화가치가 조정되면서 경상수지가 큰 폭의 흑자를 기록함으로써 외화유동성 위기가 근본적으로 해소된 사실은 한국 경제에서 외환위기의 본질을

그림 3-5 외환위기 과정에서의 정책 실패

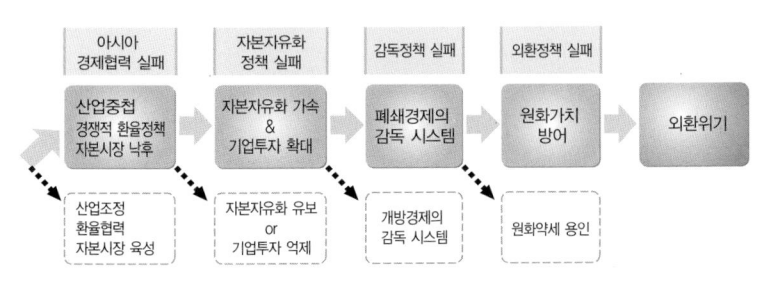

잘 설명해준다. 외환위기가 발생한 직접적 원인은 환율 조정의 실패와 자본자유화의 어설픈 도입에 있었고, 이러한 정책 실패들은 일각에서 주장하는 '한국 경제 시스템의 총체적 실패'와는 거리가 있다. 외환위기는 '경제 시스템의 총체적 실패'가 아니라 외부 환경 요인과 '정책의 실패'가 결합해 발생한 것이다.

03
외환위기의 도전과 응전

외환위기가 한국 경제에 남긴 것은 1,700억 달러가 넘는 외채와 부실에 허덕이는 기업과 금융기관들이었다. 따라서 외환위기에 직면한 한국 경제가 외환위기로부터 벗어나기 위해 요구된 것은 단기적 측면에서는 외화유동성 위기를 벗어나는 것이었고, 중장기적 측면에서는 외채를 줄이고 금융기관과 기업의 부실을 정리하는 것이었다. 각각의 요구에 대해 한국이 택한 대응 전략은 다음과 같았다. 첫째, 단기 외화유동성 위기에서 벗어나기 위해 IMF로부터 금융 지원을 받기로 결정했다. 둘째, 금융기관과 기업의 부실을 정리하기 위해 대규모 공적자금을 신속하게 투입했다. 셋째, 외채를 줄이기 위해 겉으로 명백하게 드러내지는 않았지만 원화가치의 저평가 상태를 유지하려는 노력을 기울였다. 이 세 가지 대응은 외환위기의 도전에 대해 한국 정부가 채택한 핵심적인 응전 카드였다.

  핵심적인 응전 전략에 수반해 금융, 기업, 노동, 정부의 4대 부문에 대한 구조개혁 프로그램이 수행되었다. 구조개혁 프로그램은 IMF로부터 금융 지원을 받는 대가로 수용해야만 하는 의무사항이기도 했고, 공적자금 투입의 정당성을 확보하기 위한 명분적 조건이기도 했기 때문에 응전 전략을

그림 3-6 외환위기의 도전과 응전

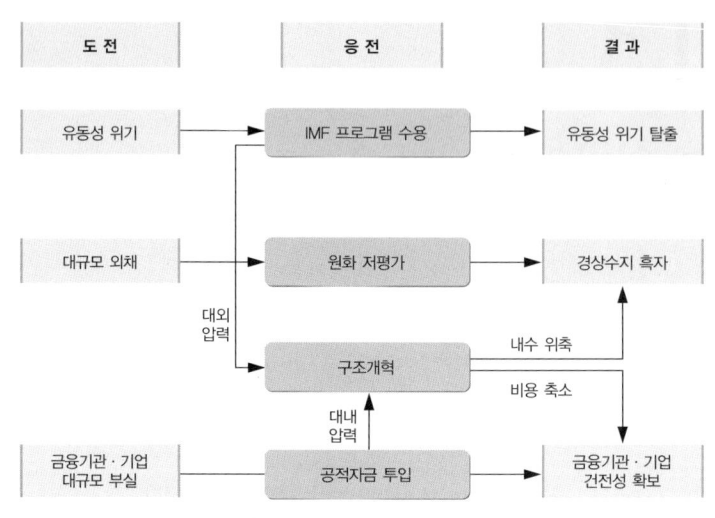

수행하기 위해서는 불가피하게 받아들여야 했던 사항이었다. 여기에 외환위기 이전부터 구조개혁의 필요성이 지속적으로 요구되었던 터라 구조개혁은 강력하게 추진되었다.[20] 이하에서는 외환위기라는 도전에 대한 응전전략들에 대해 평가해보고자 한다.

IMF의 금융 지원과 처방

IMF의 초긴축 처방과 구조조정 프로그램[21]

외환위기의 충격은 한국 경제 전 부문에서 과잉조정 현상을 초래했다. 환

---

20 이와 관련해 한국 정부가 저항에 부딪혀 지지부진하던 구조개혁을 추진하기 위해 외환위기라는 극한 상황과 IMF의 힘을 적극적으로 활용했다는 시각도 있다.

율과 금리 등 금융변수들의 과잉조정이 있었고 그에 영향을 받은 소비와 투자 등 실물경제변수들의 과잉조정이 발생했다. 그런데 과잉조정 현상은 금융 지원을 대가로 한국 경제에 부여된 IMF 프로그램에 의해 증폭되었다. 한국 경제는 외환위기로부터 벗어나기 위해 IMF로부터 금융 지원을 받았고, 그 대가로 IMF가 요구하는 위기탈출 프로그램을 수용했다. IMF는 1997년 12월 긴급 금융 지원의 조건으로 한국 정부에 대해 긴축적인 거시경제정책과 시스템 개혁을 두 축으로 하는 경제 프로그램의 이행을 요구했다.

IMF의 〈한국경제보고서〉 등을 기초로 할 때 IMF 경제 프로그램의 목적은 다음과 같이 요약된다. 첫째, 재정·금융 긴축 및 고금리를 통해 투자 억제와 저축 증대를 유도하여 경상수지 개선과 물가 안정을 도모한다. 아울러 고금리를 통한 외화 자금의 유출 방지와 신규 유입 촉진을 도모한다. 둘째, 금융개혁을 통해 금융부실을 제거하여 국제신인도를 회복시키고 외환위기의 재발을 방지한다. 셋째, 기업지배구조 개혁을 통해 기업경영의 투명성을 제고하여 외국인 투자를 유도하며 금융회사의 심사 능력 향상의 기반을 마련한다. 넷째, 무역자유화를 통한 국내 기업 간 경쟁 촉진으로 수출 역량을 강화하여 경상수지 흑자 기반을 조성한다. 다섯째, 자본시장 개방을 통해 외국 자본의 유입을 촉진하여 외환 부족을 해소한다. 여섯째, 노동시장 유연성의 제고로 산업 구조조정과 외국인 직접투자를 촉진한다.

따라서 IMF 프로그램을 통해 기대할 수 있는 효과는 투자 감소 등에 따른 경상수지 개선, 외자 유입, 환율 안정, 물가 안정, 금융기관 건전성 개선 및 국제신인도 회복 등으로 요약된다.

---

21 IMF 프로그램과 4대 부문 구조조정의 자세한 내용은 김경원·권순우 외(2003년) 참조.

초기의 경직적·급진적 처방으로 경제의 과잉조정비용 지불

IMF의 금융 지원은 한국 경제가 외환위기를 벗어나는 데 기여를 했지만 그 대가 또한 만만치 않았다. 금융 지원의 대가로 IMF가 요구하는 프로그램을 수용해야만 했는데, 이를 수용하는 과정에서 상당한 비용을 지불해야 했다.

1997년 12월 3일 최초의 IMF 프로그램이 시행되고 1월 8일 2차 의향서가 발표되기까지 약 1개월 동안 프로그램의 효과는 상당 부분 기대에 미치지 못하는 결과를 보여주었다. 외자 유입의 경우, 1월 말까지 IMF의 의도대로 고금리에 유인되어 들어온 채권투자자금은 1998년 1월 당시 2,330만 달러에 불과하였다. 오히려 외국 은행들의 국내 금융회사들에 대한 대출금 회수가 IMF의 금융 지원 결정 이후 가속화되면서 한때 한국은 국가부도 위기에 직면하기도 하였다. 또한 IMF의 긴급 자금 지원에도 불구하고 자금 유출 현상이 지속되면서 원/달러 환율은 1997년 12월 24일 1달러당 2,000원선에 육박할 정도로 급상승하였다. 이로 인하여 수입물가 상승에 따른 물가 폭등 현상도 나타났다.

고금리정책을 핵심으로 하는 IMF의 초기 처방이 기대하는 효과를 얻지 못한 이유는 첫째, IMF 프로그램을 마련할 때 작성한 〈한국경제보고서〉가 한국 경제의 구조적 문제점을 지나치게 강조함으로써 오히려 외국 채권은행들의 자금 회수를 촉진했고, 둘째, 외국 투자자들이 고금리와 초긴축을 핵심으로 하는 IMF 프로그램이 적어도 단기적으로는 한국 기업과 금융기관들의 도산 가능성을 더 높일 것이라고 판단했기 때문이다.

환율 급등과 고금리는 기업과 금융기관들에 직접적인 손실을 입혔다. 1997년 말 당시를 기준으로 할 때 원/달러 환율이 100원 상승하면 한국 경제의 외채는 6.8조 원 증가하고 이 중 기업 부문의 부담이 3.6조 원 증가하는 효과가 있었다. 외환위기 이후 상당 기간 동안 달러당 1,300원 이상의

표 3-8 제조업 부채비율 및 금융비용부담률 추이 (단위 : %)

	1993	1994	1995	1996	1997	1998
부채비율	294.9	302.5	286.8	317.1	396.3	303.0
금융비용부담률	5.9	5.6	5.6	5.8	6.4	9.0

자료 : 한국은행, 《기업경영분석》, 각 호.

수준을 유지한 점을 감안하면 외채상환 부담은 상당했다. 고금리에 따른 금융비용 부담도 커서 1997년 말 기준으로 금리가 1%p 상승할 경우 기업 부문의 순이자지급비용 증가분은 4.4조 원에 달했다. 외환위기 발생 이후 시장금리가 한때 30%까지 치솟아 기업들의 금융비용 부담이 크게 늘어났다. 실제 매출액 대비 금융비용부담률을 보면 1996년 5.8% 수준이던 것이 외환위기가 발생한 이후인 1998년에는 9.0%로 급등했다.

기업들의 환율 상승에 따른 외화부채의 원화환산액 증가와 차입 증가 및 금융비용 증가 등의 영향으로 1997년에 기업의 부채비율이 크게 높아졌다. 그리고 1998년에도 55.6조 원의 공적자금 투입으로 기업부채가 많이 정리되었음에도 부채비율은 303.0%로 1996년 수준과 비슷했다(표 3-8).

한편 IMF의 요구에 따른 구조조정 프로그램은 단기간 내 은행에 BIS 자기자본비율을 높일 것을 요구함으로써 은행들의 보수적 자금 운용을 심화시키고 외국 은행들의 대출금 회수를 촉진했다. 1998년 4월 1일 은행 및 종금사를 대상으로 적기시정조치제도가 도입됐다. 이 제도에 근거해 BIS 자기자본비율이 일정 수준에 미달하는 경우 감독 당국이 의무적으로 해당 금융기관에 경영개선 권고(BIS 비율 8% 미만), 요구(BIS 비율 6% 미만), 명령(BIS 비율 2% 미만) 등의 조치를 취하도록 했다.[22] 경영개선 권고를 받은 금

---

[22] 각 단계별 주요 조치 내용을 보면, 경영개선 권고에는 인력 및 조직 운영 개선, 경영정상화계획 제출 등, 경영개선 요구에는 점포 및 조직의 축소, 임원진 교체, 영업의 일부 정지, 합병 및 영업양도 계획 수립 등, 경영개선 명령에는 주식 소각, 6개월 내 영업정지 등의 조치를 취할 수 있다. 적기시정조치제도는 증권사(1998. 4. 28), 보험사(1998. 6. 23), 상호저축은행(1999. 12. 31) 등으로 확대되었다.

그림 3-7 BIS 기준 조기준수 요구의 영향

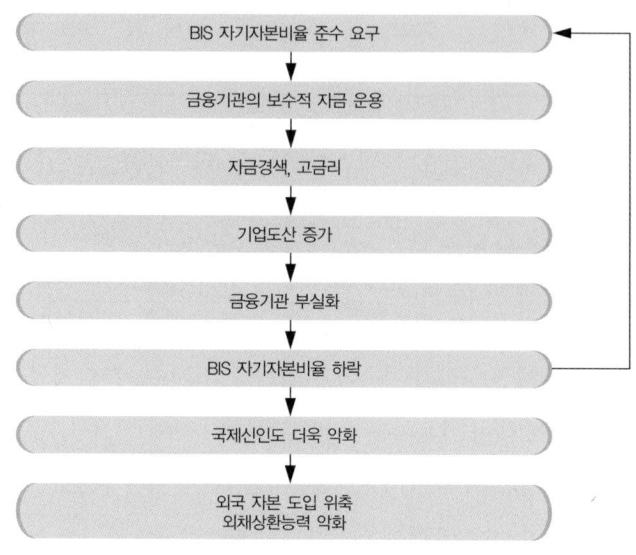

융기관은 승인일로부터 1년(경영개선 요구의 경우는 1년 6개월) 이내에 경영개선계획을 이행해야 했다. 1997년 말 기준으로 시중 은행의 평균 BIS 자기자본비율이 6.7%에 불과했고 동 비율이 8% 미만인 은행이 7개에 달해 있는 상황에서 적기시정조치제도가 시행됨으로써 은행들의 정상적인 자금 운용을 기대할 수 없게 되었다.

통화긴축 등 초긴축 처방과 BIS 자기자본비율 조기준수 요구 등 경직적이고도 급진적인 구조조정 프로그램의 시행은 결과적으로 IMF가 의도했던 것보다 훨씬 더 심각한 경제의 과잉침체 현상을 초래했다. IMF는 지나친 고금리와 통화긴축으로 경기침체가 지속되고 기업부도가 확산되자 금리인하와 통화공급에 신축성을 부여하였다. 경제성장률 목표를 마이너스로 점차 하향조정하고 물가상승률 목표를 상향조정하였으며 경상수지 흑자 목표를 대폭 확대하는 등 경제 현실을 인식하기 시작하였다. 1998년 5월

표 3-9 IMF 프로그램에 의한 거시경제지표 목표치

	성장률	물가상승률	재정적자	금리
1차(1997. 12)	3%	5%	균형 또는 적자	18~20% 감수
2차(1998. 1)	1~2%	9%	적자 불가피	콜금리 30%
3차(1998. 2)	1%	9%대	GDP의 0.8%	조심스러운 인하
4차(1998. 5)	-1%	한자리 수	GDP의 1.75%	계속 인하
5차(1998. 7)	-4%	9%	GDP의 4%	계속 인하
6차(1998. 10)	1999년 플러스	8%	GDP의 5%	계속 인하
7차(1999. 2)	1999년 2%	3% 내외	GDP의 5%	저금리기조 지속
8차(1999. 7)	1999년 6~7%	2% 미만	GDP의 4%	저금리기조 지속

부터 금리인하를 허용한 데 이어 1998년 10월의 6차 합의에서는 본원통화 증가한도를 삭제하는 등 경기부양 쪽으로 방향을 선회하였다. 금리인하는 1998년 5월 4차 협의 이후 지속적으로 추진되었다. 재정정책도 초기의 적자 불가 방침에서 선회하여 경기부양의 필요성을 인정하고 적자 규모를 점차 확대함에 따라 1998년 10월 6차 협의에서는 GDP의 5%까지 확대하는 데 합의하였다. 그러나 금리인하 시기를 너무 늦춘 결과 경기침체가 과도하게(overkill) 나타났다. 1997년 12월 이후 5개월간 지속된 20%(콜금리 기준) 이상의 고금리와 그에 따른 국내 수요 감소로 인해 기업들의 대량 도산과 실업 급증 현상이 발생하고, 그 결과 경제의 자생적 회복력이 상실되어 디플레이션형 불황 조짐도 나타났다. 결국 외환위기 직후인 1998년의 실제성장률은 당초 목표인 2.5%와는 현격하게 차이가 나는 -6.9%를 기록했다.

성장률이 크게 떨어진 것보다 더욱 안타까운 것은 수많은 기업의 부도로 한때 소재, 부품, 조립으로 연결되는 산업 네트워크가 무너지면서 산업 기반이 유실되어 성장잠재력이 훼손됨으로써 이후 경제성장에 심각한 장애를 유발하는 원인으로 작용했다는 점이다.

산업뿐만 아니라 가계도 심각한 타격을 입었다. 경직적이고 급진적인 초기의 구조조정 과정에서 한국의 중산층은 심각한 타격을 받고 무너져내렸다. 중산층의 급격한 붕괴로 인해 소득불균등 정도를 나타내는 지니계수가 1997년 0.28에서 1998년에 0.32로 급등했다. 이후 지니계수는 큰 변동이 없었고 2005년에는 0.31을 기록하고 있었다. 이것은 중산층의 붕괴 현상이 외환위기가 발생한 직후 초기 대응 과정에서 급격히 일어났고, 이후 다시는 중산층으로의 복귀가 이루어지지 못했다는 것을 의미한다. 외환위기 발생 초기의 경직적·급진적 구조개혁 프로그램의 적용은 한국 경제에 성장률의 급락이라는 단기적 비용과 함께 성장잠재력의 약화와 중산층의 붕괴라는 장기적 비용 부담을 초래했다.

경직적·급진적 구조개혁으로 인한 기업부실의 증가와 부도의 확산은 공적자금 투입 확대라는 구체적 비용 증가로 나타났다. 1998~1999년 기간 중 91조 원[23]의 공적자금이 투입되어 92조 원의 금융기관 부실채권이 정리되었지만, 이 기간 중에 금융기관 부실채권은 35.5조 원이 줄어드는 데 그쳤다. 기업부실과 부도 확산으로 금융부실이 크게 늘어난 결과였다. 산술적으로는 56.5조 원의 신규부실이 발생한 것이다.[24] 이로 인해 결국은 기존에 조성된 공적자금이 부족해 2000년에는 50조 원의 공적자금이 추가로 조성되었다.

---

23 64조 원은 채권발행을 통해 조성·투입했고, 21.3조 원은 공공자금을 활용했으며, 5.7조 원은 회수된 공적자금을 재사용했다.
24 이 중에는 부실채권 산정 기준의 강화(FLC)로 인한 부실채권 증가액 15.4조 원이 포함되어 있다.

공적자금 투입[25]

공적자금의 공(功) : 1차 공적자금을 대규모로 신속하게 투입

외환위기를 극복하는 과정에서 금융기관과 기업 부문의 대규모 부실을 정리하기 위해 공적자금이 투입되었다. 한국의 공적자금 투입의 가장 큰 특징은 그 규모가 상당히 컸다는 데 있다. 168.3조 원에 이르는 한국의 공적자금 투입 규모는 절대적인 규모로 볼 때 1980년대의 부실은행 정리를 위한 미국의 투입 규모 2,273억 달러 다음으로 많은 액수다. GDP 규모와 비교한 상대적인 규모의 경우, 한국은 34.2%(외환위기가 발생한 1997년 명목 GDP 대비)로 미국의 5.7%보다 투입 규모가 훨씬 컸다.

금융위기를 경험한 여타 국가들에 비해 투입 규모가 컸던 것은 그만큼 금융부실이 심했기 때문이기도 하지만, 금융부실의 성격이 복잡하고 시스템 리스크가 컸던 것도 한 요인으로 작용했다. 한국의 경우 은행 등 대형 금융기관부터 투신사, 종금사, 서민 금융기관에 이르기까지 전 금융권이 부실화되어 금융 시스템 전체가 위기에 직면한 상황이었다. 반면에 금융부실에 대응해 공적자금 투입을 경험한 미국이나 핀란드, 스웨덴 등의 경우를 보면 금융부실이 일부 금융기관에 국한되어 있었다. 미국의 경우 금융위기가 소규모 금융기관인 S&L(Savings and Loans Association, 주택대부조합)에 집중된 만큼 시스템 리스크가 크지 않았고, 스웨덴, 핀란드의 경우는 부실 문제가 일부 대형 은행에 국한된 만큼 부실처리가 상대적으로 용이했다.

또한 한국의 경우 부실처리의 문제가 기업 구조조정과 맞물려 있었던 만

---

[25] 여기서는 공적자금 투입 과정의 '공(功)'과 '과(過)'를 중심으로 기술하였으며, 공적자금 투입의 평가와 관련된 자세한 내용은 권순우 외(2002)를 참조.

큼 공적자금의 소요 규모를 정확하게 평가하는 것이 쉽지 않았다. 미국의 경우 공적자금의 대부분을 P&A(Purchase and Assumptions, 자산부채이전)나 청산 비용에 활용하였기 때문에 공적자금의 소요를 비교적 쉽게 계산했고, 스웨덴, 핀란드의 경우는 부실채권이 대부분 담보부채권의 성격이었기 때문에 공적자금의 소요 규모를 비교적 정확하게 추정하는 것이 가능했다. 반면 우리나라의 경우, 기업금융을 담당하는 대형 은행들의 부실 정도는 기업의 흥망에 따라 소요 규모가 크게 달라질 수 있었다.

당시 정부는 공적자금을 조기에 대규모로 조성·투입하여 부실채권 정리와 금융기관의 경영정상화 문제를 일시에 해결하려는 전략을 채택했다. 외환위기의 여파와 그에 따른 금융부실이 가장 심각했던 1998년 5월에 1차로 64조 원의 공적자금을 조성하여, 부실채권 처리와 금융기관의 정상화 문제를 동시에 해결하고자 했다. 금융권 전체에 걸쳐 금융부실이 많았고 시스템 리스크도 컸던 점을 감안할 때 금융부실의 처리를 위해 신속하게 대규모로 공적자금을 투입한 것은 적절한 조치였다고 판단된다. 초기에 공적자금 투입에 미온적이었던 국가들의 경우 위기가 확산되면서 결국 불가피하게 공적자금을 투입하는 쪽으로 방향을 선회했다. 대표적인 예로 태국의 경우 상대적 부실 규모는 한국과 비슷했지만 공적자금 투입에 미온적이었기 때문에 초기 공적자금 투입 규모가 한국보다 작았던 반면 공적자금 투입 효과는 미진했고, 결국 추후에 대규모 공적자금이 추가 투입되는 결과를 낳았다. 일본의 경우도 공적자금 투입과 금융 구조조정에 미온적으로 대처한 결과 금융부실이 계속되는 가운데 장기적인 경제침체를 경험했다.

대규모의 공적자금을 신속하게 투입한 결과 한국 경제는 외환위기를 같이 겪었던 동남아시아 국가들에 비해 위기탈출 과정이 양호했다. 공적자금이 부실은행에 집중적으로 투입된 결과 은행위기로부터 신속하게 벗어나고 금융시장 기능도 빠르게 정상화되었으며 실물경제의 회복에도 기여하였다. 한국 경제는 외환위기 발생으로 급격한 경기침체를 겪었으나 곧바로 가파르게 경기가 반등하는 V자형 경기회복이 이루어졌다. V자형 경기회복은 외환위기를 겪은 나라들에서 전형적으로 나타나는 현상[26]이라는 점에서 외환위기 이후의 경기회복을 공적자금 투입의 결과만으로 평가할 수는 없다. 그러나 공적자금 투입과 그에 따른 금융위기 진정이 경기회복에 크게 기여한 것은 부인할 수 없는 사실이다. 한국은 외환위기 발생 후 2년 만에 실질국내총생산(실질GDP) 규모가 외환위기 발생 이전 수준을 회복해 아시아 외환위기국들 중 가장 빠른 회복세를 보였다. 태국과 인도네시아의 실질GDP는 2002년에 와서야 외환위기 이전 수준으로 회복되었다.

그러나 2차 공적자금 조성과 투입 시기가 늦어진 것은 아쉬움을 남겼다. IMF 프로그램이 경직적이고 급진적으로 시행되는 과정에서 기업부도가 확산되었고, 특히 대우 사태 등으로 인해 부실채권이 추가로 발생했다. 게다가 FLC(Forward Looking Criteria, 자산건전성 분류 기준)의 채택으로 부실채권 분류 기준이 강화되면서 금융부실 문제가 다시 불거지자, 정부는 2000년 12월에 2차로 50조 원의 공적자금을 추가 조성했다. 그러나 대우그룹에 대한 워크아웃은 1999년 11월에 이루어졌고 이때 이미 2차 공적자금의 불가피성을 인지하고 있었으나 정치적 부담 등의 이유 때문에 공적자금의 추가 조성은 1년간이나 지연된 것이었다. 대우그룹 처리가 지연되면서 추가부실이 발생하고, 공적자금의 조성이 늦어진 결과 구조조정이 지연되어 결국 공적자금 투입 규모가 확대되었다.

---

26 Park and Lee(2001)는 1970~1995년 중에 있었던 160차례의 외환위기 사례를 검토한 결과, 대부분의 경우 외환위기 전후에 전형적인 V자형 경기회복을 경험한 것으로 보았다.

공적자금의 과(過) : 공적자금 투입 과정에서 시행착오와 도덕적 해이 발생

공적자금이 단기간에 대규모로 투입되는 과정에서 공적자금의 투입 원칙 훼손, 전략적 실수, 사후관리 부실 등 여러 시행착오와 도덕적 해이가 발생했다.

첫째, 공적자금의 투입 원칙이 뒤늦게 명문화되어 시행착오가 많았다. 공적자금의 투입 원칙이 명문화된 것은 1차 공적자금이 이미 대부분 투입되고 난 후인 2000년 12월 '공적자금관리특별법'이 제정되었을 때다.[27] 공적자금의 투입 원칙이 명문화되기 이전에는 정부의 재량에 의해 불투명하게 공적자금이 투입되는 사례가 발생했다. 공적자금의 지원 대상으로 적합하지 않은 곳에 공적자금이 투입되는가 하면, 투입 대상 금융기관 선정 시 투명성이 부족한 사례들이 발생하기도 했다. 물론 비용최소화의 원칙을 지키기 위해서는 투명하고 객관적인 비용 평가 시스템이 구축되어 있어야 하는데, 이의 부족으로 원천적으로 원칙을 지키기 어려웠던 측면도 있었다. 공적자금 투입을 최소화하기 위해서는 투입 대상 금융기관의 재무 상태에 따라 투입 소요 비용과 회수액의 정확한 산정·평가가 필요한데, 공적자금의 투입 초기에는 사태의 긴박성으로 일부 부실금융기관에 대한 실사 과정이 충분하지 못했고, 이로 인해 과다 지급 문제가 발생하기도 했다.

둘째, 초기의 긴급 상황을 처리하기 위한 비상대응체제가 너무 오래 지속되었고, 공적자금관리위원회가 뒤늦게 출범함에 따라 의사결정 혼선과 책임공백이 상당기간 발생했다. 공적자금을 총괄 관리하는 책임 있는 기구로서 공적자금관리위원회가 2001년 2월에야 출범함에 따라 공적자금 투입 이후 3년 이상의 기간 동안 책임 있는 총괄 조직이 공백 상태에 있었다.

---

27 '공적자금관리특별법'에서는 공적자금 투입 원칙을 ① 투입비용 최소화의 원칙, ② 자기책임(손실분담)과 시장 원칙의 확립, ③ 국제적 기준과의 정합성과 제도화를 통한 객관성의 확보로 명문화했다.

결국 대부분의 공적자금 투입이 공적자금관리위원회 출범 이전에 투입된 셈이다. 공적자금관리위원회 출범 이전에는 공적자금 투입 과정의 권한과 책임이 실질적으로 일치하지 않는 구조였다. 형식상으로는 예금보험공사와 자산관리공사가 공적자금 투입에 대한 권한을 행사하고 책임을 지는 구조였지만, 실질적으로는 위원회를 통해 재정경제부와 금융감독위원회가 의사결정 권한을 주도적으로 행사했다. 권한과 책임의 불일치 문제는 공적자금 투입 원칙에 어긋나는 의사결정이 상당수 이루어지게 된 요인 중 하나였다. 책임소재가 불분명한 상황에서 자산실사가 부정확하게 이루어지거나 금융기관의 도덕적 해이를 적극적으로 막으려는 유인이 부족했다. 비공식적인 협의체 방식을 지나치게 오래 끌고 간 것은 정부와 관련 기관의 도덕적 해이라고 할 수 있다. 공적자금의 관리·감독 기관이 집행기관과 분리되지 않은 것도 문제였다. 재정경제부와 금융감독위원회의 경우 공적자금 집행기구(예금보험공사, 자산관리공사)를 감독해야 할 상위기구이면서, 실제 운영위원회 등을 통해 집행 의사결정에도 참여한 만큼 이해상충의 문제가 발생할 수밖에 없는 구조였다.

셋째, 공적자금 투입 이후의 사후관리가 효과적으로 이루어지지 못해 여러 시행착오를 경험했다. 외환위기 발생 당시의 급박한 상황을 감안해 초기에는 공적자금 조성과 투입 업무에 초점을 맞춘 것이 불가피했던 만큼, 이를 보완하기 위한 사후관리의 중요성은 더욱 컸었다. 그러나 공적자금 투입 금융기관에 대해 처음부터 MOU(Memorandum of Understanding)를 체결하지 않고 사후에야 체결함으로써 금융기관이 경영정상화에 최선을 다해야 하는 유인을 만들지 못해 도덕적 해이를 유발하였다. 사후관리의 핵심인 MOU 체결을 통한 경영정상화 감시, 파산재단 관리와 같은 사안은 '공적자금관리특별법' 제정 이후에나 체계화되기 시작했다. 이 때문에 공적자금 지원에 대한 대가로 경영 문책이 덜 철저했기 때문에 공적자금을 많이 받기 위해 자산실사 과정에서 부실 규모를 부풀리는 경우도 발생했다. 퇴출 금융기관의 경우 퇴출과 청산관리를 철저하게 하지 못한 결과 금융기관의 도덕적 해이를 유발하기도 했다. 퇴출 결정과 동시에 파산관재인이 업무와 전산망 장악 등을 신속히 처리하지 못해 혼란이 발생하기도 했다.

부실 축소의 대가로 국가채무 증가

공적자금 투입으로 금융부실과 기업부실이 상당부분 축소되었다. 금융기관의 BIS 자기자본비율이 높아졌고 기업의 부채비율이 크게 낮아졌다. 그러나 공적자금 투입의 대가로 국가채무가 늘어났다. 2005년 말 현재 공적자금이 국채로 전환된 금액은 42.4조 원에 달한다. 이는 전체 국가채무 248조 원의 17.1%로 외환위기가 발생한 1997년 이후 늘어난 국가채무액 182.4조 원의 23.2%에 해당하는 금액이다. 공적자금이 국가채무로 전환된 부분은 적자성 채무이기 때문에 항구적으로 국가채무를 늘리는 효과를 갖는다. 2006년 5월 말 현재 전체 공적자금 투입액 168.3조 원 중 78.6조 원이 회수되었고 나머지 89.7조 원은 아직 회수되지 못한 상태다.[28] 특히 공적자금과 관련해 국가가 보증한 금액(예보채 및 KAMCO채)이 아직 54.5조 원이 남아 있기 때문에 이 중에서 최후에 회수가 불가능한 부분은 결국 국가채무로 이전될 수밖에 없을 것이라는 점에서 공적자금은 국가채무를 늘리는 잠재적 요인으로 남아 있다.

---

28 2005년 말 현재 공적자금 회수율은 46.7%로 앞으로 추가 회수될 가능성을 감안하면 공적자금 투입이 이루어졌던 다른 국가들과 비교할 때 회수 실적이 떨어진다고 평가하기는 이르다.

원화의 엔화동조화와 원화가치의 저평가

경직적인 외환정책이 외환위기를 가져온 주범이었다는 점에서 환율제도의 변경은 당연한 것으로 받아들여졌다. 일일 환율변동폭이 기존의 ±2.25%에서 1997년 11월 19일 ±10%로 확대되었고, 12월 16일에는 환율변동폭 제한을 완전히 철폐해 자유변동환율제도로 이행했다. 자유변동환율제도의 도입으로 이후 환율변동성이 확대됨으로써 환 리스크가 증가했으나 환율이 경제 상황과 시장 수급을 반영해 움직임으로써 외환시장은 선진화의 과정을 밟게 되었다.

엔화동조화 현상

외환위기가 발생한 이후 원화 환율의 움직임은 그 이전과는 확연히 다른 양상을 보였는데, 가장 큰 특징적 변화는 원화의 엔화동조화 현상이다. 외환위기 이전에 원/달러 환율은 변동성이 작고 안정적인 움직임을 보여 원화가 달러화에 동조화하는 경향을 보였다. 1990년대 들어 외환위기 발생 이전까지는 원/달러 환율이 700~800원/달러의 좁은 범위에서 등락을 반복했다. 매일 환율변동 폭도 작아 원/달러 환율의 일일 변동제한 폭이 ±2.25%이었음에도 불구하고 1991~1996년 기간 중 실제 평균적인 일일

표 3-10 주요 환율 추이

	1991	1994	1996	1998	1999	2000	2001	2002	2003	2004
원/달러	733.6	803.6	804.8	1,398.9	1,189.5	1,130.6	1,290.8	1,251.2	1,191.9	1,144.7
엔/달러	134.54	102.13	108.82	130.75	113.80	107.79	121.53	125.19	115.89	108.12
원/엔	5.460	7.879	7.396	10.744	10.486	10.489	10.624	9.996	10.298	10.588

주 : 연평균 환율.

표 3-11 엔/달러 환율변동률에 대한 원/달러 환율변동률의 회귀계수

	1991~1996	1998~2005
일 자료	0.0164 (1.54)	0.1438 (6.49)
3일 이동평균 자료	0.0282 (2.55)	0.2691 (12.11)

주 : ( ) 안은 t-통계량.

변동폭은 0.13%에 불과했다. 반면에 원/엔 환율의 변동성은 컸다. 엔/달러 환율의 변동에도 불구하고 원/달러 환율이 크게 변동하지 않은 결과 재정환율인 원/엔 환율의 변동 범위가 커지게 된 것이다. 이로 인해 원/엔 환율은 5~8원/엔 사이에서 큰 폭으로 등락해 원/달러 환율에 비해 변동 범위가 크게 나타났다. 원/엔 환율의 평균 일일 변동폭도 0.5%로 원/달러 환율에 비해 4배 정도 컸다.

그러나 이러한 현상은 외환위기를 계기로 정반대로 뒤바뀌었다. 외환위기 이후에는 원/엔 환율이 안정적인 움직임을 보이면서 원화가 엔화에 동조화되는 경향을 보였다. 엔/달러 환율의 변동에 대해 원/달러 환율이 탄력적으로 반응하면서 원/엔 환율의 변동 범위가 좁아진 것이다. 원/엔 환율은 1998년 10.5원/엔 내외의 새로운 수준에 정착한 이후 2004년까지는 10~11원/엔 범위에서 안정적으로 움직인 반면, 원/달러 환율은 1,100~1,400원/달러 사이에서 넓은 범위에서 등락하는 양상을 보였다. 원/달러 환율의 일일 변동폭도 외환위기 이전에 비해 확대되어 1998~2004년에는 일평균 0.43%의 변동률을 기록했다(표 3-10).

실증분석 결과도 원화의 엔화동조화 현상을 입증한다. 엔/달러 환율의 변동에 대응하여 원/엔 환율의 안정을 위해 원/달러 환율이 반응하는 현상이 외환위기 발생 이전에는 유의하게 확인되지 않았지만 외환위기 이후에는 유의하게 나타나고 있다. 엔/달러 환율을 설명변수로 하고 원/달러 환율을

표 3-12 엔/달러 환율변동률에 대한 각 통화의 달러 환율변동률의 회귀계수

		1991~1996	1998~2005
태국	일 자료	0.0516 (11.75)	0.2426 (12.71)
	3일 이동평균 자료	0.0669 (15.42)	0.2526 (13.14)
인도네시아	일 자료	0.0023 (0.42)	0.3612 (4.78)
	3일 이동평균 자료	0.0121 (2.24)	0.5299 (6.88)
대만	일 자료	0.0517 (2.56)	0.0687 (6.86)
	3일 이동평균 자료	0.0801 (5.79)	0.1439 (16.37)

주 : ( ) 안은 t-통계량.

종속변수로 하여 일 자료를 이용해 단순회귀분석을 한 결과 1991~1996년의 경우 엔/달러 환율의 변동률은 원/달러 환율의 변동률과 유의한 영향 관계를 발견할 수 없었고, 3일 이동평균 자료의 경우 유의성은 있었지만 회귀계수가 0.03에 불과했다. 반면, 1998~2005년 기간 중에는 두 변수 간에 유의한 관계를 가지며 회귀계수는 0.14로 나타났고 3일 이동평균값을 변수로 할 경우 회귀계수는 0.27로 더욱 높아지는 것으로 나타났다(표 3-11).

엔화동조화 경향은 한국뿐만 아니라 태국, 인도네시아 등 외환위기를 겪은 동남아시아 국가들의 통화에서도 뚜렷하게 나타났다. 외환위기 발생 이전 태국 바트화는 미국 달러화에 페그(PEG)된 고정환율제도를 채택하고 있었고, 인도네시아 루피아화의 경우 달러화에 동조화하는 경향을 뚜렷하게 보였다. 그러던 것이 외환위기를 계기로 자유변동환율제도로 전환하면서 달러화 페그에서 탈피하고 엔화와 동조화되는 경향이 나타났다.

외환위기 발생 이후 원화를 비롯한 동아시아 통화들이 엔화동조화 경향

표 3-13 아시아 각국(지역)의 역내 교역 비중 추이
(단위 : %)

	일본	NICs 4국	ASEAN 4국	중국	계
1990	29.5	46.5	55.6	62.4	42.6
1995	34.7	48.8	52.3	60.1	46.5
2000	41.1	53.4	57.2	55.6	51.0
2005	45.4	63.8	58.7	49.5	55.2

주 : NICs 4국은 한국, 대만, 홍콩, 싱가포르, ASEAN 4국은 태국, 말레이시아, 인도네시아, 필리핀.
자료 : 한국무역협회 KOTIS 자료를 이용해 산출.

을 보인 것은 외환위기 이전 이들 통화들의 달러화동조로 인해 아시아 지역에서 환율불균형이 발생한 것에 대한 반작용이었다. 아시아 국가들의 외환위기 경험은 자국 통화들의 일방적인 달러화동조의 위험성을 인식하는 계기로 작용했다. 달러화동조는 곧 여타 통화들에 대한 환율변동을 의미하는 것이기 때문에, 특히 한국과 같이 수출 비중이 높은 경제에는 민감한 영향을 미치게 된다.[29]

외환위기를 계기로 엔화의 중요성에 대한 인식은 강화되었다. 아시아 외환위기 경험은 아시아 역내 국가 간 환율, 특히 대엔화 환율이 대미달러화 환율보다 아시아 경제에 더 중요한 변수라는 인식을 심어주는 계기가 되었다.[30] 실제로 아시아 역내 교역 비중이 증가하고 경쟁구조가 심화[31]되면서

---

[29] 2001년 12월 모라토리엄을 선언한 아르헨티나의 경우가 경직적인 달러화동조의 위험성을 보여주는 대표적인 사례다. 아르헨티나는 1991년 이래 인플레이션 억제를 위해 미 달러화와 아르헨티나 페소화 가치를 1:1로 고정시킨 통화위원회제도를 시행해왔다. 그러나 브라질, 멕시코 등 주변 경쟁국들의 통화가 달러화에 대해 큰 폭의 평가절하가 이루어짐에 따라 이들 경쟁국에 대한 수출경쟁력이 저하되고 결국 지속적인 대규모 경상수지 적자 발생과 외국인 투자 위축으로 외환보유고가 감소하면서 다시 외환위기가 발생하고 말았다.

[30] 실제로 원/엔 환율의 수준은 한국의 수출경기에 직접적이고도 결정적인 영향을 미쳐왔다. 원화가 엔화에 대해 약세를 보이던 시기에는 수출경기가 호조를 보였다. 1986~1988년간의 3저 호황기, 1990년대 중반의 반도체 호황기, 1997년 외환위기 이후의 대규모 경상수지 흑자기 등은 모두 원화가 엔화에 대해 약세를 보이던 시기였다. 반대로 원화가 엔화에 대해 강세를 보이던 시기에는 수출은 부진했다. 1980년대 말~1990년대 초반의 제조업 장기침체기, 1997년 외환위기 발생 이전 시기 등은 원화가 엔화에 대해 강세를 보이던 시기였다.

[31] 주 14 참조.

아시아 역내 국가 간 환율의 움직임이 역내 경제에 미치는 영향이 확대되었다.

외환위기는 그 동안 간과되었던 이러한 환경적 조건에 대한 새로운 평가의 계기를 제공했고, 그 과정에서 역내 경쟁체제의 정점에 있는 일본 엔화의 움직임에 관심이 높아지는 효과를 낳은 것으로 보인다. 이러한 인식을 바탕으로 아시아 각국의 중앙은행들과 외환시장 참여자들은 달러화 중심의 외환정책에서 탈피해 엔화에 무게중심을 두는 쪽으로 전환했다. 자국의 통화가치를 암묵적으로 엔화의 움직임에 맞추는 엔화 타기팅(targeting)의 경향이 확산된 것이다.

원화가치가 장기간 저평가 상태를 유지

〈그림 3-8〉은 원화의 실질실효환율 지수 추이를 나타낸 것이다. 원화가치는 외환위기 이전 원화가 고평가 상태에 있다가 외환위기를 계기로 저평가

그림 3-8 실질실효환율 지수 추이

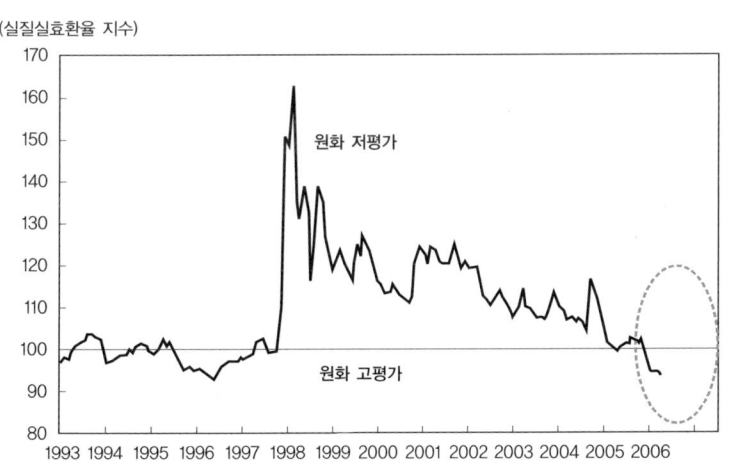

그림 3-9 원/엔 환율과 경상수지 추이

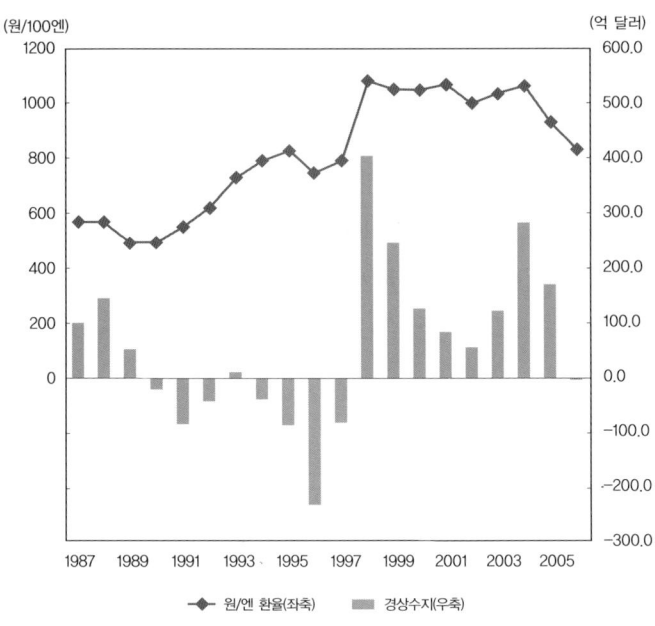

상태로 전환되어 2005년까지 지속되는 것을 볼 수 있다.[32] 외환위기 이후 원화가 장기간 저평가 상태를 유지한 것은 원화의 엔화동조화를 바탕으로 이루어졌다. 원화의 엔화동조화 경향이 외환 당국의 정책적 의지에 의해서 나타난 측면이 강하고, 또 외환 당국이 유지하기를 원했던 원/엔 환율의 수준에서는 원화가치가 저평가 상태를 유지할 수 있었기 때문이다. 외환 당국은 원/엔 환율의 움직임에 민감하게 반응했고 원/엔 환율의 안정을 위해 적극적으로 외환시장에 개입했다.

원화의 엔화동조화 경향과 장기간의 저평가 상태 유지는 한국의 수출경쟁력과 경상수지 흑자 기조를 유지하는 데 결정적인 역할을 했다. 특히 외

---

[32] 2005년부터는 원화와 엔화의 탈동조화 현상이 나타나 2005년 연평균 원/엔 환율은 9.3으로 떨어졌고 2006년에는 더욱 하락해 8.0 수준까지 하락했다.

표 3-14 외국환평형기금 추이

(단위: 조 원)

1997 (A)	1998	1999	2000	2001	2002	2003	2004	2005 (B)	증감 (B-A)
4.2	8.9	10.8	13.5	14.1	20.7	33.5	51.3	67.1	62.9

자료: 재정경제부, 〈국가채무현황〉, 매년.

환위기 발생 직후인 1998년에는 400억 달러 이상의 경상수지 흑자를 기록하여 외채 상환과 외환보유고 확충에 기여하였다. 결국 외환위기 이후 원화가치 저평가의 영향으로 1998~2005년 중 누적 경상수지 흑자는 1,473억 달러를 기록했다.[33] 그리고 대규모 경상수지 흑자에 힘입어 한국은 대외순채무국(1997년 681달러)에서 대외순채권국(2005년 1,187억 달러)으로 변신했다.

그러나 원화의 저평가 상태가 장기간 유지되는 데 따른 비용을 지불해야 했다. 원화의 저평가 상태를 유지하기 위해 외환 당국은 적극적으로 시장에 개입했다. 특히 재경부는 외국환평형기금을 활용해 적극적으로 외환시장에 개입했는데, 그 과정에서 외국환평형기금 잔고가 1997년 4.2조 원에서 2005년에는 67.1조 원으로 62.9조 원이나 증가했다(표 3-14). 물론 외국환평형기금은 금융성 부채이긴 하지만 시장 개입 기간 동안 원/달러 환율이 크게 하락한 점과 외국환평형기금채권(외평채)에 대한 이자 지급 등을 감안하면 원화가치를 저평가 상태로 유지하기 위해 만만치 않은 비용을 지불한 셈이다.

---

[33] 대규모의 경상수지 흑자가 모두 환율 효과에 의해서 나타난 것은 아니다. 투자위축 등 내수침체가 심각했던 것도 경상수지 흑자가 크게 늘어나게 된 요인으로 작용했다.

외환위기 응전비용

성장잠재력의 약화

한국 경제에서 구조조정의 필요성은 외환위기 이전부터 이미 제기되던 상황이었다. 상당수의 산업들이 고비용, 저효율 구조로 인하여 한계상황에 봉착해 있었고 구조조정을 통한 국가경쟁력 강화만이 이를 타개하는 방법이라는 공감대가 형성되어 있었다. 그러나 기업, 노조 등 각 경제 주체들이 구조조정에 따르는 고통을 이유로 강력히 반발함으로써 구조조정에 한계를 느끼고 있던 상황이었다. 그런데 외환위기를 맞이해 불가피하게 IMF 프로그램을 시행하는 과정에서 정리해고의 법제화, 금융관행의 개선 등 구조조정의 기반을 구축할 수 있었다. 이런 면에서 일부 경제 전문가들은 IMF 관리체제를 '위장된 축복(Blessing In Disguise)'이라고 평가하기도 했다.

그러나 IMF 프로그램의 시행으로 한국 경제 스스로 시행하지 못한 구조개혁이 시작된 것은 고무적인 것이었지만, 구조개혁의 방향과 추진 과정에 있어서는 많은 문제점을 야기했다. 외환위기가 아니더라도 한국 경제의 발전 시스템은 이미 1980년대 후반부터 비판을 받아오고 있었고, 1990년대 들어서는 그 비효율성과 한계성에 대해 공감이 이루어져 있던 터라 외환위기가 발생했을 때 이를 '한국 경제 시스템의 총체적 실패'로 보고 경제 시스템에 외환위기의 책임을 묻는 것은 일면 당연시되었다. 그리고 실제로 외환위기에 대한 대응으로 기존의 경제 시스템을 부정하고 개혁의 대상으로 삼아 급진적·경직적 시스템 개혁을 시도함으로써 기존 시스템의 해체 작업이 이루어졌다. IMF는 금융 지원을 대가로 구조개혁이라는 이름으로 기존 경제 시스템의 해체를 주문했고, 한국 정부는 저항에 부딪혀 지지부진하던 개혁을 추진하기 위해 외환위기라는 극한 상황과 IMF의 힘을 적극

그림 3-10 외환위기 이전의 한국 경제

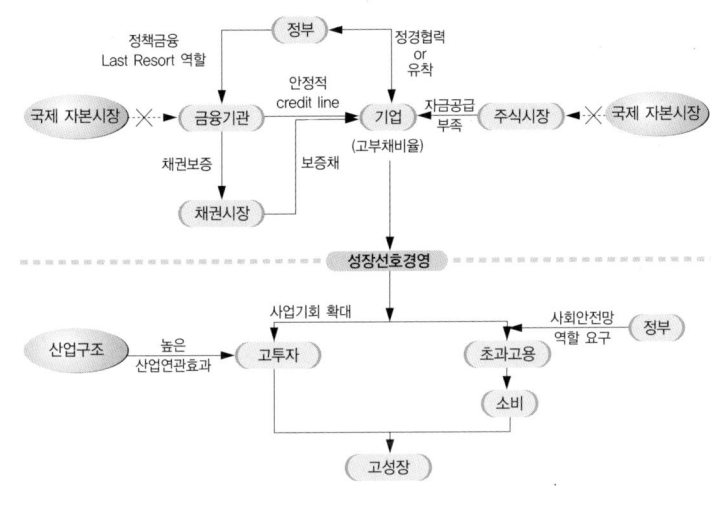

적으로 활용하는 경향을 보였다. 여기에 공적자금 투입의 정당성을 확보하는 차원에서 구조개혁이 추진됨으로써 구조개혁 작업은 누구도 거부할 수 없는 영역이 되었다.

구조개혁의 핵심은 정부-기업-금융의 삼각관계에서 변화를 모색하는 것이었다. 외환위기 이전의 삼각관계의 핵심은 정부가 금융을 통제하면서 기업을 지원하는 시스템이었다. 정부는 금융기관에 기업 지원을 독려하는 대신 금융기관의 후견인 역할을 자임했다. 금융기관은 정부의 신용 지원을 바탕으로 기업에 적극적으로 자금을 공급했다.[34] 기업은 금융기관으로부터 안정적인 자금 공급을 받는 대가로 정부 정책에 협조하는 한편, 초과고용 등을 통해 사회안전망 역할도 수행했다. 자본시장 개방도가 낮은 상황

---

34 외환위기 이전에는 기업이 발행하는 회사채의 대부분이 금융기관으로부터 보증을 받은 보증채란 점에서 회사채 발행도 실질적으로는 금융기관 차입과 크게 다르지 않았다.

그림 3-11 외환위기 이후의 한국 경제

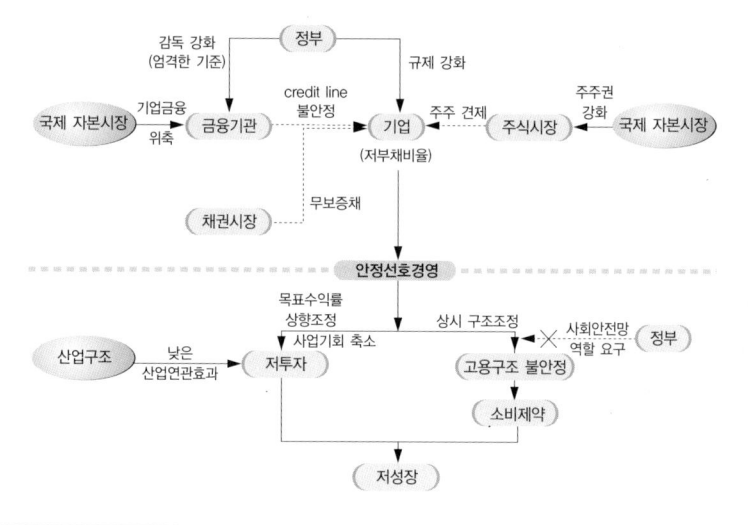

이어서 국제 자본시장은 한국 경제에서 독자적인 행동 주체로서 역할을 하지 못했다. 이러한 경제구조하에서 기업들은 금융기관이라는 안정적인 자금공급원이 확보되어 있는 한편, 기업 외부로부터의 견제장치가 엄격히 작동하지 않는 환경이 조성됨으로써 성장을 중시하는 공격적 경영에 익숙해졌다. 공격적 경영은 곧 활발한 투자로 이어졌다. 여기에 높은 산업연관효과를 갖는 산업구조로 인해 경제의 투자활동은 왕성하게 이루어졌다. 가계도 기업의 초과고용에 의한 안정적인 고용구조를 바탕으로 안정적인 소비활동을 할 수 있었다. 이러한 구조를 가진 경제는 잘 작동하기만 하면 높은 성장률을 구가할 수 있는 경제였다. 그리고 실제로 이러한 구조를 바탕으로 한국 경제는 1990년대 초반까지는 높은 성장률을 시현했다(그림 3-10).

그러나 이러한 경제 시스템은 1990년대 중반에 이르러서는 피로도가 높아진 데다 자본시장 개방이라는 새로운 환경을 접하면서 비효율성이 급격히 나타나게 되었다. 정경협력과 정경유착 사이는 동전의 양면이었고 금융기관의 감독 기능은 무디어서 기업들을 견제하지 못했다. 금융과 기업의 감독 기능이 제대로 작동되지 않는 상황에서 이루어진 급진적인 자본자유화는 결국 외환위기로 귀결되었다.

외환위기 발생을 계기로 앞에서와 같은 기존의 경제 시스템은 전면 부정되고 개혁의 대상이 되어 급진적·경직적인 시스템 개혁이 진행되었다. 시스템 개혁의 핵심은 금융과 기업의 감독 기능을 강화하는 것이었다. 그런데 금융과 기업을 감독하는 데 실패해 외환위기가 발생했다는 자책감으로 인한 반작용이 감독 기능을 지나치게 강화하는 쪽으로 개혁 방향을 몰고 갔다. 우선 기업 견제 기능을 제대로 하지 못한 금융기관들에 대한 불신이 너무 컸던 나머지 금융기관이 기업을 굳이 신경 써서 견제하지 않아도 될 정도로 금융기관에 대한 감독 기준을 엄격하게 강화했다. 금융기관에 적기시정조치제도 등을 도입해 엄격한 BIS 자기자본비율 기준을 충족하도록 했다. 기업을 견제하기 위해서는 해외 자본의 진입을 전면적으로 허용했다. 외국 자본의 국내 은행 진입과 주식시장 진입을 완전히 자유화하고 주주권을 강화함으로써 해외 자본은 국내 기업의 강력한 감시 세력으로 등장했다.

그러나 이중 삼중으로 기업 감시와 견제장치가 만들어진 결과는 의도하지 않은 심각한 부작용을 낳았다. 금융기관은 기업에 대한 견제를 강화하기보다는 아예 기업에 대한 자금 공급을 회피하는 보수적 행태를 보였다. 기업도 외부의 견제에 대해 안정을 강조하는 수비적 경영으로 대응했다. 기업은 투자의 목표수익률을 상향조정함으로써 사업 기회가 축소되어 투자활동이 극도로 부진한 저투자 현상이 고착화되었다. 초과고용 등의 사회안정망 기능은 사라지고 상시 구조조정 체제가 자리 잡으면서 비정규직이 크게 늘어나는 등 고용구조가 불안정해졌고, 이는 소비제약 요인으로 작용했다. 저투자와 소비제약은 경제의 저성장구조를 의미하는 것이었다(그림 3-11).

표 3-15 국가채무와 외환위기 관련 비용

(단위: 조 원)

	1997 (A)	1998	1999	2000	2001	2002	2003	2004	2005 (B)	증감 (B-A)
국가채무 (GDP대비, %)	65.6 (14.5)	87.6 (19.7)	98.6 (20.4)	111.3 (21.3)	122.1 (22.4)	133.6 (19.5)	165.7 (22.9)	203.1 (26.1)	248.0 (30.7)	182.4
외국환 평형기금	4.2	8.9	10.8	13.5	14.1	20.7	33.5	51.3	67.1	62.9 〈34.5〉
공적자금 국채전환	-	-	-	-	-	-	14.4	29.4	42.4	42.4 〈23.2〉
계	4.2	8.9	10.8	13.5	14.1	20.7	47.9	80.7	109.5	105.3 〈57.7〉

주: 〈 〉 안은 국가채무 증가분 대비 각 항목 증가분의 비중.
자료: 재정경제부, 〈국가채무현황〉, 매년.

외환위기 응전의 직접비용

공적자금의 투입과 정부의 외환시장 개입은 외환위기 이후 국가채무가 증가하게 된 주요인이다. 외환위기 이후 2005년 말까지 외국환평형기금과 공적자금 국채전환액을 합쳐 105.3조 원이 증가(각각 62.9조 원, 42.4조 원)했는데 이는 같은 기간 국가채무 증가분 182.4조 원의 57.7%를 차지하는 금액이다. 공적자금의 투입과 원화가치 안정을 위한 외환시장 개입을 외환위기 극복 과정의 직접적인 비용이라고 이해한다면 그 규모가 전체 국가채무 증가의 절반 이상을 차지한 셈이다.

국가의 사회안전망 비용 지속적 증가

공적자금의 투입과 외환시장 개입은 결과적으로 정부 부문으로부터 민간 부문으로 부를 이전하는 결과를 낳았다. 공적자금 투입은 직접적으로 금융기관과 기업부실을 정리하는 데 사용됨으로써 민간 부문의 부채를 줄이는

표 3-16 비금융 부문 총부채 중 각 부문별 부채 비중 (단위 : %)

	1990	1995	1996	1997	1998	1999	2000	2001	2002	2003	2004	2005
기업	72.0	72.7	72.9	73.4	73.8	72.2	70.9	68.3	65.9	65.7	64.1	62.3
개인	24.1	24.8	24.6	23.6	21.2	21.7	22.6	24.9	27.8	27.4	27.3	27.4
정부	3.9	2.5	2.5	2.9	5.0	6.1	6.5	6.8	6.3	6.9	8.6	10.3

자료 : 한국은행 ECOS DB에 의거해 산출.

데 기여하였고, 외국환평형기금은 환율의 저평가 상태를 장기화하는 데 사용됨으로써 민간 부문의 수출 확대에 기여하여 간접적으로 민간의 부를 증가시키는 역할을 수행했다.

이러한 현상은 경제 부문별 부채의 상대적 비중을 살펴보면 잘 나타난다. 한국의 부채구조를 보면 기업 부문의 부채 비중이 높고 정부 부문의 부채 비중이 낮은 것이 큰 특징이다. 특히 정부부채의 비중은 1980년 이후 외환위기가 발생하기 전까지 줄곧 낮아져왔다. 외환위기가 발생한 1997년의 상황을 보면 경제 내의 총부채 중 기업부채가 73.4%를 차지하는 반면 정부부채 비중은 2.9%에 불과했다. 그러나 외환위기를 기점으로 정부 부문의 부채 비중은 상승곡선을 그려 2005년 말에는 10.3%로 높아졌다. 반면 기업 부문의 부채 비중은 2005년 말에는 62.3%로 크게 낮아졌다(표 3-16).

외환위기를 기점으로 정부 부문과 기업 부문의 부채 비중의 흐름에 역전 현상이 발생한 것은 우선 무엇보다 앞에서 설명한 공적자금의 투입과 외국환평형기금의 확대가 가장 큰 원인이라고 생각된다. 여기에 더하여 외환위기 이전과 이후의 정부 부문과 기업 부문의 역할 변화도 한몫을 했을 것으로 판단된다. 즉 외환위기 이전의 시기에는 기업이 사회안전망 역할을 수행함으로써 사회적 비용을 정부 대신 부담한 측면이 있었다. 외환위기 이전에는 생산성이 낮은 경제 내의 잉여인력을 기업에서 흡수하는 기능이 있었다. 기업이 생산성이 낮은 잉여인력을 고용함으로써 그러지 않았을 경우

표 3-17 주요국과의 부채 규모 비교(1997년 말 기준) (단위 : %, 배)

	한국(조 원)		일본(조 엔)	미국(십억 달러)
	1997	2005	1997	1997
총부채	1,270 (100.0) 〈2.60〉	2,252 (100.0) 〈2.79〉	1,863 (100.0) 〈3.68〉	18,998 (100.0) 〈2.36〉
기업	933 (73.4) 〈1.90〉	1,402 (62.3) 〈1.74〉	985 (52.9) 〈1.94〉	7,702 (40.5) 〈0.96〉
개인	300 (23.6) 〈0.61〉	618 (27.4) 〈0.61〉	378 (20.3) 〈0.75〉	5,756 (30.3) 〈0.71〉
정부	37 (2.9) 〈0.08〉	232 (10.3) 〈0.29〉	500 (26.8) 〈0.99〉	5,540 (29.2) 〈0.69〉

주 : ( ) 안은 구성비, 〈 〉 안은 명목GNP에 대한 배율.
자료 : 한국은행(1999), 〈자금순환표로 본 경제부문별 부채동향〉.

정부가 부담해야 할 사회안전망 비용을 대신 부담하는 과정에서 기업의 비용이 증가했고 그 영향이 기업 부문의 부채 비중 확대로 나타났을 것이다.

외환위기를 계기로 기업 부문은 사회안전망 역할을 축소하게 됐는데, 그 대표적 증거가 비정규직의 확산 현상이다. 외환위기 이전 기형적으로 높았던 기업 부문이 차지하는 부채 비중은 공적자금의 투입과 사회안전망비용의 감소에 힘입어 크게 낮아질 수 있었던 것으로 보인다. 반면에 정부 부문의 사회안전망 역할이 중요해지면서 이를 위한 지출 확대가 불가피해짐으로써 정부 부문의 부채 비중은 높아질 수밖에 없었다. 다른 나라와 비교를 해보면 2005년 말 기준으로 기업 부문의 부채 비중이 미국이나 일본의 수준에 비해 여전히 높은 반면 정부 부문의 부채 비중은 여전히 미국이나 일본 수준에 비해 크게 낮은 상황이다. 일본과 미국의 경우 정부 부문의 부채 비중이 26.8%와 29.2%인 반면, 기업 부문의 부채 비중은 52.9%와 40.5%를 차지하여 한국의 경우와는 대조적인 구조를 보이고 있다(표 3-17).

한편, 1997년 당시 기업 부문과 정부 부문의 부채 규모의 합은 명목 GNP의 1.98배였는데 이는 일본의 2.93배보다는 낮고 미국의 1.65배보다는 높은 수준이었다. 그런 점에서 경제 규모 대비 한국 경제의 총부채 규모가 금액 면에서는 별 문제가 없었으나 부채가 기업 부문에 집중되어 있었던 것이 문제였다. 기업의 과다한 부채는 외환위기를 초래한 한 요인으로 작용했기 때문에 외환위기의 극복 과정은 자연스럽게 기업 부문 부채의 축소와 그에 대응한 정부부채의 확대로 나타날 수밖에 없었다. 즉 외환위기를 계기로 기업 부문과 정부 부문 간에 존재했던 지나친 부채 불균형 현상이 해소되는 과정이 진행된 것이다.

04
결론

　외환위기는 한국 경제에 ① 유동성 위기, ② 대규모 외채, ③ 금융기관 및 기업의 대규모 부실이라는 짐을 남겼다. 이러한 짐을 덜어내는 것이 한국 경제에 주어진 도전 과제였고, 이러한 도전에 한국 정부는 ① IMF 금융지원 수용, ② 공적자금 투입, ③ 원화가치 저평가 유지, ④ 구조개혁 전략으로 응전을 했다.

　외환위기에 대한 응전 전략이 시행되는 과정에는 많은 논란이 있었고, 효과 면에서도 긍정적 측면과 부정적 측면이 공존했다. 외환위기 발생으로부터 9년이 지난 지금 한국 경제는 대외채무국에서 채권국으로 변신해 외환위기 재발가능성이 언급조차 되지 않을 정도로 외화유동성이 개선됐고,[35] 기업과 금융기관의 건전성은 국제 기준 이상의 수준으로 높아지는 성과를 거두었다.

　물론 이러한 성과는 국민의 고통과 국가채무의 증가라는 비용을 지불하

---

[35] 1998~2005년 기간 중 발생한 누적경상수지 흑자 규모는 1,473억 달러인데 비해 누적자본수지 흑자 규모는 358억 달러로 외화유동성 개선이 주로 경상수지 흑자에 의해 이루어졌다는 점에서 외화유동성 개선은 질적으로도 상당히 양호하게 이루어졌다.

고 얻은 결과였다. 더욱이 외환위기라는 도전에 경직적이고 급진적인 성격의 시스템 개혁으로 응전한 결과 한국 경제의 최대의 장점이었던 역동성을 잃고 성장 능력이 훼손된 것은 한국 경제에 큰 짐으로 남게 되었다. 지금까지의 외환위기 응전 과정은 외환위기 탈출이라는 1차적 목표를 달성하는 데는 성공했지만, 장기적 성장 능력을 확보하는 시스템을 찾아내는 데는 실패했다. 이제 다급했던 외환위기 상황을 멀찌감치 서서 객관적으로 바라볼 수 있을 정도로 여유가 생긴 만큼 외환위기에 대한 응전 과정의 성과에 대한 평가를 바탕으로 한국 경제가 훼손된 성장 능력을 복원하고 장기적 성장 궤도로 회귀할 수 있도록 시스템을 개선해나가는 작업이 모색되어야 할 것이다.

④ 제도개혁의 득과 실

01
제도개혁의 주체와 방향성

외환위기 이후 제도개혁의 모델이 영·미형이었다는 것은 잘 알려져 있지만 이전과는 다른 형태의 제도 도입을 추진한 주체를 누구로 봐야 하는 것인지, 다시 말해 외부에 의한 강요였는지 혹은 내부의 자발적 의사였는지에 대해서는 아직까지 논란이 남아 있다. 국내에 '개혁(reform)'을 원하는 세력과 한국의 변화를 바라는 외부의 요구가 맞아떨어졌다는 점에 공감대가 형성되어 있기는 하지만 구체적 내용에 대해서는 좀더 깊이 있는 연구가 필요하다. 여기에서는 당시 미국 정책 당국자를 중심으로 아시아 모델, 특히 한국의 발전국가 모델을 해체시키려는 분명한 의도가 있었다는 점을 확인하는 한편, 특정 모델(앵글로색슨, 혹은 영·미형)을 수입하려는 한국 내부의 움직임이 이미 외환위기 이전부터 광범위하게 존재하였다는 점도 지적하고자 한다. 이러한 대내외의 움직임이 외환위기를 계기로 복합적으로 작용함으로써 교조적이고 급진적인 제도개혁을 이끌게 되었다.

발전국가 모델의 해체

한국을 포함해 일본, 대만 등 동아시아 경제성장의 원인을 찾을 때 많은 학자들은 '발전국가'라는 관점에서 제도적 특성을 설명하려 노력했다. 이 제도적 특성을 혹자는 '(국가의 사기업에 대한) 규율'[1]로 표현했고, 또 어떤 학자는 '지배된 상호의존성(governed interdependence)'[2]이라고 지적하기도 했다.

Woo-Cumings(1999)는 '발전국가'를 "사회주의도 아니고, 자유시장주의도 아닌 막스 베버적 이념형을 지닌 개입주의 국가"로 정의했다.[3] 이러한 발전국가는 모순된 제도적 특성을 가지고 있었다. 정부 관료는 기업계와 긴밀한 관계를 맺고 있으나, 정책결정 과정에 있어서는 기업의 영향력으로부터 자유로웠다고 할 수 있다. 이렇게 관료가 기업계와 긴밀하게 연결을 맺으면서도 독립성을 유지하는 것을 동아시아 경제 전공 학자 암스덴(A. Amsden)은 '내재된 자율성(embedded autonomy)'이라고 불렀다.[4] 관료들의 능력과 긴밀한 정부-비즈니스 관계 그리고 이러한 관계를 연결해주는 도구로서 금융의 역할은 발전국가의 핵심적인 구성 요소로 간주되어 왔다.

하지만 외환위기가 발발한 후 한국의 발전국가 모델은 위기를 초래한 주범으로 지목받았다. 특히 미국의 정책 당국자들과 주요 경제학자들은 한국 정부의 금융시장 개입을 위기의 주요 원인으로 지목했다. 미국 의회의 '은행 및 금융 서비스 위원회' 청문회에서 앨런 그린스팬(Alan Greenspan) 연

---

1 Amsden(1989).
2 Weiss and Hobson(1995).
3 Woo-Cumings(1999), p. 1~2.
4 Evans(1995, 1998).

방준비제도이사회(FRB) 의장은 "아시아 경제는 서방의 시장 중심 경제체제에 비해 훨씬 높은 수준의 정부 주도 방식으로 급속한 경제성장을 이룩하기 위해 노력했다"고 진단했다. 그는 "오랫동안 가계저축과 급속하게 늘어난 외국 유입 자본이 은행의 자금조달에 사용되었고 이것을 정부가 주도했다"며 "실질적으로 시장에 의해 평가받지 않은 많은 투자들은 수익을 내지 못했다"고 주장했다.[5] 그는 또 다른 청문회에서 "위기가 발생한 이후 그들(아시아 국가들)의 경제 모델이 불완전했거나 나쁜 것이었다는 인식이 이 지역에서 늘어나고 있다"며 "내 생각으로는 최근 아시아 위기의 결과 중 하나는 그간 서방에서, 특히 미국에서 실행되었던 시장자본주의가 우월한 모델이라는 것을 인식하는 것이다" 하고 말했다. 특히 그는 "이 시장자본주의 모델이야말로 생활수준의 향상과 지속적인 성장을 담보해준다"고 주장했다.[6]

미국의 경제학자들도 "높은 경제성장세를 유지해야 한다는 정치적 압력 때문에 민간 부문의 사업을 공공 부문이 보장하는 오랜 전통이 있었고, 실제로 그중 일부 사업은 정부 지배 아래에서 효과적으로 이뤄져왔다. 정부는 특정 기업이나 산업에 대해 직접 보조를 하거나 신용을 제공하는 정책으로 민간사업을 지원해왔다"고 지적했다.[7] 코르세티(Corsetti)와 같은 학자들은 정부가 개입해온 분야에서 비금융기업들은 해당 사업에 수반되는 투자의 비용과 리스크를 대체적으로 저평가했다는 점을 강조했다. 또한 이들 국가에서 시장은 경제충격으로부터 항상 보호될 수 있다는 인식하에서 작동되어왔는데, 그러한 근거를 이들 경제에서 광범위하게 형성된 개인적이면서도 정치적인 편의성을 지닌 금융과 산업 정책에서 찾았다. 그리고

---

5 앨런 그린스팬 의장의 미국 상원 '은행 및 금융 서비스 위원회' 청문회(1998. 1. 30).
6 앨런 그린스팬 의장의 미국 상원 청문회(1998. 3. 3).
7 Corsetti, Pesenti & Roubini(1998).

어려움에 처한 기업들을 구제하기 위해 기꺼이 개입할 의사를 갖고 있는 정부의 역할에서 찾았다.

또한 외환위기 직전 미국의 재무성 내에서도 한국의 발전국가 모델에 대한 부정적 인식이 있었던 것으로 확인되고 있다. 《워싱턴포스트》의 블루스타인 기자는 "루빈, 서머스, 그리고 휘하 간부들은 한국의 위기가 은행을 수단으로 산업에 돈을 투여하는 일본의 경제 모델을 따르기 위한 그들의 고집스런 편협함과 맹목적인 시도의 불가피한 결과라고 인식한다. 재무성 국제 파트 공무원들은 오랫동안 서울의 금융산업 개방을 요구했다"는 점을 밝혔다.[8]

랜드 연구소의 울프(Charles Wolf)는 직접적으로 발전국가 모델을 비난한다. 그는 아시아 국가들의 위기의 주된 원인은 이른바 일본형 발전 모델의 유산 때문이라고 주장했다. 즉 "아시아 은행들이 단기적으로 자금을 빌려 장기적으로 공급한 것, 그리고 아시아 통화를 미국 달러와 연동시키는 것을 유지할 것이라고 믿은 외국 투자자들의 비현실적인 생각을 1차적 원인으로 찾을 수 있지만, 근본적으로는 시장의 힘으로부터 벗어나 있었던 것이 원인"이라는 주장이다. 그래서 "아시아 모델이 제거되지 않거나, 시장이 자원을 중개하는 시스템으로 대체되지 않는다면 위기의 극복은 더디거나 맞지 않을 것이고 궁극적으로는 더욱 고통스러울 것"이라고 주장했다.[9]

---

[8] Blustein(2001), p. 143.

[9] Charles Jr. Wolf(Feb. 4, 1998). "Too Much Government Control," *Wall Street Journal*. 찰스 울프는 외환위기 이전 세계은행의 《동아시아 기적(The East Asian Miracle: economic growth and public policy)》(1993)이란 책자에서 외환위기 이전의 한국 경제에 정부의 개입이 있었던 것은 사실이지만 이것은 시장친화주의적 방향으로 이뤄졌고, 이 점에서 한국 경제는 시장주의 경제로서 대단한 성공을 거두었다고 극찬한 인물이다.

강도 높은 제도적 수렴

외환위기 이후의 제도개혁은 이전의 제도개혁과는 확연하게 구분된다. 제도개혁이라는 것이 다른 나라에서 사용되는 제도를 일정 부분 수용하는 것이라면, 외환위기 이전의 제도개혁은 낮은 차원의 수렴이라고 할 것이다. 하지만 외환위기 이후의 개혁은 특정 국가의 제도로 향한 근본적인 수렴이라고 규정할 수 있다.

제도적 수렴 방식은 크게 네 가지로 구분하여 살펴볼 수 있다.[10] 첫째, 모방(emulation)을 통한 수렴이다. 다른 나라의 정책이나 경험을 모델로 삼되 모든 것을 똑같이 하는 것은 불가능하기 때문에 목적이나 큰 틀을 모방하는 것이다. 그렇기 때문에 세세한 것에서는 차이가 나게 된다. 가령 미국의 소득세는 영국을 모방한 것이고, 또 영국의 사회보험제도는 독일 바이마르 공화국의 경험에서 그 목적과 틀을 모방한 것이 예이다. 둘째, 엘리트 간의 네트워킹과 정책 커뮤니티를 통해 특정한 정책 방향으로 제도가 수렴되는 것이다. 가령 상대적으로 동질적인 (비슷한 시기에 같은 대학에서 유학했다던가 하는) 엘리트 네트워크의 구성원들이 비슷한 생각을 공유하게 되는 방식이다. 셋째, 조화(harmonization)를 통한 수렴이다. 특정한 국제적인 그룹이나 커뮤니티에 의해서가 아니라 좀더 광범위한 동기와 관심을 지니고 상호 접촉의 정례적인 기회를 갖는 과정에서 수렴이 형성된다는 것이다. 예를 들면, 국제적인 기구를 통해 정책적 수렴이 발생하는 경우이다. 환경, 통신 등의 이슈에 관해 논의를 한다거나 하는 EC나 OECD 등의 역할이 그런 예라 할 것이다. 넷째, 돌파나 침투(penetration)를 통한 수렴이다. 어떤 정책형성에 참여했던 멤버가 다른 나라의 정책형성 과정에 참여하는 형태이

---

10 Colin J. Bennett(Apr. 1991), pp. 215~233.

표 4-1 자본의 자유로운 이동 규약에 대한 각국의 유보율

(단위 : %)

국가	유보 수	유보율	국가	유보 수	유보율
룩셈부르크	0	0.0	스웨덴	5	5.5
네덜란드	3	3.3	스위스	5	5.5
영국	3	3.3	이탈리아	7	7.7
오스트리아	4	4.4	독일	8	8.8
덴마크	4	4.4	일본	8	8.8
아일랜드	4	4.4	프랑스	9	9.9
캐나다	5	5.5	미국	10	11.0
핀란드	5	5.5	벨기에	11	12.1
그리스	5	5.5	포르투갈	13	14.3
아이슬란드	5	5.5	호주	14	15.4
뉴질랜드	5	5.5	터키	16	17.6
노르웨이	5	5.5	멕시코	27	29.7
스페인	5	5.5	OECD 평균	7.4	8.2
			한국	41	45.1

참고 : 1) 한국의 유보율은 1997년 1월 현재이고 다른 OECD 국가들은 1995년 말을 기준.
2) 유보율의 계산은 유보규약 수/전체규약 수이고 OECD 자본의 자유로운 이동에 관한 규약의 수는 모두 91개이다.

다. 다국적기업들이 현지에서 본국과 동일한 규제를 확보하기 위해 노력하는 행위나 외부의 인사, 혹은 외국인이 현지 국가의 정책결정 과정에 참여하는 형태가 그것이다.

한국의 제도적 변화 과정을 살펴보면 외환위기 이전에도 국내 제도를 특정한 방향으로 수렴시키려는 노력이 있었던 것이 사실이다. 가령 OECD 가입을 통해 자본의 자유로운 이동에 관한 많은 국제적 규범들이 한국에서 제도화되었다. 하지만 〈표 4-1〉에서와 같이 당시 한국 정부는 상당히 많은 부문에서 국제적 규범의 즉각적 제도화를 유보했다.

그러나 외환위기 이후 한국의 제도 변화 과정을 보면 이전의 수렴 노력과는 확연히 구분된다. OECD 가입 당시 한국 정부의 입장은 미국과 영국

이 주도하는 보편적 자본자유화 관련 규범은 일정하게 받아들이되 그 속도와 순서는 국내 상황에 맞춰 조정하려는 분명한 의지를 보여주었다. 반면, 외환위기 이후 제도의 변화는 영·미형 제도에 대한 일방적이고 교조적인 모방이라고 할 것이다. 금리 등을 결정하는 과정에서 IMF와 미국 정책 관계자들이 국내 정책에 직접적으로 참여하는 모습을 보이기도 했다.

개혁의 결과 : 성장과 투자 저하

앞에서 우리는 외환위기를 계기로 이른바 '발전국가'로 일컬어지던 한국형 자본주의 발전 시스템이 근저에서부터 부정되고 글로벌스탠더드라는 영·미형 제도로 수렴됐다는 점을 살펴보았다. 특히 영·미형 제도로 이행하는 과정에서 금융의 역할과 기업의 경영 행태에 근본적인 변화가 나타났

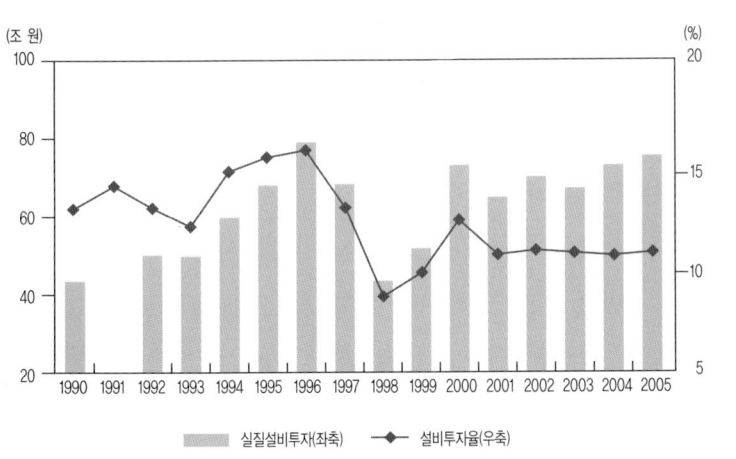

그림 4-1 GDP 대비 설비투자율(1990~2005)

주 : 설비투자율(실질설비투자/실질GDP).
자료 : 한국은행 ECOS DB에 의거 작성.

표 4-2 기업의 실질/명목 설비투자 추이(1995~2005)

(단위 : %, 조 원)

	1995	1996	2000	2001	2002	2003	2004	2005
설비투자/GDP(명목)	14.1	14.1	12.8	11	10.4	9.5	9.2	10.8
실질설비투자액	71.2	77.8	74.2	67.5	72.6	71.4	74.4	78.2

자료 : 한국은행 ECOS DB에 의거 작성.

다. 여기에서는 주로 금융 및 기업지배구조의 변화가 기업의 설비투자 자금조달과 자본시장에 대한 기업의 대응에 끼친 영향을 중점적으로 살펴보고 그 제도개혁의 문제점을 지적하고자 한다. 설비투자의 부진은 자본축적을 저해함으로써 경제성장률과 성장잠재력을 약화시키는 요인으로 작용한다는 점에서 중요하다.

외환위기 이후 금융이 기업과 거리를 두고, 기업 스스로도 자본시장을 통하기보다는 내부자금에 의존하여 투자자금을 조달하려는 변화가 뚜렷하게 나타났다. GDP 대비 설비투자의 비율은 〈그림 4-1〉에서와 같이 외환위기 이후 급격히 하락한 후 2001년부터는 횡보하는 모습을 보이고 있다.

외환위기 이후 경제성장세의 둔화는 기업의 설비투자 실적 저조로 잘 표현된다. 한국은행의 조사에 따르면 외환위기 이전 GDP 대비 12~14%이었던 설비투자(명목 기준)비율은 위기 이후 10% 이하로 하락했다. 실질설비투자액도 마찬가지로 하락했다. 〈표 4-2〉에 따르면 물가상승분을 제거한 2004년도 실질설비투자액은 74.4조 원에 머물렀다. 이는 1996년의 77.8조 원에도 못 미치는 것이다. 2005년 실질설비투자액은 78.2조 원이어서 외환위기 이전 수준을 겨우 넘어섰다. 외환위기 직전 설비투자가 비정상적으로 과열되었다는 지적도 있지만 1990년도 이후 설비투자 규모는 GDP 대비 12% 이하로 하락한 적이 없다.

일부에선 투자를 포함한 생산요소의 양적 투입에만 의존하는 경제를 요소투입형 경제라 비판하며 이제 우리 경제는 총요소생산성을 높일 수 있는

표 4-3 제조업 설비투자 재원의 조달 비중 추이   (단위 : %)

	1996	1997	1998	1999	2000	2001	2002	2003	2004	2005	2006
제조업	100.0	100.0	100.0	100.0	100.0	100.0	100.0	100.0	100.0	100.0	100.0
외부자금	75.6	76.0	66.4	37.3	25.4	21.9	19.9	16.0	14.2	21.6	18.6
차입금	72.8	72.6	57.7	25.2	23.1	19.2	19.6	15.8	10.4	15.0	17.6
(회사채)	23.7	20.1	27.3	8.8	6.8	8.5	4.0	3.8	2.1	3.6	6.1
(금융기관)	33.2	34.7	20.4	11.7	12.0	8.0	12.7	10.3	8.3	9.2	11.5
주식	2.8	3.4	8.7	12.1	2.3	2.7	0.3	0.2	3.2	6.6	0.3
내부자금	24.4	24.0	33.6	62.7	74.6	78.1	80.1	84.0	85.8	78.4	81.4

자료 : 한국산업은행, 〈설비투자계획조사〉, 각 호.

혁신주도형 경제로 이전해야 한다는 시각도 있다. 그러나 투자를 수반하지 않는 기술혁신이란 것이 존재하기 어렵다는 점을 감안할 때 설비투자의 지속적인 감소는 향후 성장잠재력의 저하를 의미하는 것이라 할 것이다.

여기에서는 이러한 설비투자의 추세적 저하가 자본시장의 변화와 긴밀한 관련을 맺고 있다는 점을 강조한다. 제조업의 경우 외환위기 이전 설비투자 자금의 70% 이상은 외부자금으로 조달되었다. 외환위기 이후 정부의 기업부채비율 축소 조치의 영향으로 설비투자 자금 중 외부자금의 비중이 1990년 이후에는 20%대 이하로 하락했고, 2004년에는 14.2%에 불과했다. 반면, 외환위기 이전 20%대 중반에 머물던 내부자금의 비중은 위기 이후 70%대 중반을 상회하고 있다. 2002~2004년 중에는 3년 연속 80%를 초과했다. 2005년에는 78.4%였다.

외환위기 이후 주주의 권리를 최우선시하는 주장과 기업경영의 패턴이 자리 잡고 있음에도 불구하고, 주식시장의 기업 투자자금 조달에 대한 기여도는 제한적이다. 기업이 주식시장에서 자금을 조달하는 비중이 오히려 외환위기 이후에 하락한 것으로 나타났다. 즉 기업의 주식시장 자금조달 비중은 외환위기 이전의 2~3%에서, 2002~2003년 중에는 각각 0.3%와 0.2%로 극히 낮은 수준을 보이고 있다.[11] 또한 회사채 시장의 자금조달 기능이 외환위기 이전보다 낮아진 것도 주목할 만한 현상이다.

이와 같이 투자를 위한 자금조달원이 내부자금에 의존하게 될 경우 내부자금과 외부자금의 가중평균자본비용이 높아짐으로써 기업은 투자를 늘리지 않게 된다.[12] 따라서 외환위기 이후 설비투자의 부진은 정부의 기업 부채비율 축소 노력에서 상당한 원인을 찾을 수 있으며, 큰 틀에서 본다면 외환위기 이전의 이른바 '철의 삼각동맹(Iron Triangle)'을 이뤘던 정부-금융-기업 간 밀착관계의 해체와 관련지을 수 있다.

---

11 1998~2000년 중에는 부채비율 조정을 위한 대기업집단 계열사의 유상증자로 인해 주식시장의 자금조달 비중이 크게 높아졌다. 또한 2005년의 경우 주식시장의 기여분은 6.6%에 달했는데, 이는 전기전자, 전자부품, 반도체 부문의 호황에 힘입어 설비투자 수요가 늘었기 때문이다(2006. 6. 12, 필자와 산업은행 조사담당 팀장과의 인터뷰). 다른 분야의 경우 주식시장을 통한 설비투자의 비율은 0.1% 이하였다.

12 전효찬 외(2006).

02
금융 부문 개혁

양적 구조조정

한국의 금융 시스템은 정부와 비즈니스를 연결하는 고리로서 발전국가 모델의 핵심적 요소였다. 정부는 금융을 통해 기업을 규율함과 동시에 기업을 지원했다. 외환위기 이후 김대중 정부는 '효율적인 금융 시스템의 구축'을 금융개혁의 목표로 내세웠다. 국제적 기준으로서 BIS 비율에 대한 강력한 준수를 골자로 하는 금융산업의 구조조정을 통해 금융 시스템의 안정을 회복하고 금융기관의 건전성과 업무 효율성을 제고시키려 하였다. 모든 은행에 BIS 비율을 적용했을 뿐만 아니라, 적용을 위한 자산 분류 기준도 엄격했고 최소 비율로서 8%를 제시하긴 하였지만 특정 시기에는 10%가 기준선으로 제시되기도 하였다.

부실은행으로 지목된 제일은행과 서울은행은 외국 자본으로 매각하겠다는 방침을 내외에 천명하고 시도하였다. 은행들은 BIS 비율을 맞추기 위해 4조 원 상당의 보유주식을 시장에 내놓았고 이 과정에서 주식시장은 공급과잉 상태에서 더욱 가격이 하락하는 일이 벌어졌다. 은행들은 또한 기

표 4-4 1997년 말과 2006년 6월 말 은행 수, 직원 총수 지표 대비

	은행 수	은행 정규직원 수(임시직)	해외 점포 수[1]
시중 은행	15 → 7	94,065(15,043) → 60,487(25,962)	75
지방 은행	10 → 6	19,929(1,947) → 7,174(3,906)	0[2]
계	25 → 13	113,994(16,990) → 67,661(29,868)	75

주 : 1) 2006년 6월 말 기준 지점 54개, 사무소 4개, 현지법인 19개.
　　2) 부산은행은 외환위기 이후인 2000년 말까지 해외 사무소가 1개 있었으나 현재는 없음.
자료 : 금융감독위원회, 금융통계정보 DB.

업 대출금을 무차별적으로 회수하였고, 수출금융과 수출환어음의 매입을 기피하였으며 심지어는 입찰 및 계약이행 보증서의 발급을 거부하는 사태까지 발생하였다.

특수 은행을 제외하더라도 모두 25개 시중 은행(지방 은행 포함) 가운데 12개 은행이 구조조정이 되었고 은행원의 수가 대폭적으로 줄어들게 되었다. 1997년 말 대통령 선거에서 승리한 김대중 정부가 1998년 3월 출범하기 이전에 이미 10개 종합금융사의 인가가 취소되는 등 1998년 말까지 외환위기 발발 후 1년 사이에 회생이 불가능한 16개 종금사와 10개 리스사, 5개 은행, 4개 보험사가 퇴출되었다. 회생이 가능한 금융기관에 대해서도 자구 노력을 전제로 한 부실채권 매입과 증자 지원 등을 통해 이들 금융기관의 BIS 비율을 상향 조정하려는 노력이 있었다.

1998년 8월 '금융산업의 구조개선에 관한 법률' 등 관련 법령을 제·개정하여 금융산업 구조조정을 위한 제도적 틀을 마련하였고, 이후에는 기존 은행들의 합병을 독려하였다. 이 과정을 거쳐 외환위기 이전에는 15개였던 시중 은행이 현재는 7개로 줄었고, 지방 은행은 10개에서 6개로 줄어들었다. 시중 은행의 종업원 수는 1997년 말 현재 9만 4,065명(정규직원 수 기준)이었던 것이 2006년 6월 말 현재 6만 487명으로 35.7% 줄어들었다.

BIS 비율에 대한 맹신

금융 구조조정 과정에서 가장 중요했던 것은 BIS 비율 8%의 일괄 적용이었다. 심지어 2000년 여름 2차 금융 구조조정 당시에는 BIS 비율 10%를 건전성 기준의 하한선으로 잡았다. 6월 말 반기결산 기준으로 BIS 자기자본비율이 8%에 미달하는 은행과 공적자금이 투입된 은행에 대해 9월 말까지 경영정상화 계획을 제출받기로 했던 때의 일이다. 외환위기 초기 과정에서 서울은행과 제일은행의 해외 매각이 기정사실화되었고, 2000년 여름을 거치면서 한미은행이 매각 대상으로 선정되었다. 외환위기를 거치면서 '빅5'로 불렸던 '조상제한서(조흥·상업·제일·한일·서울은행)'가 역사 속으로 사라졌다.

BIS 비율 8%는 국제 업무를 하는 은행이 적용의 대상이다. BIS 비율 8%를 적용시켜야 할 이유를 발견하기 어려운 지방 은행에 대해서조차 유동성 위기가 심각하던 당시에 BIS 비율을 엄격하게 적용했어야 하는지에 대해서는 지금도 의문이다. 지방 은행의 경우 1997년 당시에 해외 지점을 보유하고 있었던 은행은 없었다.

이처럼 BIS 비율 8% 준수가 외환위기 이후 금융 관련 정책의 골간을 이루고 있지만 중요한 것은 BIS 비율의 높고 낮음이 금융기관의 지급가능성을 말해주는 지표는 아니라는 점이다. 국제신용평가사들은 BIS 비율을 확실한 지급 가능 규제로 인식하지 않고 있다. BIS 자기자본비율이 높다고 해서 은행의 발행 채권에 대한 지급가능성이 높다고 생각하지 않는다는 것이다.

무디스(Moody's)는 다음과 같은 견해를 표명한다. "흔히 잘못 이해하고 있는 점은, BIS 비율이 높을수록 그 은행이 강력하다고 생각하고 그 은행의 안전성을 말해주는 요인으로 간주한다는 것이다. 하지만 이러한 생각은 분석적 결함을 갖고 있고, 되풀이되어 잘못된 것으로 판명되고 있다. 다르게 말해서 무디스는 BIS 비율의 크기와 그 은행의 신용도 사이에 자동적인 상관관계가 있다고 생각하지 않는다."[13] 무디스는 BIS 비율을 검토한 후에 다양한 여타의 요인을 감안하여 '경제적 자본'[14] 비율을 계산한다. 따라서 신용평가의 기준이 되는 자본은 BIS 기준에 의한 자본이 아니라, 바로 이 '경제적 자본'이다. 또 다른 국제신용평가기관인 스탠더드 앤드 푸어스(S&P's)의 경우도 다음과 같은 견해를 가지고 있다. "은행이 BIS 기준을 채택하지 않았다고 해서 이에 불이익을 주지 않는다. 스탠더드 앤드 푸어스는 스스로 평가 기준에 의해 해당 은행의 위험 요인을 감안하여 거기에 요구되는 적절한 수준의 지분에 의존하여 평가한다."[15]

실제로 일본의 다이와 은행(大和銀行)이 2000년 3월 자기자본비율의 기준을 기존의 국제 기준(BIS 비율 8%)에서 국내 자기자본 기준으로 바꿨을 때, 스탠더드 앤드 푸어스는 신용등급을 낮추지 않았다. 스탠더드 앤드 푸어스가 부여한 다이와 은행의 신용등급은 1998년 12월부터 2001년 9월까지 BB+였다. 일본에서는 많은 은행들이 국제신용평가기관에 의해 신용등급을 평가받지 않는다. 다이와 은행은 해외 신용평가기관으로부터 평가를 받고 있던 은행 중 유일하게 은행 자기자본비율의 기준을 BIS 비율에서 국내 자기자본 기준으로 변경한 은행이었다.

한국과 같이 외환 유동성 위기를 겪지는 않았지만 1990년대 말 일본 또한 은행 위기를 겪고 있었다. 하지만 일본 금융감독 당국은 지방 은행과 특수 은행에 대한 BIS 비율의 적용을 배제했다. 일본은 BIS 비율 준수 은행을 해외 지점과 법인이 있는 '국제 은행'으로 한정하였다.[16] 국제 은행의 경우

---

[13] Moody's Investors Service(1999).
[14] '경제적 자본'의 개념은 정확하게 정의되어 있지는 않다. 하지만 경제적 자본이라는 것은 영구적인 것을 말하고 어떤 방식으로든 채권자에게 영향을 끼치기 전에 발생할 수 있는 손실을 보상할 수 있는 그런 자본을 말한다.
[15] Hyoung-Kyu Chey(2006).

표 4-5 BIS 비율을 준수하는 일본 은행의 수

	1993	1995	1997	1998	2000	2001	2003
BIS 준수 은행 수	90	89	82	45	27	26	17
전체 은행 수	151	150	149	148	145	141	134

자료 : 일본은행협회; Chey(2006)에서 재인용.

8%를 준수하는 것이 의무지만, 국제 은행이 아닌 은행(지방 은행)과 같이 해외에 지점이나 법인이 설치되어 있지 않은 은행은 국내 자기자본비율(자기자본 대비 총자산) 4%를 준수하도록 이원화하였다. 2003년 현재 일본 134개 은행 중 BIS 자기자본비율 8% 비율을 지키고 있는 은행은 17개에 불과하다.

가장 보편적으로 받아들여지는 국제 기준인 BIS 비율에 대한 일본 금융 당국의 대응은 탄력적이었다는 점에서 주목할 만하다. 일본 금융 당국은 1998년 이전까지 BIS 비율을 은행이 자발적으로 준수하도록 하였다. 하지만 1998년 의무시행으로 변경하면서 은행들이 BIS 비율이 아닌 국내 기준(자기자본비율 4%)을 선택할 수 있도록 제시한 것이다. 한국 정부가 해외 지점과 법인이 존재하지 않은 지방 은행에도 BIS 비율 8%를 엄격하게 적용한 것과는 대조적이다. 일본이 이러한 선택을 한 배경은 중소기업에 대한 기업 금융을 유지하기 위한 것이었다는 분석이다. 1997년까지 BIS 비율 준수 일본 은행은 82개였으나 1998년에는 45개, 2003년에는 17개로 오히려 줄어들었다.

일본 금융 당국이 정한 자산 분류 기준 또한 상당히 느슨하다. 회계 기준에 손을 봄으로써 보완자본(tier 2 capital)으로 보유토지에 대한 실현되지 않은 이익의 45%까지 자기자본에 편입하도록 허용하고 있다. 특별한 자산

---

16 은행의 대출자산을 차주에 따라 0%, 25%, 50%, 100%로 리스크를 책정하고 이 중 8%를 자기자본으로 보유하도록 스위스 바젤에 소재한 국제결제은행에서 1992년 선진국 중앙은행총재들과 금융감독 당국 수장들이 결의한 제도이다. 중소기업에 대출할 경우 대출자산의 위험도가 높아지기 때문에 자기자본을 확충해야 할 필요성이 생기고, 그렇기 때문에 은행들이 중소기업에 대한 신용대출을 낮추게 만드는 주된 원인으로 지적된다.

에 대한 리스크 가중치를 낮출 뿐만 아니라, 1998 회계연도부터 기본자본(tier 1)에 이연세금자산(移延稅金資産, DTA, Deferred Tax Assets)을 포함시키도록 하고 있다. 그렇기 때문에 결과적으로 BIS 비율이 상향되는 결과를 낳는다. 이연세금자산은 2003년 현재 일본 은행 기본자본의 절반 이상을 차지할 것으로 추측되었다.[17]

일본 감독 당국이 이른바 글로벌스탠더드 중에서도 가장 일반적으로 받아들여지고 있는 BIS 자기자본비율을 일정하게 변형시켜 적용하고 있는 이유는 무엇인가? 그것은 일본식 금융 모델이라 할 수 있는 이른바 '호송시스템(convoy system)'을 존속시키고 있기 때문이란 분석이 설득력을 가진다. 어떤 은행도 실패하게 내버려두지 않는 상태에서, 다시 말해 기함과 모선 등이 함께 천천히 이동하는 시스템에서 은행의 실패는 일어나지 않는다는 것이다. 그렇기 때문에 은행 실패의 가능성을 진단할 수 있는 지표인 BIS 비율 8%의 일본 은행에 대한 적용의 중요성은 상대적으로 덜하다는 인식에 기초하고 있다는 지적이다.[18]

BIS 비율을 포함해 국제결제은행이 제시하고 있는 금융감독의 글로벌스탠더드인 바젤 핵심원칙(Basel Core Principles) 준수에 관해 IMF가 행한 조사[19]에 의하면 자기자본 적정성비율(CAR)을 엄격히 준수하고 있는 국가는 조사 대상 60개국 중 17개국에 불과하다. 이는 BIS 비율을 해당 국가의 국제 영업을 담당하는 은행(internationally active banks)에 적용시키더라도 자산의 건전성에 대한 분류의 기준은 각기 다르다는 것을 의미한다.

한국의 경우 자산 건전성 분류 기준이 엄격할 뿐만 아니라, BIS 비율을 모든 은행에 적용하고 있다. 이 점에서 한국에서 BIS 비율에 대한 적용이

---

[17] Cabinet Office, Keizai Zaimu Hakshyo: Kaikaku Nakushite Nashi III.
[18] Chey(2006).
[19] World Bank & IMF(2002).

표 4-6 자기자본 적정성비율 준수 국가

준수	대체로 준수	실질적으로 준수하지 않음	준수하지 않음	적용하지 않음
17(28%)	22(37%)	20(33%)	1(2%)	-

자료 : Worldbank and IMF(2002), p. 12.

과도하고 교조적이라는 지적은 타당한 것으로 보인다.[20]

한국에서 BIS 비율의 적용은 은행에만 그치지 않는다. 국내 영업을 하는 종금사도 BIS 자기자본비율 8%를 준수토록 하고 있고, 심지어 상호저축은행도 5% 이상이라는 기준을 제시하고는 있지만, BIS 비율 8% 이상, 고정이하여신(부실자산) 8% 미만을 우량사로 지정하는 분류 기준을 적용함으로써 사실상 BIS 자기자본비율 8%를 강력하게 추천하고 있다. 여신전문금융사(이하 여전사)는 조정 자기자본비율(자기자본/전체자산)을 7% 이상 유지하도록 하고 있는데, 여전사 중에서도 신용카드사는 8%의 조정 자기자본비율을 준수하도록 하고 있다.[21]

은행산업의 외자지배

금융 구조조정은 금융산업이라는 입장에서 본다면 일견 바람직해보이지만, 은행의 건전성과 수익성이라는 잣대가 지나치게 강조되면서 국민경제

---

[20] 독일에 대해서는 좀더 살펴봐야 할 것이다. 또 독일의 경우 지방 은행의 자산 규모가 전체의 50%를 상회하고 있다는 점에 대해 좀더 기술해야 한다.

[21] BIS 비율이 문제가 되는 것은, 주택담보대출에 따른 여신의 위험가중치는 50%로 상당히 낮은 반면, 중소기업 신용대출을 포함한 다른 대부분의 기업여신은 100%의 위험가중치를 적용한다는 것이다. 500만 원의 대출이 행해지면 주택담보대출의 경우 여기에 4%에 해당하는 자기자본을 적립하면 되지만, 다른 여신의 경우에는 8%에 해당하는 40만 원의 자기자본금을 적립해야 한다는 의미이다. 그렇기 때문에 BIS 비율의 엄격한 적용은 주택담보대출을 확장시키는 것으로 나타나게 된다. 주택담보대출의 경우 자기자본을 설정해야 할 비율이 다른 자산에 비해 낮고 부실채권비율도 낮기 때문에 현재와 같은 인센티브 구조하에서 은행들은 향후에도 주택담보대출 위주의 가계대출로 계속 나갈 것을 예상할 수 있다.

에는 오히려 부정적 영향을 끼쳤다. 은행법상 국내 비금융자본(산업자본)의 의결권이 4%를 초과하지 않도록 제한한 반면, 외국 자본의 경우 10%까지 자유롭게 은행 지분을 소유할 수 있게 하고, 외국 자본의 은행업 참여를 독려함으로써 금융 구조조정은 결과적으로 외자(外資)에 의한 국내 금융산업 지배라는 결과를 초래했다.

금융 구조조정 과정에서 특히 문제가 된 것은 10% 이상 은행 대주주에 대한 적격성(Fit and Proper) 심사였다. 적격성 심사라는 것은, 결제 기능이란 공적 기능을 가진 은행에 대해 라이선스를 부여하는 정부(금융감독 당국)가 해당 은행의 대주주 후보자가 은행업을 할 만한 자격이 있는지를 확인하는 금융감독의 핵심적 절차이다. 그러나 현재 씨티은행에 매각되어 한국씨티은행으로 명칭을 변경한 한미은행을 2000년 가을 칼라일펀드에 넘기는 과정과 2003년 외환은행을 론스타펀드에 넘기는 과정에서 은행법상 적격성 심사의 기준이 제대로 적용되지 않았다는 의혹이 지금까지 제기되고 있는 게 현실이다.

은행법에 의하면 은행의 대주주는 금융업을 영위하는 자만이 가능하고, 다만 해당 은행이 부실금융기관으로 지정된 경우에만 비금융업자에 의해 10% 이상 은행주식 소유가 가능하다. 하지만 한미은행의 경우 부실금융기관으로 지적된 은행이 아니기 때문에 금융기관 이외의 자가 은행의 대주주가 되는 것은 불가한 상황에서 칼라일펀드가 한미은행을 인수하였다. 정황을 살펴보면 2000년 3월 칼라일은 5,000억 원을 투자해 한미은행 지분의 34%를 인수하겠다는 의사를 금감위에 밝혔으나 거절당했다. 칼라일은 은행법상 대주주가 될 수 있는 금융기관이 아니라는 이유에서였다. 이후 칼라일은 미국계 투자은행 JP모건과 공동으로 한미은행의 주식예탁증서를 인수하여 한미은행의 대주주가 되는 방식으로 한미은행을 인수할 것을 금감위에 제안하였고, 이에 대해 금감위는 JP모건의 지분이 과반수여야 한다는 전제를 내세웠다. 결국 칼라일은 2000년 9월 8일 은행법상 조건을 충족시키는 방식으로 JP모건과 컨소시엄을 구성해 한미은행 지분 36.55%를 인수하였는데, 실제로 컨소시엄의 대주주는 JP모건이 아니라 칼라일이었다. 컨소시엄이 한미은행을 인수한 후 이 은행을 지배한 것도 칼라일이었고, 씨티그룹에 한미은행을 매각한 것도 칼라일이었던 것으로 드러났다.

2000년 11월 24일 당시 한미은행의 주주명부상에 나타난 주주 중 JP모건 칼라일 컨소시엄에 해당하는 주주는 다음과 같다.

> KAI(Koram Investor Limited) 16.31%, Chadwick 3.61%, Freeway 3.61%, Scarlet 3.36%, KAB Invest 2.60%, Eagle 2.48%, Gable 1.85%, Madden 1.17%, Korando 1.01%, Olive (private) Limited 0.6%

이 중 KAI는 칼라일과 JP모건이 공동으로 출자해 조세회피지역인 말레이시아 라부안에 등록한 페이퍼 컴퍼니이다. 그리고 나머지 20.24%의 한미은행 지분은 칼라일이 모든 의결권을 가진 페이퍼 컴퍼니에 의해서 소유된 것으로 추정된다. 모두 합치면 36.6%이지만 채드윅 등 9개 페이퍼 컴퍼니 펀드는 4% 이하이기 때문에 은행법상 금감위에 사전 신고하고 적격성을 심사받을 필요가 없는 형태를 취한 것이다.

하지만 KAI의 절반이 칼라일의 지배를 받고 있고 나머지 전부가 칼라일의 지배를 받고 있으므로 칼라일과 나머지 8개 펀드는 동일인이며 최대 주주가 된다. 그러나 칼라일은 금융기관이 아니기 때문에 칼라일의 한미은행 지배는 결국 은행법상 불법적인 행위로 추정된다. 실제로 칼라일 아시아 김병주 회장은 한미은행을 시티그룹에 매각한 후 언론과의 인터뷰를 통해 칼라일이 36.6%의 지분을 지배하고 있었다고 밝혔다. JP모건 코세어의 경우 명의만 빌려주었다는 일부의 지적이 사실인 것으로 생각되는 대목이다.

표 4-7 일부 외국계 펀드의 은행 대주주로서의 적격성 논란

칼라일의 한미은행(현 한국씨티뱅크) 인수	론스타의 외환은행 인수
- 칼라일 컨소시엄에 참여한 JP모건의 경우 투자 은행이 아니라 JP모건이 100% 출자한 사모펀드. - JP모건 측이 한미은행 최대 주주로 적격성 심사를 받은 KAI(Koram Investor Limited)의 과반수 지분을 확보하는 것을 조건으로 적격성 심사를 통과하였으나, KAI는 실제로는 칼라일 측이 지배했던 것으로 확인.	- 금산법에 의해 부실금융기관으로 지정된 경우가 아니면 론스타와 같은 비금융기관은 외환은행의 대주주가 될 수 없었음. - 외환은행은 사실상 부실금융기관이었다고 당국은 판단하였으나, 그 근거로 제시된 외환은행의 BIS 비율 산정 방법에 문제가 있었던 것으로 국정감사를 통해 지적되었고, 또 BIS 비율이 설사 6%대라고 할지라도 이를 부실금융기관으로 간주하고 비금융기관에 매각할 수 있는 근거가 될 수 있을지 의문.

또한 칼라일은 한미은행의 매각 과정에서도 KAI가 보유한 16.31%를 씨티뱅크 해외투자회사에 장외 매각한 것으로 금감위에 보고했다. 결국 금융감독 당국이 이러한 사실들을 몰랐다거나, 뒤늦게라도 한미은행의 지배주주가 칼라일이었음을 알고 당초의 대주주 적격성 심사 오류를 시정하기 위한 칼라일의 한미은행 의결권 제한과 매각을 지시하지 않은 것은 금융감독의 실패라고 할 수 있다.

외환은행의 론스타에 대한 매각도 한미은행의 경우와 같이 은행 대주주 적격성 심사가 편법적으로 이뤄졌다는 의혹을 받고 있다. 외환은행의 경우 뒤늦게 위법성이 문제되면서 조사가 이뤄지고 있지만, 한미은행의 경우에는 별다르게 사회적인 주목도 받고 있지 못하다. 칼라일이 한미은행을 매각한 사건은 2000년 당시 금감위가 은행의 BIS 비율을 10% 이상으로 높이도록 지도한 상황과 긴밀하게 관련을 맺고 있다. 외환은행을 론스타에 넘기는 과정에서 금융감독위의 한 간부는 "외자유치가 김대중 정부의 주요한 국정 목표였고, 노무현 정부로 넘어와서 이를 부정하는 어떠한 정책적 변화가 없는 상황에서 10억 달러의 외자유치에 대해 어떻게 금융감독 당국이 이를 막을 수 있겠는가?" 하고 말하였다.[22] 이러한 발언은 외자유치를 통한

금융 구조조정이라는 정책적 방향 속에서 금융감독의 기본적 원칙이 훼손되는 상황을 잘 표현한 것으로 생각된다.

이러한 구조조정에 따라 2005년 말 기준 8개 시중 은행 중 7개 은행의 외국인 주주 비율이 과반수 이상을 차지하게 되었다. 제일은행과 외환은행, 한미은행(현재 한국씨티은행) 등 세 개는 외국인 1대 주주가 50% 이상 지분을 보유하여 절대적으로 지배하고 있으며, 나머지 은행의 경우 다수의 외국인 주주들의 지분을 합치면 국민은행 85.4%, 하나은행 78.2%, 외환은행 74.1%, 신한은행 57.1% 등으로 50%를 초과하고 있다. 외국인 주주의 비율이 50% 이하인 은행은 11.4%의 하나은행이 유일하다.

멕시코는 지난 1995년 페소화 위기 이후 주요 대형 은행들이 스페인이나 미국 자본 등에 대거 인수된 후 이들 은행의 소매금융에 치중한 경영 형태가 기업투자 부진과 장기불황의 원인으로 작용한 사례가 있는데, 한국의 경우도 유사한 형태의 경로를 밟고 있는 것으로 보인다. 외국 자본이 국내 은행의 경영권을 장악함으로써 수익성에 치중하는 건전한 경영을 하는 측면이 있는 것은 사실이나, 가계대출, 국공채 등 안전자산투자에 치중하고 기업금융을 등한시하는 등의 경영방식으로 인해 부동산 투기 및 소비 조장, 기업투자 및 고용위축 등의 부정적 영향이 초래되고 있다. 이로 인해 우리 경제의 장기적인 성장 동력을 훼손할 우려가 더욱 커져가고 있다.

금융 구조개혁의 결과

BIS 비율의 엄격한 적용과 은행산업에 대한 외자의 지배로 특징지어지는

---

22 필자와의 인터뷰(2003년 가을).

표 4-8 시중 8개 은행들의 BIS 자기자본비율 추이

은행 명	조흥	우리	제일	하나	외환	신한	한국씨티	국민
2005년 말	10.94	11.65	10.74	13.29	13.68	12.23	15.03	12.95
2006년 3월	10.77	11.20	10.04	13.15	13.67	12.55	14.86	15.15
증감	−0.17	−0.45	−0.70	−0.14	−0.01	0.32	−0.17	2.20

자료 : 금융감독원(2006).

은행 구조조정의 결과 금-산 관계의 급속한 단절 현상과 거시경제적 불안정성의 증가를 가져왔다. 이에 따라 은행산업의 수익성은 개선될지 모르지만 금융이 지닌 사회 인프라로서의 기능은 상당 부분 훼손된 것으로 나타나 이에 대한 대책이 시급한 실정이다.

우선 한국 은행들의 안전 위주 경영 행태가 과도한 것으로 보인다. 2006년 3월 말 현재 한국 은행들의 BIS 비율은 13.18%로 미국과 영국, 독일 4대 은행의 BIS 비율 각 12.4%, 12.9%, 12.3%보다 더 높은 것으로 나타났다. 은행의 BIS 비율은 2003년 11.16% 이후 12.08%(2004년), 13.00%(2005년)에 이어 수직 상승하고 있다. 은행들이 보통 반기별로 부실자산을 정리하는 것을 감안하면 이 수치는 2006년 6월 말에는 더욱 상승했을 것으로 보인다.

1930년대 대공황을 겪으면서 '글래스-스티걸 법'에 의해 금융에 의한 산업의 지배가 금지되었던 미국에 비해 한국의 BIS 비율이 높다는 것은 그만큼 외환위기 이후 9년간 은행의 '기업과 거리두기'가 급격하게 진행되었음을 말해준다. 은행의 부실채권비율이 급격하게 감소하고 있는 것도 동일한 원인에 의한 현상이다. 한국 은행들의 부실채권비율은 1.20%로서 미국(0.75%)보다는 높지만 영국(2.00%), 독일(4.18%), 일본 6대 대형 은행 평균(1.72%)보다 낮다. 은행은 금리 차익과 수수료 수입 등에서도 수익을 보장받는다는 점을 고려하면 은행의 과도한 건전성 추구와 이에 따른 부실채권비율의 하락은 긍정적인 측면만 있는 것이 아님이 분명하다. 또 매년 2/4

표 4-9 국내 은행 부실채권비율 추이

(단위 : %, 조 원)

구분(연말)	1999	2000	2001	2002	2003	2004	2005	2006. 3
부실채권비율	12.9	8.00	3.41	2.33	2.63	1.90	1.22	1.20
부실채권	(61.0)	(42.1)	(18.8)	(15.1)	(18.7)	(13.9)	(9.7)	(9.8)

주 : 주요국 무수익여신 비율 : 미국 0.75%, 영국 2.00%, 독일 4.18%.
자료 : 금융감독원(2006. 5. 30), "2006년 1/4분기 국내은행 부실채권 현황".

표 4-10 은행 보유자산 중 부문별 부실채권비율

구분(연말)	2005	2006. 3	증감(%p)
기업	1.31%	1.27%	△0.04
(중소기업)	1.68%	1.59%	△0.09
가계	0.98%	0.99%	+ 0.01
신용카드	2.40%	2.33%	△0.07

자료 : 금융감독원(2006. 5. 30), "2006년 1/4분기 국내은행 부실채권 현황".

분기, 4/4분기 중 공시실적 관리를 위해 부실채권을 적극 정리하는 것을 감안하면 향후 은행의 부실자산비율은 더욱 낮아질 것으로 판단된다. 특히 〈표 4-10〉에서와 같이 기업대출 중에서 중소기업에 대한 대출자산 중 부채비율이 상대적으로 높다는 점에서 과도한 건전성 추구는 중소기업에 대한 대출의 축소로 나타날 전망이다.

03
기업지배구조 개혁

최근 기업의 설비투자 저하는 상당 부분 외환위기 이후 기업지배구조 관련 제도의 변화에 기인한다. 기업은 한 국가의 경제에서 자원을 배분하는 중요한 역할을 하고 있고, 한 국가 경제의 경제적 성과를 좌우한다. 투자, 고용, 무역이라는 행위를 통해, 또 기업의 예산을 배분하는 과정을 통해 경제적 성과에 직접적 영향을 끼치기 때문이다. 기업의 지배구조는 기업에서 투자 결정을 내리는 것은 누구이며, 또 어떤 타입의 투자를 할 것인지, 그리고 투자로부터 거둬들이는 이익을 어떻게 배분할 것인지를 결정한다.[23] 예를 들어, 이익유보금(배분되지 않은 이익과 고정자본소모충당금(capital consumption allowances))은 항상 생산설비에 대한 투자의 기초가 되는 금융재원의 공급원이다.

주요 대기업이 그들의 예산을 어떻게 배분하는가는 전략적 선택의 문제이고 이러한 전략적 선택은 국가 경제의 성과에 근본적인 영향을 미칠 수 있다. 그런데 외환위기 이후 이러한 전략적 선택을 결정짓는 기업지배구조

---

[23] O'Sullivan(2000).

는 외부 투자자의 권리를 강화하는 방향(이른바 주주자본주의)으로 변화함으로써 이전에 비해 투자 결정을 상당히 어렵게 만들고 있다. 더군다나 외부 투자자가 국내 경제의 지속적 성장과 발전에 관심을 두기보다 단기적인 이익극대화에 관심을 두고 있다면 더욱 그러하다. 외환위기 이후 기업지배구조 관련 제도의 개혁은 이러한 문제점을 유발하였다.

외환위기 이후 기업지배구조제도 변화의 골자는 대기업집단의 선단식 경영을 타깃으로 했다. 1998년 1월 3일, 김대중 대통령 당선자와 4대 그룹 회장 간의 '기업 구조조정 5개항' 원칙이 합의되었다. 5대 과제는 지배주주 책임경영 강화, 재무구조 개선, 계열사 간 상호지급보증 해소, 기업경영 투명성 제고, 핵심사업 선정 등이다. 이에 따라 사외이사제 도입, 소수 주주권 강화 등 책임경영 및 기업지배구조와 관련된 많은 사항들이 정부가 출범하기도 전인 1998년 2월 14일에 입법화되었다.

5대 과제와 관련해 당시 김대중 대통령은 "우리가 바라는 것은 선단식 경영이 종식되어야 한다는 것"이라고 강조했다. 김대중 정부의 기업지배구조개혁은 이후 1999년 8·15 경축사에서 기존의 5대 과제에 산업자본과 금융자본의 분리, 순환출자 및 부당내부거래 억제, 변칙상속 차단 등 3대 원칙을 추가한다. 그래서 김대중 정부의 재벌개혁정책은 '5+3 원칙'으로 일컬어진다. 노무현 대통령 또한 당선자 시절 '5+3 원칙'은 노무현 정부에서도 유지된다는 입장을 밝혔다.

여기에서는 외환위기 이후의 기업지배구조 관련 개혁정책을 크게 세 가지로 구분하는데 첫째는 기업경영권 시장 활성화정책이며, 둘째는 순환출자 억제정책, 셋째는 기업의 재무구조 개선과 기업경영 투명성 강화이다.

기업경영권 시장 활성화정책과 외국인 투자 선호

우선 외환위기 이후 기업의 구조조정을 위한 방안으로 가장 강력하게 추진된 정책이 적대적 M&A 시장 활성화정책이다. 여기서 특징적인 것은 외국인 투자자를 구조조정의 주체로 끌어들이려는 노력이 다각적으로 전개되었다는 점이다. 이와 관련한 제도적 변화로 우선 외국인에 의한 국내 기업과 은행에 대한 적대적 M&A가 허용되었다. 외국인에 의한 주식투자 한도가 폐지되었고, 2조 원 이상 자산을 가진 국내 기업의 주식을 취득할 때 정부가 사전에 허가하던 규정도 폐지되었다. 외국인들이 10% 이상 투자를 하기 위해서는 투자하려는 기업 이사회의 사전 동의를 받도록 했던 요건도 사라졌다.

이러한 외국인 투자 관련 제한 조치들은 대부분 한국 정부가 1996년 말 OECD 가입 협상을 벌일 당시 영국과 미국 등 자본시장이 발달한 국가들의 강력한 요구에도 불구하고 거시경제의 안정성을 위한다는 이유에서 규제의 완화를 유보하였던 내용들이었다. 가령 OECD 가입 당시 정부 자료에 의하면, 자산 2조 원 이상 국내 기업의 수는 약 70개 정도로 추정되고 있었고, 외국인의 국내 은행에 대한 주식의 보유한도는 내국인과 똑같이 4%까지만 허용되어 그것을 넘을 경우에는 정부의 사전허가를 받도록 하고 있었다. 정부의 협상대표는 "이것은 OECD 가입 당시 가장 논란이 되었던 조항이었고, 이 문제에 관한 한 한국 정부의 입장은 강경했다"고 술회했다.[24] 당시 정부 보고서에 의하면 특히 외국인에 의한 국내 기업에 대한 적대적 M&A는 미국 정부가 가장 관심을 가지고 촉구했던 사항이다.[25]

외국인들이 국내 상장등록기업에 투자할 수 있는 한도와 관련해 OECD

---

[24] 김중수 전 OECD 대사와의 인터뷰.
[25] 외무부(1996), CMIT/CIME 합동회의에서 의장결론에 대한 한국의 대응.

가입 당시 한국 정부의 입장은 2000년까지 10%선으로 늘리고, 국내외국인 투자법에 의해 10% 이상 투자할 수 있는 방안도 강구하겠다는 내용이었다. 외환위기 이후 이러한 외국인의 국내 기업 투자에 대한 모든 규제가 철폐되었을 뿐만 아니라 외국인투자촉진법이 제정되어 주식투자에 따른 원금과 차익, 과실 등을 자유롭게 송금할 수 있는 제도적 안전장치를 마련했다.[26] 외국인투자촉진법은 역차별이라는 지적이 있을 만큼 국내 투자자에 비해 외국인 투자자에게 많은 이익을 주는 내용을 담고 있다.

김대중 정부는 특히 기업 구조조정의 파트너로 외국인 투자자를 고려할 것을 기업 측에 공개적으로 강력하게 주문하였다. 김대중 정부 초기 김태동 경제수석비서관은 "5대 그룹은 무엇보다 외자 유치에 스스로 노력해야 한다. 외자 유치를 위해서는 결합재무제표를 조기 작성해야 한다"고 말했다. 그는 "기업경영의 투명성을 높여야 외국인 투자가들이 투자하게 된다. 정부가 외평채 40억 달러를 유치했고, 공기업도 외자 유치에 나섰다. 이제는 5대 그룹 차례다"라고 주장했다. 그는 또한 "핵심 그룹을 처분해서라도 재무구조를 개선해야 한다. 외국인의 자본투자를 유치해 합작하는 것도 좋은 방법 중 하나다. 외자유치를 통해 재무구조가 개선되면 고용을 줄이지 않고 기업활동을 영위해 나갈 방법이 생긴다"고 언급했다.[27]

외환위기 이전 적대적 M&A 방어제도로 활용되었던 '주식강제공개매수제도'는 1998년 2월 폐지되었다. 외환위기 1년 전인 1997년 1월 증권거래법 개정을 통해 도입된 '의무공개매수제도(50%+1주 제도)'는 새롭게 25%

---

[26] 1998년 외국인 투자의 유치를 촉진함으로써 국민경제의 건전한 발전에 이바지할 목적으로 제정되었다. 외국인 투자는 한국의 법인이나 국민이 영위하는 기업의 경영활동에 참여하기 위하여 당해 법인이나 기업의 주식 등을 소유하거나, 외국인 투자기업의 해외 모기업 등이 당해 외국인 투자기업에 대부하는 5년 이상의 차관을 말한다. 외국 투자자가 취득한 주식으로부터 생기는 과실, 주식 매각 대금, 차관 및 기술도입계약에 의해 지급되는 대가 등의 해외 송금을 보장하는 내용이다. 기존 주식에 대한 투자를 위해 신고만 하면 산업자원부장관은 지체없이 신고필증을 교부토록 하였으며, 외국인 투자에 대해서는 조세특례제한법이 정하는 바에 따라 법인세·소득세·취득세·등록세·재산세·종합토지세 등의 조세를 감면할 수 있도록 하였다.
[27] 김대중 정부 초기 김태동 경제수석비서관의 기자 간담회 내용(1998. 4. 15).

표 4-11 외환위기 이후 국내 적대적 M&A 관련 주요 제도의 변화

적대적 M&A 활성화	적대적 M&A 방어
• '50%+1주 강제공개매수' 제도 폐지(1998. 2) • 외국인의 국내 기업(자산 2조 원 이상) 주식취득 시 정부허가 규정 폐지(1998. 2) • 외국인 주식투자한도 폐지(1998. 5) • 외국인의 국내 기업 주식 10% 이상 취득 시 당해 기업이사회 동의요건 폐지(1998. 5) • 출자총액제한제도의 부활(1999. 12), 2001년 4월부터 시행 • 공개매수 시 반복 공개매수 허용(2005. 3) • 금산법 개정으로 금융계열사 의결권 제한 추가적으로 강화 (2006. 2)	• 자기주식취득제도(1998. 5) • 주식대량보유(5% 이상) 공시제도 정비(1998. 1) • 주식대량보유 공시제도 일부 강화(2004. 12)

이상의 주식을 취득하거나, 이미 25% 이상을 취득하고 있는 자가 추가로 주식을 취득하고자 할 경우에는 반드시 공개매수를 통해 의결권이 있는 발행주식 총수의 50%+1주 이상을 취득하도록 의무화한 것이다. 이 제도는 공정한 M&A 절차를 확립하고 경영권을 보호하며, 소액주주에게도 M&A에 수반되는 프리미엄을 균점할 수 있는 기회를 제공하기 위한 목적이었다.[28]

M&A 시장에서 외부 투자자(공격자)에게 유리한 제도의 도입은 현 정부 들어서도 계속되고 있다. 국내 기업의 경영권 방어의 주요한 축이었던 금융계열사의 자기 계열에 대한 투자 규제가 강화되었고, 금융계열사가 행사할 수 있는 의결권 또한 일정 한도 이하로 제한했다. 법무부가 최근에 준비한 상법 개정 시안에 의하면 이중대표소송과 같은 강력한 투자자 보호 조치가 도입될 예정이다. 만약 이중대표소송이 도입되면 한국은 세계에서 유일하게 법으로 이중대표소송을 인정한 국가가 될 것이다. 미국에서 이중대표소송이 허용되고 있지만, 이것은 법적인 권한으로서가 아니라 법원의 판례에 의해 엄격한 조건이 갖춰지는 경우에 한하여 허용하고 있다.

---

28 권종호(2005).

외환위기 이후 기업경영권 활성화를 위해 M&A 시장에서 공격자의 권리를 강화하기 위한 여러 가지 조치들이 단행되었다. 특히 출자총액제한제도 및 금융계열사의 의결권 제한 조치는 공격자인 외국 자본에 비해 방어자인 국내 기업에 대한 대표적인 역차별 규제로 꼽힌다.[29] 우선 출자총액제한제도는 국내에 법인을 둔 기업집단의 자산총액을 기준으로 하고 있기 때문에 명목적으로는 내외국 기업 간 차별이 없이 적용된다는 주장도 있지만 사실은 그렇지 않다. 또한 외국인 투자자의 경우 해외에서 페이퍼 컴퍼니의 설치를 통해 상호 연관성이 없는 별개 법인인양 국내에 들어오기 때문에 은행법, 금융지주회사법 및 '금융산업의 구조개선에 관한 법률(금산법)' 상의 '금·산 분리 원칙' 또한 국내 기업에만 일방적으로 부과되는 결과를 낳는다. 결국 국내 기업만이 부당하게 경영권 방어가 어려운 지경에 처한다는 지적이다.

현재 경영권시장제도를 살펴보면 방어자에게 불리하게 형성되어 있다는 것은 분명하다. 공개매수제도를 중심으로 살펴보면 각 국가들은 상황에 따라 주식의 매수 행위에 대한 규제(1단계 규제) 및 합병 등에 대한 규제(2단계 규제)로 나누어 공격자와 방어자 간의 공정경쟁을 유도하고 있다.

〈표 4-12〉에서와 같이 영국은 주식의 공개매수 자체를 규제하고 있다. 공동보유를 포함하여 의결권의 30% 이상을 보유하게 될 경우에는 의무적으로 공개매수를 하도록 강제한다. 일단 공개매수가 실시된 이후 회사 경영진의 방어 행위는 제한을 받게 되며 결국 방어자는 주주를 설득하거나 우호 주주를 통해 경쟁적인 공개매수를 유치하는 방식으로 대응을 하게 된다. 미국은 공격자에 대해 공개매수 의무를 부과하지 않고 있다. 연방법은 매수자 측과 방어자 측을 평등하게 취급하는 것을 원칙으로 함에 따라 각

---

29 안재욱(2005).

표 4-12 공개매수 관련 규제의 각국별 유형

구분	규제 방식	해당 국가
매수 단계에서의 규제	• 매수 단계 공격자에 대한 강한 규제, 방어자의 방어 수단은 제한적 - 의무공개매수제도 - 방어 수단 채택은 제한적	영국
합병 단계에서의 규제	• 매수 단계 공격자에 대한 약한 규제, 방어자의 방어 수단을 다양하게 허용 - 공개매수 등의 의무조항을 두지 않음 - 이사회의 판단에 따라 다양한 방어 수단(독약처방 및 차등의결권제도 등) 허용	미국
매수 및 합병 단계에서의 규제	• 매수 단계 공격자에 대한 규제, 방어자의 방어 수단도 다양하게 허용 - 강제적 의무공개매수제도 - 주총 혹은 이사회를 통해 다양한 방어 수단 허용	EU 국가들

자료 : 전국경제인연합회(2006. 3. 6), "해외 투기자본 유입증가에 따른 적대적 M&A 위협 및 대응방향"을 참조.

주(州)는 적대적 M&A에 대한 다양한 대응 수단을 허용하는 회사법을 통해 방어자 측이 경영권을 보호할 수 있도록 허용하고 있다. 차등의결권 주식의 발행도 비교적 자유롭다. EU 국가의 경우에는 의무공개매수제도를 도입한다. 그리고 의무공개매수에 대응할 수 있는 의결권 제한, 차등의결권 주식의 발행 등의 방어제도를 동시에 허용하고 있다. 공격자보다 오히려 방어자에게 유리한 제도를 운영하고 있는 것이다.

이러한 각국의 사례를 살펴볼 때 현행 한국의 제도는 공격자에 대한 규제가 거의 없는 미국의 연방법 형태를 따르고 있고, 의무공개매수제도 덕분에 여타의 방어제도는 존재하고 있지 않은 영국형을 따르는 탓에 세계적으로 유례를 찾아볼 수 없는 취약한 방어권제도를 가지고 있다는 지적이다.[30]

이 연구는 기본적으로 M&A 시장의 활성화를 당연시하는 논리에 대해

---

[30] 권종호(2005).

서 의문을 제기한다. 'M&A 시장의 활성화'를 통한 '기업경영에 대한 시장원칙의 적용'이라는 개념은 보편적 진리라기보다는 미국의 독특한 기업 지배 및 소유 구조에서 나타난 정책 현상이기 때문이다. 미국은 1930년대 대공황을 겪으면서 피라미드식 지배를 해체하는 다양한 제도적 장치를 도입하였고, 이에 따라 기업의 소유권이 주식시장을 통해 광범위하게 분산되었다. 지배적 주주에 의해 견제받지 않는 경영진이 존재하게 되었고, 이들이 초래하는 이른바 '대리인 문제(agency problem)'를 극복하기 위해 M&A 시장의 활성화를 비롯한 외부감시체제의 중요성이 강조된 것이다. 이 때문에 M&A 시장의 활성화가 기업지배구조의 개선을 위해 다른 어느 것보다 중요한 것이라는 인식은 소유권이 극도로 분산되어 지배주주가 존재하지 않는 미국 상황에서 발전했고, 이것은 철저하게 외부 투자자들의 이익에 투철한 개념이다. 다시 말해 M&A 시장의 활성화를 기업지배구조의 핵심적 제도로서 인식하는 것은 구체적이고 역사적인 상황의 산물일 뿐이지 이를 보편적인 진리인양 인식하는 것은 잘못이다. 따라서 이른바 선진적 제도라며 모방을 하는 것은 바람직하지 않다.

바로 이러한 이유 때문에 미국과 같이 독특한 소유구조를 갖지 않은 다른 나라들에서 M&A 시장의 활성화는 기업지배구조제도의 핵심적인 위치를 차지하고 있지 않다. 지배주주가 존재하는 유럽 국가들은 경영자에게 규율(discipline)을 가하는 제도로서 주주 이외에도 해당 사회와 종업원, 그리고 정부 등의 역할을 중시한다. 이들은 앞서 언급한 의무공개매수제도 이외에도 차등의결권, 의결권 제한, 소유권 제한 등을 통해 M&A에 대한 방어가 가능하도록 하고 있다. 주식시장의 경영권에 대한 감시체제를 부인하지는 않지만 그것 이외에도 다른 감시체제가 존재하는 것이 필요하다는 사회적인 합의가 존재하기 때문이다.

기업지배구조는 단순히 주주와 경영자 간의 문제 이상의 것으로 볼 필요가 있고, 이 경우 적대적 인수합병시장의 형성을 통한 경영진에 대한 외부 견제장치의 구축이 정책의 우선순위일 수 없다. 특히 한국의 경우 주요 기업 지분의 50% 이상이 외국인 주주의 소유이기 때문에 외부 견제장치의 강화는 국내 1대 주주와 외국인 2대 주주 사이의 분쟁으로 나타나며, 이는 국민경제에 바람직하지 않은 결과를 초래할 수 있다. 그렇기 때문에 외환위기 이후 형성된 M&A 관련 제도는 상당한 변화가 불가피하다.

기업경영권 시장을 더욱 활성화해야 한다는 주장은 대체적으로 '계약이론'에 기초하고 있고 '주가=기업가치'라는 것을 전제로 하고 있다. 이들은 또한 기업과 관련된 다른 이해관계자들의 이익보다도 주주의 이익을 가장 우선시하고 있다는 점에서 이른바 주주자본주의 옹호론자들과 동일한 인식선상에 서 있다.

주주의 이익이라는 관점에서 이들은 '코리아 디스카운트'라는 개념을 통해 기본적으로 주식시장에서 기업이 저평가되고 있는 것을 교정해야 한다는 인식을 갖고 있다. "기업가치가 (주가로) 저평가되면 우리나라 기업들이 경쟁국 기업들과 같은 가치를 인정받기 위해서 훨씬 더 많은 매출과 이익을 내고 더 많은 자본을 투입해야 한다는 것을 의미하고, 이는 국가경쟁력의 저하와 국부의 손실을 가져오고 있다"는 주장도 나온다. 기업지배구조가 개선된다면 투자나 매출의 증가가 없어도 주가가 오를 것이고, 그만큼 부가가치가 상승한다고 말한다. '코리아 디스카운트'를 극복하면 지금의 경제력만으로도 국민소득이 크게 증가할 것이고 국민소득 2만 달러는 훨씬 더 쉽게 달성할 수 있을 것이라는 주장이다.

하지만 다음 〈그림 4-2〉에서 볼 수 있는 것처럼 미국과 영국의 소유 및 지배 구조는 다른 나라에서 일반적으로 볼 수 없는 매우 특수한 것이다. 뉴욕 증권거래소와 나스닥의 경우 25% 이상 의결권을 가진 지배주주에 의해 지배되고 있는 기업은 각각 7.6%와 5.2%에 불과하다. 반면 벨기에, 오스

그림 4-2 25% 이상 의결권을 가진 지배주주가 존재하는 상장기업의 국가별 비율

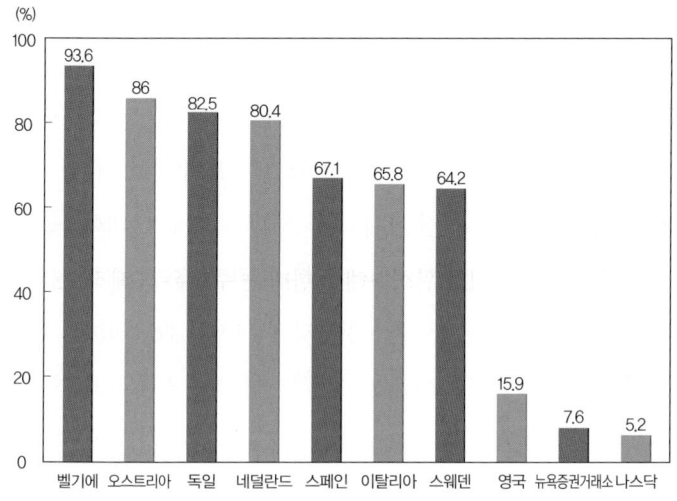

자료 : Barca and Becht(2001), *The Control of Corporate Europe*, Oxford University Press.

트리아, 독일, 네덜란드, 스페인, 이탈리아, 스웨덴 등 대부분의 유럽 국가들의 경우 50% 이상의 기업이 해당 기업의 25% 이상 의결권을 가진 지배주주에 의해 지배된다. 외부감시체제를 중시하는 미국형 기업지배구조는 미국의 독특한 소유구조와 관련이 있다고 보는 것이 올바르다.

주주자본주의론자들은 무엇보다 주식투자자야말로 기업에 생산적인 기여를 하는 이해관계자 중 유일한 잔여청구권자(residual claimants)라는 인식을 당연시하고 있다. 주주를 제외하고 다른 기업에 관여하는 집단, 예를 들면 근로자나 외부 부품 공급자, 그리고 채권자는 기업과 계약을 통해 자원을 공급하고(노동력, 제품, 혹은 신용 등) 이러한 기여에 상응한 대가(임금, 대금결제, 이자 등)를 지불받는다는 것이다. 반면 주주에 대한 대가는 모든 다른 이해관계자들에 대한 대가를 지불하고 남은 것에 의존한다고 생각한다.[31]

남은 것(잔여)에 대한 청구권자로서의 주주는 결국 기업이 이익을 내는지, 혹은 손해를 보는지에 따른 리스크를 감수해야 하기 때문에 이들이야말로 '남은 것'을 만들기 위해 기업의 자원을 가장 적절한 방식으로 할당해야 하는 이해관계를 가지게 된다. 다른 이해관계자들은 계약에 따라 대가를 지불받기 때문에 '남은 것'을 가장 많이 남기도록 하는 것, 다시 말해 주주가치를 극대화하는 것은 개별 기업의 경제적 성과를 극대화하는 것일 뿐만 아니라 그 기업이 속한 국가경제의 성과 또한 극대화한다는 시각이다.[32]

하지만 이러한 주주가치론자들의 주장은 도전을 받고 있다. 첫째, 주주가치를 상승시키는 기업의 성과가 우수하다는 것에 부합하는 연구 결과와 그렇지 않은 실증적 연구 결과가 대립하고 있다. 영·미형과 유럽형 기업지배구조가 공존하고 있는 네덜란드 기업에 대한 연구에 의하면 오히려 기업 사정을 알지 못하는 외부 투자자들의 근시안으로부터 자유로워지는 것이 경영 성과에 도움이 된다는 결과를 내놓고 있다.[33]

둘째, 과연 외부 소수 주주들이 부담하는 리스크가 다른 이해관계자가 부담하는 리스크보다 큰 것인지 의문이 든다. '대리인 이론'은, 주주 이외의 다른 이해관계자들은 회사와의 계약에 의해서 권리가 규정되어 있는 반면, 주주의 권리는 계약에 의해서 보장이 될 수 없기 때문에 계약에 명시되어 있지 않은 모든 잔여위험을 부담하게 된다고 가정한다. 하지만 실제로 주주는 유한책임(limited liability)만을 지고 있으며, 다른 이해관계자들의 경우 일단 계약이 체결되면 이를 해지하기가 어려운 반면, 오히려 주주들은 언제든지 주식의 매도를 통해 계약을 해지하고 위험을 회피할 수 있다.

---

[31] Lazonick, William, and Mary O'Sullivan, "Perspective on Corporate Governance, Innovation, and Economic Performance, June 2000," The European Institute of Business Administration(INSEAD).

[32] 앞의 글.

[33] Garretsen, Harry, Robert Chirinko, Hans van Ees, and Elmer Sterken(2002), "Firm Performance, Financial Institutions And Corporate Governance In The Netherlands".

내부의 지배대주주를 포함해 피고용자들이나 하청업체, 그리고 채권은행들은 오히려 기업과의 계약을 해지하기가 어렵다. 기업과 많은 점에서 운명을 같이하고 있다는 것이다.

외부 주주들은 손쉽게 다른 기업의 주식으로 갈아탈 수 있는 반면에 나머지 이해관계자들은 해당 회사에 구체적인 이해관계로 결합되어 있다.[34] 종업원들이 직장에 다니면서 얻게 되는 것은 해당 기업의 특화된 지식이나 해당 기업에 필요한 경험이다. 이것은 다른 기업에 고용될 때 쉽게 적용되기 어렵다는 점에서 이들이야말로 오히려 주주에 비해 더 큰 위험을 감수하고 있다. 그렇기 때문에 일반적인 주주의 권리를 다른 이해관계자보다 우위에 놓는 것은 현실적으로 타당치 않다.[35]

또한 미국의 경우 1990년대 중·후반의 주식시장 호황기에 상장과 유상증자를 통해 기업이 주식시장에서 조달한 자금보다 배당과 자사주 매입비용으로 기업의 이익이 주식시장으로 유출된 금액이 오히려 컸다.[36] 다시 말해 미국의 주식시장은 상장이라는 과정을 통해 신규 주식이 발행되고 이를 매입하기 위해 주식시장으로 자금이 공급되기보다는 유통시장으로서 기능하고 있다는 점이다. 즉 생산적 자금의 공급이라는 기능을 찾기 어렵다는 얘기다.

〈표 4-13〉을 보면 2001년 이후 자사주 매입금액이 급격하게 늘어났다. 2004년에는 증권거래소 상장기업의 자사주 매입금액이 10조 7,400억 원에 이르러 같은 해 주식시장에서 기업이 상장과 유상증자를 통해 조달한 7

---

[34] 내부 지배주주의 경우에도 기업에서 완전히 손을 떼겠다고 작심하지 않는 한 대개의 경우 기업과 운명을 같이 한다. 이들은 평소에도 주식시장에서 주가의 추이에 따라 보유주식을 매도하는 일을 하지 않는다.

[35] Blair, Margaret M.(1995), *Ownership and Control : Rethinking Corporate Governance for the Twenty-First Century*, Washington D. C.; Brookings Institute.

[36] Carpenter, M., William Lazonick, et al.(2002), *The Stock Market, Corporate Strategy, and Innovative Capability in the 'New Economy': The Optical Networking Industry, Corporate Governance, Innovation, and Economic Performance in the EU*.

표 4-13 자사주 매입의 증가 (단위 : 억 원)

	1997	1999	2001	2003	2004
자사주 매입	3,500	15,900	77,600	98,600	107,400
공개/유상증자	15,300	287,200	166,000	107,500	78,400

자료 : 대우증권 보도자료(2004. 11).

조 8,400억 원을 훨씬 넘어섰다. 2004년에 배당으로 지급된 금액이 8조 원에 달했던 점을 감안한다면 주식시장의 자금조달 기능이 존재하지 않는다는 것을 말한다. 기업의 내부 파이를 외부로 유출시킨다는 점에서 현재와 같은 소유구조를 가진 주식시장은 정상적인 형태의 시장이라고 보기도 어렵다.

이렇듯 주주들이 기업의 이익을 상당 부분 점유하고 있는 반면에 이들의 실물투자에 대한 기여는 대단히 저조하다. 앞의 〈표 4-3〉에서 나타난 것처럼 제조업 설비투자 재원의 조달 비중 가운데 주식시장이 차지하는 비중은 2~3%에 불과하다. 그렇다면 과연 주식투자자가 기업의 잔여위험의 부담자이고 다른 누구보다도 기업의 으뜸가는 주인이라는 주장에 의문을 갖는 것은 당연하다.

주주자본주의의 세 번째 문제점은 주식시장이 그들이 믿는 것과는 달리 효율적으로 작동하고 있지 않다는 점이다.[37] 그렇기 때문에 이 주식시장을 포함한 자본시장에 가장 민감하게 대응하는 주주자본주의적 기업지배구조가 가장 효율적이라고 볼 수도 없다.

또한 주주자본주의적 원칙이 작동되는 것이 과연 기업의 혁신에 도움이 되느냐라는 문제에 대해서는 더욱 큰 의문이 제기된다. 사회적으로 재원이 생산적으로 사용되기 위해서는 결국 생산의 주체인 기업이 시장에서 살아

---

[37] Shiller, Robert J.(2005), *Irrational Exuberance*, *Princeton*, Princeton University Press.

남을 수 있어야 하고 기업의 생존은 혁신을 하느냐 못하느냐에 달려 있다. 이 점에서 혁신이라는 것은 결국 저비용으로 고품질의 제품을 생산해내는 것이다. 혁신에 필요한 재원배분의 방식은 다음과 같다. 첫째, 발전적이어야 하며 성패가 불확실하더라도 과감한 투자가 필요하다. 둘째, 조직적이어야 한다. 수익은 결국 인적 재원과 물적 재원의 통합을 통해 발생하게 된다는 것이다. 셋째, 전략적이어야 한다. 이는 다른 기업이 주어진 것으로 받아들이는 시장과 기술적 조건을 극복하는 방식으로 재원을 배분해야 한다는 의미이다.[38]

이를 위해 무엇보다 '인내하는 자본(patient capital)'을 공급할 수 있는 '관계금융(relationship banking)'이 중요하고, 고용의 안정과 노사 간의 협력이 중요하며, 혁신적인 투자에 대해서 재원을 배분할 수 있는 인센티브와 능력을 가진 기업 내 전략적 의사결정을 내리게 하는 지배구조가 필요하다.[39]

결국 자본시장에 의해 기업경영진을 지배하고 규율을 정하는 것과는 다른 형태의 기업지배구조 시스템이 혁신을 위해 바람직하다는 얘기이다. 자본시장을 통해 기업을 규율하는 메커니즘 자체에 대해서 다시 생각해볼 필요가 있다. 안정된 경영권과 강력한 내부 지배주주의 존재를 통한 조직적 지배구조는 그 대안이 될 수 있다.

---

38 O'Sullivan(2000).
39 '인내하는 자본'은 기업의 단기적 성과나 비즈니스 사이클의 영향을 크게 받지 않고 장기적인 투자나 기업의 고용을 지원하는 금융의 상태를 말한다.

기업집단의 순환출자 억제

외환위기 발생 후 기업 구조조정의 촉진을 위해 1998년 2월 제6차 공정거래법 개정을 통해 출자총액제한제도가 삭제되었다. 당시에는 BIS 비율의 도입 등으로 인한 금융감독 강화, 적대적 M&A 허용, 외국인 투자자유화 등으로 기업의 차입경영에 의한 사업 확장이 어려워졌었다. 반면, 출자 규제로 인해 대기업들이 기업의 인수와 합병, 자산거래와 사업교환 등 기업 구조조정이 제약되고 국내 기업의 경영권 방어와 사업전략이 오히려 외국인에 비해 역차별 받게 된다는 판단에 따른 조치였다.[40]

이 시기 부채비율 200% 달성을 위해 계열사 간 출자가 증가함에 따라 기업집단의 내부 지분율이 1997년 43.0%에서 1999년 50.5%로 급증했다. 그렇기 때문에 1999년 말 공정거래법의 개정을 통해 2001년 4월부터 출자총액제한제도가 부활되었다. 직접적인 상호출자의 금지만으로는 규제가 어려운 순환출자 등 간접적인 상호출자에 의한 계열 확장과 이에 따른 경제력 집중을 억제하고자 하는 취지였다. 2003년 하반기부터는 기업집단 총수의 실질소유권과 지배권 간의 격차를 계량화하여 이를 대외적으로 공표하고 이를 줄일 경우 출자총액제한제도의 적용을 면제하는 정책이 시행되었다.

강철규 당시 공정거래위원장은 2006년 초 한 신문 기고를 통해 이렇게 말했다. "지배 목적의 출자총액을 제한하는 제도는 여전히 필요하다. … 대기업집단도 막연히 정부에 요구만 할 것이 아니라 스스로 소유지배구조를 개선하기 위해 먼저 노력해야 한다. 우리 시장경제가 개발연대의 옷을 벗고 선진경제의 수준으로 탈바꿈하도록 공정한 경쟁 문화가 조속히 자리 잡

---

[40] 최충규(2004), "출자총액 규제와 소유지배 괴리", 《시장개혁 로드맵의 평가와 과제》, 한국경제연구원.

기를 기대한다."

공정거래위는 최근 출자총액제한제도가 폐지된다 하더라도 순환출자를 줄이기 위한 사전 소유 규제는 어떤 형태로든 계속되어야만 한다는 입장을 견지하고 있다. 공정거래위 당국자들은 순환출자의 개선을 주요한 정책 목표로 삼고 있다. 가령 권오승 공정거래위원장은 최근 "대기업과 대기업집단, 그리고 재벌을 구별하려 한다" 하면서 "개별 기업은 기업 정보나 비밀이 보호돼야 하지만 재벌 성격을 가진 기업집단은 적은 지분을 가지고 지배하고 있기 때문에 (보호는) 옳지 않다"고 언급했다.[41]

공정거래위와 일부 학자들의 의견에 따르면 소유권(혹은 현금흐름권(cash-flow rights))과 지배권 간의 괴리가 생기게 됨에 따라 지배소수주주(주식을 그리 많이 가지고 있지 않으나 계열사 지분 등을 통해 지배권을 행사하는 주주)에 의한 사적이익(private benefit)의 편취가 생기고, 이에 따라 주가가 저평가되는 현상(코리아 디스카운트)이 나타난다는 주장이다.

이들은 실질소유권을 초과하는 의결권 행사는 다른 모든 조건이 같을 경우 지배주주로 하여금 소액주주의 이익에 반하여 자신의 '사익'을 추구하는 '대리인 문제(agency problem)'를 심화시킬 수 있다고 주장한다. 하지만 사적이익이 무엇인지에 대해서 정확히 이해하는 것이 중요하다. Sanford Grossman and Oliver Hart의 1988년 저작 "One Share / One Vote and the Market for Corporate Control"에 의하면 경영권은 사적이익 그리고 주식이익과 관련되어 있다. 이 중 사적이익은 경영권을 지닌 현 경영진이나 인수자가 가지지만 인수 대상이 되는 기업 주주들이 갖지 못하는 권리를 말하며, 주식이익은 기업 주주들에게 부여된 소득흐름의 총시장가치를 말한다.[42] 실질소유권보다 커다란 지배권을 가지고 경영권을 유지하길 원

---

41 대한상공회의소 초청 최고경영자 조찬간담회 연설(2006. 5. 17).
42 말하자면 주식이익은 최근 얘기되는 '주주가치', 혹은 '기업가치'를 말한다.

하는 특정 주주(예를 들면 창업자 가족)는 사적이익의 증가를 위해 주식이익을 손상시킨다는 것이 이 저작의 골자이다. 그렇기 때문에 실질소유권과 지배권 간의 일탈을 막는 것이 주식이익(시가총액으로 대표되는 주주의 이익)을 극대화하는 것이라는 의견이 Grossman and Hart(1988)의 주장이다.

Grossman and Hart(1988)의 연구는 다음과 같이 요약된다.

- 배당금 권리는 같으나 의결권은 상이한 두 가지의 주식을 특정 기업 A가 발행한다는 전제(Class A는 의결권이 없고, Class B는 모든 의결권을 가짐)를 둔다.
- A 기업의 주식가치는 현재의 경영진 A′ 아래에서는 200이라고 가정(Class A, Class B는 각각 100)하고, A′는 기업 A를 지배함으로써 얻게 되는 사적이익이 0이라고 전제한다.
- 여기서 만약 A 기업을 인수하려 하지만 경영 능력은 떨어지는 다른 경영진 B′ 아래에서 A 기업의 주식가치는 180으로 떨어지고, 반면 다른 경영진 B′는 이 기업을 인수함으로써 사적이익 15를 얻는다고 가정한다.
- A 기업 주주의 입장에서 본다면 다른 경영진 B′로 인수되는 것은 기업의 가치를 200에서 180으로 훼손하는 것이므로 인수에 대해 반대할 것으로 추정된다.
- 하지만 다른 경영진 B′는 Class B의 주식을 기존의 주식가치인 100에 11을 더해서 인수 오퍼를 낼 수 있고(경영진 B′의 사적이익 15 중에서 11을 감소시키는 것임), 이 경우 경영진 B′ 아래서 A 기업의 주식가치는 Class A 90+Class B (90+11)=191이 된다.
- 결국 기업의 가치는 이전의 주식가치 200에서 191로 떨어지게 되고 A 기업의 새로운 경영진 B′는 사적이익 4를 누리게 된다는 것이다.

그러나 앞에서 살펴본 것처럼 지배소수주주에 의한 '사익' 편취 주장은 무엇보다 주주의 이익을 가장 우선시하는 시각이다. 이 주장은 기업의 의결권이 주주의 이해(특히 주식시장에서의 시가총액)를 가장 높일 수 있는 방향으로 정해져야 한다는 것을 전제로 한 것이다. 주식투자자야말로 기업에 생산적 기여를 하는 이해관계자 중 유일한 잔여청구권자(residual claimants)라는 시각에 기초하고 있다.

이 점에서 Grossman and Hart(1988) 등의 주장은 세계적으로 유례를 찾기 힘든 미국적 소유구조를 반영한 이론에 불과하다. 현실적으로 대부분의 나라에서 지배소수주주의 사익을 제한한다는 이유로 상법 또는 공정거래법상 소유권과 지배권 간의 간격을 줄이는 것을 강제성을 지닌 정책 목표로 삼고 있지는 않다. 미국은 특수한 경우라고 할 수 있다. 1920년대 금권(money trust)에 대한 광범위한 비판 여론이 형성되면서 1926년 1월 NYSE(뉴욕증권거래소)는 무의결권 보통주를 발행한 기업의 상장을 불허했다. 1930년대 뉴딜정책의 일환으로 미국 정부가 추진한 기업지배구조 개선 정책으로 주주민주주의적 원칙이 강화되었다. 뉴딜정책의 산물인 1934년 증권거래법에 의해 SEC(증권거래위)가 설립되었고, SEC는 제1차세계대전 이후 호황 기간 중 2,000만 명이 500억 달러 상당의 주식을 매입하였으나 공황을 거치면서 그 가치가 절반으로 폭락한 배경 속에서 이러한 폭락을 방지하는 것을 중요한 과제로 삼았다. 이에 따라 1934년 증권거래법은 "공정한 기업투표권은 공식거래소에서 거래되는 모든 주식에 부여된 중요한 권리"라는 점을 강조하게 된다.[43]

이때부터 나타나는 소액주주운동과 주주행동주의는 대기업과 미국 의회에서 주주영합주의(shareholder populism)라는 비판을 받게 된다. 1960년

---

43 Richard Marens(2002), "Inventing Corporate Governance : The Mid-Century Emergence of Shareholder Activism," *Journal of Business and Management*, Vol. 8, NO. 4, p. 369.

대 이후 적대적 M&A를 피하기 위해 경영권을 강화하기 위한 조치들이 기업에 도입되었고, 기업들은 차등의결권의 발행을 통해 자신의 경영권을 보호하려 했다. 그렇기 때문에 경영자들은 실질소유권과 지배권 간의 괴리가 발생하는 주식을 발행했다. 1980~1987년 사이에 93개 기업이 자본을 재편하면서 소유권과 지배권의 일치를 고수하는 NYSE보다 유연한 규정을 지닌 AMEX(American Stock Exchange, 아메리카증권거래소)와 NASD (National Association of Securities Dealers, 전미증권업협회)를 선호하게 되었고, 결국 증권거래소 간에 경쟁이 촉발되게 된다. 이러한 환경 속에서 NYSE는 결국 1986년 8월 실질소유권과 지배권 간의 간격을 발생시키는 주식의 발행을 허용함으로써 이전 60년간 유지해온 원칙을 포기하게 된다.[44]

미국을 제외하면 실질소유권과 지배권 간의 괴리 현상은 일반적으로 나타난다는 것을 알 수 있다. 미국에서 소유권과 지배권 간의 괴리 현상은 일부 기업에 한정되어 나타나고 있지만 유럽에서는 피라미드, 상호주식보유, 차등의결권 등이 인정되고 있기 때문에 실질소유권과 지배권 간의 괴리 현상은 아주 일반적이다. 가령 캐나다의 경우 상장기업 중 20~30%가 차등의결권 등을 통해 실질소유권과 지배권 간의 격차를 허용하고 있으며 마그나 인터내셔널(Magna International)의 경우 A 주식은 1주 1표, B 주식은 1주당 500표를 허용하고 있다.[45] 영국에서는 무의결권 우선주 발행 규모의 제한이 없기 때문에 차등의결권을 발행하는 것과 동일한 결과(미디어 그룹 DMGT의 경우 자본금 총액의 95%를 무의결권 우선주로 충당)를 낳는 주식의 발행을 허용하고 있다.[46]

---

[44] Ronald J. Gilson(1993), "Regulating the Equity Component of Capital Structure : The SEC's Response to the One-Share, One-Vote Controversy," *Journal of Applied Corporate Finance*, Vol. 5, No. 4.

[45] Gry, Tara(Aug. 18, 2005), "Dual-Class Share Structures and Best Practices in Corporate Governance," Parliamentary Information and Research Service(http://www.parl.gc.ca/information/library/PRBpubs/prb0526-e.htm : 인터넷 검색일 2006. 4. 26).

그림 4-3 영국 미디어 그룹 DMGT의 소유지배구조

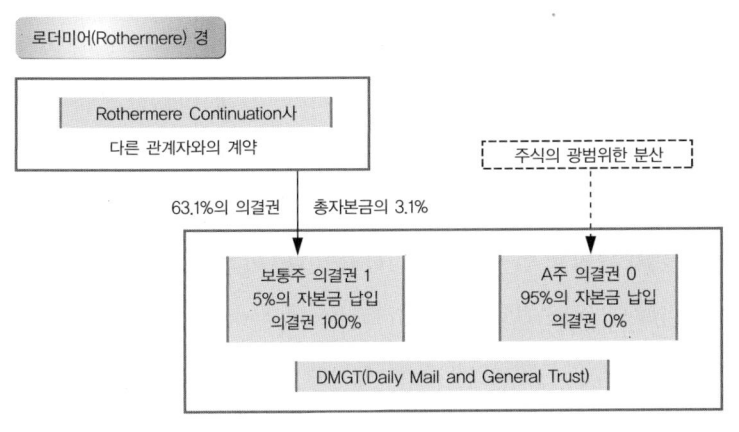

영국의 최대 미디어 그룹인 DMGT는 데일리 메일을 비롯해 이브닝 스탠더드 등 영국 전역에 걸쳐 수십 개 이상의 미디어를 소유하고 있는 미디어 재벌 그룹이다. 〈그림 4-3〉에서와 같이 이 기업의 발행주식은 5%의 보통주와 95%의 무의결권 우선주로 구성되어 있다. 이에 따라 기업의 지배권은 5%의 보통주를 누가 얼마나 갖고 있느냐에 의해 좌우되는데, 이 보통주 63.1%가 로더미어 가문이 지배하는 로더미어 영속 유한회사와 이들과 관련을 맺고 있는 주주들에 의해 소유되어 있다. 결국 로더미어 영속 유한회사 등은 자본금 대비 3.1%의 자본투입을 통해 DMGT의 의결권 63.1%를 장악하고 있다. 결국 차등의결권이 존재하지는 않지만 우선주 발행의 제한을 두지 않음으로써 실질적으로 차등의결권 주식의 발행과 동일한 효과를 거두고 있다는 점을 알 수 있다.

독일과 이탈리아는 차등의결권의 발행을 금하고 있는 나라이다. 하지만 이들 국가는 무의결권 우선주의 발행과 주식의 상호보유를 허용함으로써

---

46 한국의 경우 무의결권 우선주 발행이 가능하나 전체 발행주식의 4분의 1로 제한하고, 독일의 경우 2분의 1로 제한한다.

소유권과 지배권의 광범위한 괴리 현상을 용인하고 있다. 프랑스의 경우 FTSE '유로퍼스트 300(유럽의 300대 상장기업 인덱스)'에 포함되어 있는 상장대기업이 42개사인데 이 중 64%에 해당하는 27개 기업이 주식의 차등의결권을 인정하고 있다. 이들 기업은 최소 2년, 많게는 4년 동안 동일한 주주가 주식을 보유할 경우 1주당 의결권을 두 표로 함으로써 실질소유권과 지배권 간의 괴리를 법적으로 인정하고 있다. 이러한 차등의결권은 1966년에 제정된 프랑스 기업법(French Corporate Law)에 근거해 회사의 정책에 따라 의결권을 불균등하게 분배할 수도 있고, 주주의 의결권을 박탈할 수도 있도록 하는 것이 가능한 데에서 기인한다.

재무구조 개선과 경영 투명성 강화

외환위기 이후 김대중 정부는 기업의 부채비율(자본금 대비)을 1999년 말까지 200% 이하로 낮추도록 하였다. 이와 함께 기업의 자기자본 100% 초과분에 대한 상호지급보증을 1998년 3월까지 해소하도록 하였고, 1998년 4월 이후에는 대기업집단 계열사 간 신규 채무보증이 금지되었다. 계열사 중 한 기업의 사정이 나쁠 경우 이 기업의 부채에 대해 지급보증을 섰던 해당 계열사의 다른 기업으로 어려움이 확산되는 통로를 차단하기 위한 목적에서였다.

　이러한 재무구조 개선정책을 위해 기업들은 비주력 기업뿐만 아니라 당장 현금화가 가능한 유망 주력 사업 부문을 상당 부분 팔아치우는 일이 벌어졌다. 현재 국내에서 1조 원 이상 매출액을 기록한 외국 기업 중 상당수는 외환위기 직후 기업이 경험한 외화유동성 위기와 기업소유지배구조 개선 과정에서 전도유망하지만 현금유동성의 확보를 위해 기업을 매각하면

표 4-14 재무구조 관련 주요 비율의 추이 (단위 : %)

구분(연말)	1997	1998	2000	2001	2002	2003	2004	일본[1]	미국[1]
부채비율[2]	424.6 (396.3)	336.4 (303.0)	221.1 (210.6)	195.6 (182.2)	144.7 (135.4)	131.3 (123.4)	114.0 (104.2)	253.6 (145.4)	– (141.2)
자기자본비율[3]	19.1 (20.2)	22.9 (24.8)	31.1 (32.2)	33.8 (35.4)	40.9 (42.5)	43.2 (44.8)	46.7 (49.0)	28.3 (40.7)	– (41.6)
차입금의존도[4]	50.0 (54.2)	48.5 (50.8)	40.3 (41.2)	38.4 (39.8)	30.6 (31.7)	29.1 (28.3)	25.6 (24.0)	39.3 (28.7)	– (22.9)

주 : 1) 일본은 2004년 3월 말 기준, 미국은 2004년 말 기준.
    2) (부채/자기자본)X100, ( ) 안은 제조업.
    3) (자기자본/총자본)X100, 4) (차입금+회사채)/총자본X100.
자료 : 한국은행(2005), 《기업경영분석》, 각 호.

서 소유권이 바뀐 경우이다.

  부채비율을 줄이고자 하는 정책은 2001년의 독점규제 및 공정거래에 관한 법률 제10차 개정(2002년 4월 시행)을 통해 더욱 강화되었다. 제10차 개정을 통해 자산총액 5조 원 이상의 기업집단 중 부채비율 100% 미만의 기업집단을 출자총액제한제도의 적용 대상에서 제외시킴으로써 부채비율 100% 이하로의 재무구조 개선이 정책적으로 장려되었다.

  외환위기 이후 부채비율의 축소를 위한 일련의 조치 결과 최근 한국 기업들의 부채비율은 일본과 미국에 비해 오히려 지나치게 건전한 상태로 변화했다. 이것은 기업이 외부자금을 조달하지 않고, 그만큼 보수적인 경영을 한다는 것을 의미한다. 부채비율이 낮을 경우 자본비용이 높아져 결국 목표수익률을 높게 잡게 되고 이에 따라 투자가 줄어들게 되는 결과가 나타난다.[47] 2002년 말 현재 한국 제조업의 부채비율은 135.4%로 이미 일본과 미국 제조업의 부채비율 145.4%와 141.2%보다도 낮아졌다. 2004년 말 한국 제조업의 부채비율은 104.2%이다.

---

47 전효찬·이영주(2005).

하지만 외환위기 이전 한국 기업들의 부채비율이 유난히 높았다고만 주장할 수는 없다. 세계은행의 조사에 따르면 1980년에서 1991년 사이 일본, 프랑스, 이탈리아는 각각 369%, 361%, 370%로 한국과 유사한 부채비율을 보였다. 스웨덴, 노르웨이, 핀란드 등은 각각 555%, 538%, 492%로 한국보다 오히려 상당히 높았다. 또한, 기업의 부채비율이 높은 것이 과연 나쁜 것인지에 대해서도 분명한 결론은 나지 않고 있는 상태이다. 오히려 금융기관 차입을 통한 자금조달이 더욱 강력한 인센티브 시스템을 가진 것으로 간주하는 연구도 있다.[48]

한국은 1998년 2월 상장기업들의 사외이사 선임을 의무화하고 1999년 12월 이사회 내 위원회 설치와 감사위원회제도를 도입하였다. 2001년에는 사외이사제도를 법제화하고 선임의무를 확대하였으며, 2002년부터는 대형 코스닥 등록법인에까지 사외이사제를 의무화하였다. 또한 1998년 12월에는 주주대표 소송권, 장부열람권, 주주제안제, 집중투표제 등을 도입함으로써 소액주주의 권한이 크게 강화되었다.

회계 투명성의 제고를 위해 분기보고서 제출을 의무화(2000년 5월)하였으며, 전자공시제도를 전면적으로 시행(2001년 1월)하고, 공정공시제도를 도입(2002년 9월)하는 등 공시제도를 개선하였다. 대규모 기업집단의 결합재무제표 작성 및 공시(2000년 7월), 분식회계 근절방안 마련(2001년 4월) 등의 정책도 시행되었다.[49]

---

[48] Chang, Ha-Joon and Park, Hong-jae(1999), "An Alternative Perspective on Government Policy towards Big Businesses in Korea: Industrial Policy, Financial Regulation, and Political Democracy," 한국경제연구원 주관 '이행기의 한국 재벌' 프로젝트 논문; Brennan, M.(1995), "Corporate Finance Over the Past 25 Years," *Financial Management* 24(2).

[49] 김경원·권순우 외(2002), 《외환위기 5년, 한국 경제 어떻게 변했나》, 삼성경제연구소.

표 4-15 주요 제도와 역차별 현황

분야	제도	내용	역차별 현상
경영권 방어	증권거래법, 상법, 공정거래법	의무공개매수제도 폐지, 느슨한 5% 보고 공시제도, 출자총액제한 규제, 3% 이상 주주의 감사위원인 사외이사 선임권 제한, 대기업집단 소속 금융계열사의 의결권 제한 등	- M&A 관련 공격자의 권리는 강화된 반면 방어 장치는 해제됨에 따라 국내 기업의 1대 주주의 방어 능력이 취약해짐 - 상법 제409조는 지분 3% 이상 소유 주주가 감사위원인 사외이사를 선임할 때 초과 지분에 대해 의결권을 행사하지 못하도록 규정(외국 2대 주주의 경우 페이퍼컴퍼니를 통해 소유 지분을 3% 이하로 분산 가능) - 외국계 펀드에 대한 감독 능력과 당국의 권위 부족으로 시장질서가 교란되는 양상

기업지배구조 개혁의 결과

외환위기 이후의 기업지배구조 개혁은 주식시장 규율이 강화되었다는 점에서 긍정적인 측면이 존재하는 것이 사실이다. 하지만 이에 따른 많은 부정적 영향이 나타나고 있다. 무엇보다 주주가 유일한 잔여청구권자라는 인식이 만연되고, 주주가치와 동일한 의미인 기업가치가 사실상 기업의 실질적인 가치와 혼동되어 사용되고 있다.

주식시장의 생산적 자금 공급 기능이 떨어진 것도 큰 문제이다. 기업 입장에서도 자본시장을 적극적으로 활용하고자 하는 엄두를 내지 못하고 있다. 기본적으로 자본시장을 활용한다는 것은 가뜩이나 부족한 대기업집단 지배 가족의 지분을 줄이는 결과를 가져올 것이기 때문이다. 기업들은 현금 보유 확대로 경영권 방어에 나서게 됨에 따라 결국 투자 자금은 축소되고 있고, 불필요한 내부 1대 지배주주와 외부의 2대 주주(많은 경우 외국인) 간의 갈등이 심화되고 있다.

또한 내·외국인 간 역차별 현상이 두드러지게 나타난다. 역차별은 외국 자본을 우대하는 것이 지나쳐 오히려 국내 기업과 자본이 경쟁에서 불리한

표 4-16 1조 원 이상 매출 국내 외국계 기업 현황(2005년 말 현재)

해당 기업	소유권 이전 관계	경위
S오일	쌍용그룹 → 아람코	구 쌍용정유, 쌍용그룹 유동성 위기로 1999년 그룹이 지닌 쌍용정유 지분 28.4%를 S오일 법인이 인수(자사주 형태). 아람코는 35%
현대 오일뱅크	현대그룹 → UAE의 IPIC	구 현대정유, 1999년 UAE의 IPIC로부터 5억 달러 외자유치, 현대정유(과거 극동정유)는 2000년 1월 현대그룹에서 계열분리
GM대우 GE코리아	대우그룹 → 미국GM	구 대우자동차, 대우그룹 해체 후 채권단이 2002년 GM에 매각. GM은 2억 7,400만 파운드, 채권단이 1억 3,400만 파운드로 각 67%, 33%를 인수하는 형태로 새 회사 GM대우를 세움. 이 GM대우가 대우자동차 지분의 50%를 1억 7,000만 달러에 사는 형태. GM대우는 8억 달러의 우선주를 발행하여 채권자에게 주고, 대우 해외 조직에서 발행한 채무 2억 1,900만 파운드를 인수. 정부는 세금 브레이크로 법인세를 낮추고 자동차소비세를 6개월간 면제
삼성테스코	삼성물산 → 영국 테스코	삼성그룹 구조조정 차원에서 삼성물산 유통 부문을 합작법인 삼성테스코를 설립한 후 넘기는 방식으로 매각. 삼성은 일정 지분에 대한 buyback option을 가짐. 경영진 직원 모두 승계 방식
쌍용자동차	쌍용그룹 → 중국 상하이자동차	2005년 상하이자동차에 매각
르노삼성	삼성그룹 → 프랑스 르노자동차	구 삼성자동차, 2000년에 르노가 삼성자동차를 인수
한국 바스프	한화, 효성, 대상 → 독일 바스프	- 1998년 3월 대상그룹(옛 미원)이 사료 첨가 발육물질인 라이신 사업부를 바스프에 6억 달러에 매각 - 한화 바스프우레탄 1,200억 원에 바스프에 매각 - 효성 바스프 640억 원에 바스프에 매각
만도	한라그룹 → 미 JP모건 투자 컨소시엄	국내 최대의 자동차부품업체, 1999년 12월 지분참여(50%) 방식으로 경영권 인수
유코카 캐리어스	현대그룹 → 빌 헬름센, 발레니우스	2002년 유동성 위기에 몰린 현대그룹이 현대상선의 자동차 운송 사업 부문을 80% 매각
하나로 텔레콤	하나로통신 → 미국 뉴브리지케피털 & AIG컨소시엄	2003년 AIG-뉴브리지 컨소시엄이 주당 3,200원에 지분 39.56%를 인수(투자자 buy-out 형식)
한국 HP	한국 HP → 미국 HP	HP(55%)와 삼성전자(45%)의 합작법인, 1998년 미국 HP가 삼성전자 지분을 전량 인수
노벨리스 코리아		1999년 알칸과 대한전선의 합작, 후에 노벨리스가 알칸으로부터 분리되면서 이름 바꿈. 노벨리스의 지분이 68%
도시바삼성 스토리지 테크놀러지 코리아		2003년 삼성전자와 도시바의 합작사

TI코리아		반도체 OEM 회사
볼보 건설기계 코리아	삼성그룹 → 스웨덴 볼보	1998년 2월 삼성중공업의 굴착기 부분 매각, 2002년의 경우 매출액 24억 달러에 순수익 13억 4,000만 달러
한국 쓰리엠		두산그룹의 지분 40%를 쓰리엠이 1996년 전량 인수
LG히다찌		LG전자와 히다찌의 합작. 2000년 히다찌로 경영권 이양

위치에 서게 되는 것을 말한다. 외국 자본은 선진 기술을 보유하고 있으며, 구조조정의 적임자라는 인식하에 국내 자본과 외국 자본에 대한 비대칭적 규제가 들어가면서 발생하였다. 다양한 분야에서 역차별이 발생하고 있지만, 특히 경영권 방어와 관련한 역차별 현상은 대기업의 보수적 경영을 불러일으킨 원인 중 하나라는 점에서 주목할 만하다.

2005년 말 현재 비금융 국내 기업 중 1조 원 이상 매출액을 기록한 기업의 수는 164개이다.[50] 이 중 국내 외국계 기업의 수는 20개로 13% 수준이다. 절대적인 수치를 보면 많은 것은 아니지만, 이들 중 상당수가 외환위기 이후 매각된 기업이라는 점에서 부채비율 200%를 위시한 재무건전화정책의 결과가 상당하다는 것을 말해준다. 원/달러 환율이 오르고, 기업들이 현금 유동성 확보에 시달렸던 상황이기 때문에 이들 기업은 값싸게 매각되었다. 이들 중 상당히 많은 기업이 매출액이나 순이익에서 현재 '황금알'을 낳고 있다는 점에서 아쉬움이 있다. 분석에 의하면 20개 중 13개가 외환위기 이후에 국내 대기업집단의 유동성 위기와 직접적 연관을 갖고 있다. 유코카캐리어스(EUKOR Car Carriers)와 하나로텔레콤은 외환위기를 극복한 이후에 현대그룹 등이 겪은 유동성 위기의 결과이다.

1조 원 이상 매출액을 올리는 중요 외국 기업 중 65%가 외환위기 이후 급작스럽게 획일적으로 부채비율을 축소하거나 하는 과정에서 팔려나간

---

[50] 금융사를 포함할 경우 2004년 법인세 납부 실적을 기준으로 볼 때 매출 1조 원 이상 기업은 200개이다. 2001년 168개, 2002년 175개, 2003년 198개 등 꾸준히 증가 추세에 있다.

그림 4-4 글로벌 기업 매출액과 R&D 지출의 국제화 정도

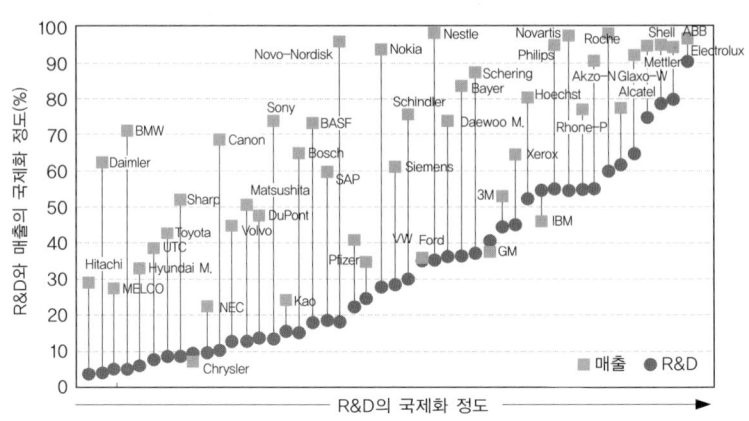

자료: Zedtwitz, Max von(2006), "Global Firms' R&D Configuration in NE Asia-observations from China, India, Japan, Korea".

기업들이라는 점을 주목할 필요가 있다. 그것은 외환위기 이후 정부가 외자유치를 그토록 강조했지만 사실 외국인 직접투자가 그리 성공적이지 못했다는 것을 반증한다. 특히 국내 기술 확산에 기여할 수 있는 외국계 기업의 수는 상당히 제한적인 실정이다. 또한, 1995~2003년까지 대기업들의 연구개발 투자에 관한 조사에 따르면 GM대우와 르노삼성과 같이 해외에 매각된 기업은 1997년 이전에 비해 1998년 이후의 R&D 투자의 비중이 절반 수준을 벗어나지 못하고 있다.[51]

일부에선 "세계화된 세상에서 자본이나 기업의 국적을 논하는 것은 낡은 민족주의적 발상에 불과하다"고 말한다. 하지만 자본의 국적성은 유의미하다. 이는 R&D 투자의 자국편향성을 보면 잘 드러난다. 글로벌 기업의 경우 국제적 매출과 해외에서의 R&D 투자 간에는 상당한 차이가 발생하

---

51 정승일(2005), "대기업 및 중견기업에 있어 장기투자의 양극화와 그 원인 – R&D 투자를 중심으로", 국회 토론회 'IMF 8년, 시장개혁의 방향을 진단한다' 발표 자료.

고 있다. 〈그림 4-4〉에서처럼 아무리 국제화된 기업이라고 하더라도 R&D 투자는 본사가 위치한 국가에서 주로 이뤄지고 있기 때문이다.

독일의 자동차 회사 BMW의 경우 매출의 70% 이상이 해외에서 이뤄지고 있지만 R&D 비용 중 해외 부문이 차지하는 비중은 5% 이하이다. 스위스 네슬레는 95% 이상의 매출이 해외에서 이뤄지고 있으나 R&D 중 해외 부문이 차지하는 비중은 35%에 불과했다. 히다찌, 다이믈러, MELCO, BMW, 현대자동차, UTC, 도요타, 샤프의 경우 매출액 중 해외 부문이 차지하는 비중은 최소 30%에서 최대 70% 이상이었으나, R&D 지출의 해외 비중은 모두 10% 미만이었다. 캐논, 소니, 바스프, 노보-노르디스크의 경우 매출액 중 해외 비중은 최소 70%에서 95%에 달하는 반면 R&D 중 해외 부문이 차지하는 비중은 모두 10~20%에 머물렀다.[52]

---

52 Zedtwitz, Max von(2006).

04
결론

〈표 4-17〉은 외환위기 이후 금융과 기업지배구조 관련 개혁의 목적과 수단, 그리고 그것이 한국 경제에 끼친 영향을 요약한 것이다. 외환위기 이후의 개혁은 효율적 금융 시스템의 구축과 선단식 경영의 종식이었으나, 과연 효율적 금융 시스템이 구축되었는지에 대해서는 부정적인 평가가 많다. BIS 비율로 대표되는 국제 기준에 대한 과도한 집착은 금융과 기업의 거리를 과도하게 확장시켰다는 지적이 많다. 특히 은행은 예대금리차와 수수료에 의해 대부분의 이익을 얻는다는 점에서 정부규제로부터 수혜를 받고 있지만 최소한의 공적인 역할을 게을리 하고 있는 것으로 평가받고 있다. 투자의 선도자 기능은 고사하고 소비자금융, 주택금융에 대한 과도한 쏠림 현상을 보여줌에 따라 거시경제적 변동성을 강화시키는 데 주요한 역할을 한 것으로 지적된다. 외환위기 직후에는 기업의 대출금을 회수하고 수출금융과 수출환어음의 매입마저 기피함으로써 기업들의 무더기 도산의 원인을 제공했다.

또한 시중 은행은 규제의 혜택에 힘입어 사상 최대의 수익을 올리지만 60~70% 이상의 주주가 외국인이기 때문에 그 이익의 상당 부분은 국내

표 4-17 외환위기 이후 9년 금융 및 기업지배구조 개혁 평가

목적	▶ 효율적 금융 시스템의 구축
	▶ 선단식 경영의 종식
수단	▶ BIS 비율의 획일적 적용 ▶ 외국 자본에 부실은행 매각 ▶ 적대적 M&A 시장 활성화정책(구조조정의 파트너로 외국 자본에 의한 M&A 허용) ▶ 순환출자억제 목적 출자총액제한제도 부활 ▶ 부채비율 축소, 상호지급보증 해소, 부당내부거래 심사 강화
중간결과	▶ 은행 보유 기업주식 4조 원이 시장매물로 나옴 ▶ 기업 대출금 회수, 수출금융 마비, 수출환어음 매입 기피, 입찰 및 계약이행 보증서 발급 거부 ▶ 25개 은행(특수 은행 제외)이 13개로 구조조정
	▶ 유동성 위기에 따라 주요 그룹은 계열사를 외자로 떨이 매각(fire sale) ▶ 상시적 구조조정으로 고용불안 ▶ 내부자금 위주의 투자 관행
최종결과 (O 긍정 △ 부정 → 평가)	O 은행의 건전성, 수익성 확대 △ 외자에 의한 은행 지배 △기업금융 외면, 주택대출 선호 → 금·산 간 관계 느슨, 금융시장 불안정, 신용경색(외환위기 직후), 투자선도 기능 및 공공성 약화, (쏠림 현상에 따라) 경기변동성을 강화
	O 기업 재무구조 개선 o 금융비용 축소에 따라 일부 대기업 수익성 증대 △ 주주자본주의 득세 △경영권 위협과 자사주 매입 등 현금동원형 경영권 방어 △ 보수적 투자, 신규 사업 추진 외면 → 한국 기업집단의 장점인 역동성 저하, 경영자는 '단기주의' 경향성 강화

경제로 환원되고 있지 못하다. 은행은 대부분의 수익을 국내 기업과 소비자와의 관계에서 창출하고 있으며 그 수익의 기반이 정부규제에서 나오고 있다는 점에서 공공성을 지닌 은행이 과연 국민경제에 최소한의 바람직한 모습을 보여주고 있는지에 대해 회의적인 시각이 많다.[53]

기업지배구조 개혁에 대해서는 우선, 선단식 경영의 종식이라는 목적에 대해 어떻게 해석해야 할 것인지 다시 고민해야 할 것 같다. 만약 선단식 경영의 종식이라는 것을 기존의 대기업집단체제를 완전히 해체하자는 것으로 해석한다면, 그것은 개혁의 목적 자체가 잘못된 것이라고 봐야 할 것이

---

[53] 여기서 정부의 규제라 함은 진입규제를 통해 과도한 경쟁을 막아주고, 이에 따라 라이선스를 보유한 은행들이 금융감독원의 승인을 얻어 수수료 수익을 얻으며, 한국은행을 통해 최후의 대부자 기능을 확보하고, 예금보험공사를 통해 저축에 대한 소비자의 위험 심리를 최소화하고 있음을 지적하는 것이다. 이러한 규제 장치가 없이 은행의 수익성을 추구한다는 것은 불가능하다.

다. 한국의 대기업집단체제는 역사적인 산물이라고 할 수 있고, 그것이 가진 긍정적인 기능이 대단히 많기 때문이다.[54]

외환위기 이후 기업지배구조 개혁은 대기업집단체제를 완전히 해체하는 것은 아니었지만, 그것이 가졌던 긍정적 기능의 상당 부분까지 와해시키는 결과를 낳았다. 가령 부채비율 200% 이하로의 축소, 상호지급보증의 완전한 해소 등은 기업의 재무건전성을 높였고, 이에 따라 매출액 대비 영업이익의 비중이 올라가는 등 일견 긍정적인 결과를 가져왔던 것은 사실이다. 하지만 영업이익 대비 투자율은 급격하게 하락되었다. 대기업의 경우 외환위기 이전에 한때 200%에 달하던 영업이익 대비 투자율은 외환위기 이후 100% 이하로 급락했다. 영업활동으로 창출된 이익이 투자로 이어지고 있지 않다는 것이다.

결론적으로 외환위기 이후 상당 부문 제거된 한국 경제의 도전적 요소를 복원시키는 것이 중요하다. 금융이 기업과 거리두기를 지속하고 기업이 공격적 투자 유인을 잃고 경영권 보호를 위해 자본시장으로부터 자금조달을 회피하는 한 투자의 복원은 요원한 일이 될 것이다.

둘째, 과도하고 급진적으로 행해지는 개혁에 대해서는 재고해야 할 것이다. 특히 특정한 나라의 역사적 경험의 산물인 제도를 일반화시키는 오류를 경계해야 한다. 구체적 상황이 다르기 때문에 외부 제도를 일방적으로 이식할 경우 전혀 예기치 않은 부정적 결과를 낳게 된다는 것이다. 그렇기 때문에 유럽 국가들이나 일본 등 많은 나라에서는 특정한 제도를 벤치마킹할 경우 정부가 이를 획일적으로 강제하기보다는 가이드라인을 제시하고 이를 '준수(comply) 혹은 설명(explain)'하는 방식을 채택하고 있다. 다시 말해 정부가 생각하는 개혁의 방식이 있다고 하더라도 그것을 강요하기보

---

[54] Khanna, T. and K. Palepu(1997), "Why Focused Strategies May Be Wrong for Emerging Markets," *Havard Business Review*, pp. 41~55.

다는 기업이 이를 따르지 않을 것이라면 그 내용을 공시하여 투자자들에게 또는 자본시장에서 평가를 받도록 한다는 것이다.

셋째, 외국 자본에 대한 올바른 태도를 갖는 것이 중요하다. 무엇보다 국내 자본이 역차별을 받는 일은 발생하지 않아야 할 것이다. 외자라는 것은 결국 얼마나 국민경제에 도움이 되는가 하는 잣대에 의해서 판단되어야 한다는 말이다. 외환위기를 여러 차례 경험했던 멕시코 재무장관 출신의 현 IMF 부총재 어거스틴 카스텐스(Augustin Carstens)는 "양질의 외국 자본이란 실제로 자본이 유입되고, 기술을 수반하며, 일자리를 창출하는 자본"이라고 정의하였다.[55] 또한 하버드 대학의 대니 로드릭(Dani Rodrik) 교수는 "국내 자본의 투자이익을 증대시키는 개혁을 하지 않고 이루어지는 세계와의 통합이나 외자 유치는 국민경제에 도움이 되지 않는다"[56]고 언급한 점을 유념해야 할 것이다.

---

55 2003년 11월 7일 IMF 포럼에서 언급했다.
56 필자와의 인터뷰.

5

한국 경제의 성장잠재력 평가

01
경제성장률과 성장잠재력 저하

최근 경제성장률의 둔화 원인 진단

한국 경제는 1980년대 중반 이후 외환위기까지 연평균 7.7%의 고성장세를 지속했으나 외환위기를 겪으면서 성장세가 둔화되어 2000년 이후에는 연평균 성장률이 4.5%로 크게 낮아졌다. 이러한 경제성장률의 저하를 경제 발전 단계상 선진국으로 진입하는 과정에서 나타나는 경제성장률의 수렴(convergency) 현상으로도 이해할 수 있다. 그러나 2005년 현재 한국의 일인당 국민총소득(GNI)은 선진국인 미국·일본·독일 등의 3∼4만 달러를 크게 밑도는 1만 5,830달러로 세계 49위에 머물러 중진국 수준을 벗어나지 못하고 있다.[1]

외환위기 이후 한국의 경제성장률 저하 원인을 공급 측면과 수요 측면에서 살펴보면, 공급 측 요인으로는 생산요소인 노동과 자본 투입량 증가세

---

[1] 세계은행이 2006년 7월에 발표한 세계 일인당 국민총소득(GNI) 자료에 따르면, 미국은 4만 3,730달러, 일본 3만 8,980달러, 프랑스 3만 4,810달러, 독일 3만 4,580달러 등이다. World Development Indicators (2006) DB, World Bank.

그림 5-1 외환위기 전후의 연평균 경제성장률 추이

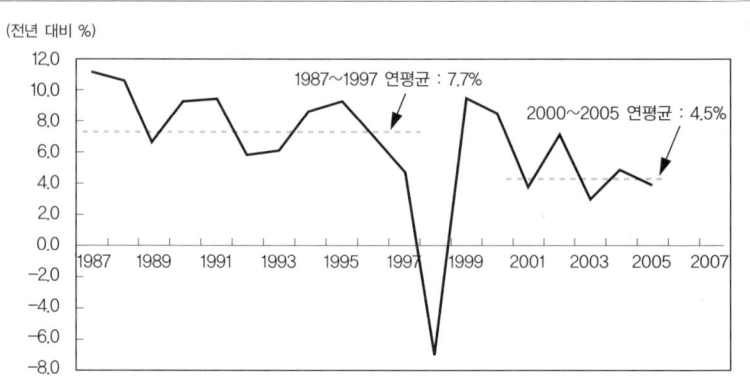

주 : 연평균 경제성장률은 기하평균 자료를 사용.
자료 : 한국은행 ECOS DB에 의거 작성.

의 둔화를 들 수 있다. 경제성장률은 일정 기간 동안 한 경제에서 생산된 실질총부가가치, 즉 실질국내총생산의 전기 대비 증가율로서 생산에 투입된 노동과 자본의 양이 적어지면 '규모의 경제'가 존재하지 않는 한 생산되는 총부가가치의 규모도 줄어들게 된다.

〈표 5-1〉에서처럼 전 산업 평균 주당 근로시간으로 측정한 노동투입은 1987년의 51.9시간에서 외환위기가 발생했던 1997년에는 46.7시간, 2005년에는 44.9시간으로 줄어들고 있는 추세이다. 이는 소득 수준의 향상에 따른 여가에 대한 선호 증가나 노동조합의 교섭력 강화, 그리고 주5일 근무제 등 제도적 요인에 영향을 받은 것으로 보인다. 또한 고령화의 영향으로 생산가능인구(15~64세)가 1987~1997년 중에는 연평균 1.6%의 증가세를 보였으나, 외환위기 이후에는 증가세가 0.7%로 둔화되며 노동투입 가능 인구의 증가세가 약화된 것도 주요인으로 분석된다.

자본의 축적도 부진한 것으로 나타났다. 외환위기 이후 지속된 구조조정과 경영 환경의 변화, 카드버블로 인한 소비 부진, 신성장산업의 부재 등으로 신규 투자가 위축되었기 때문이다. 특히 총고정자본형성은 2000년 이

표 5-1 주당 노동시간, 생산가능인구 및 총고정자본형성 증가율 추이

(단위 : 주당 평균 시간, 연평균 증가율 %)

	주당 근로시간	생산가능인구	총고정자본형성
1975~1986	51.6	2.7	11.8
1987~1997	48.4	1.6	5.0
1998~2005	46.3	0.7	4.9
2000~2005	46.1	0.6	2.9

주 : 연평균 증가율은 기하평균으로 계산.
자료 : 한국은행 ECOS DB, 통계청 KOSIS DB에 의거 작성.

표 5-2 신용카드 발급 및 이용액과 신용불량자 추이

(단위 : 천 매, 억 원, 만 명)

	1997	2000	2002	2004	2005
카드 발급 수	45,705	57,881	104,807	83,456	82,905
이용금액	721,153	2,249,082	6,229,084	3,578,494	3,638,164
신용불량자 수	–	208	264	362	332

주 : 2005년 신용불량자 수는 2005년 6월 말 기준.
자료 : 여신금융협회, 재정경제부.

후의 연평균 2.9%의 증가율을 보여 1987~1997년의 5.0%를 크게 밑돌고 있다.

수요 측면에서는 소비와 투자의 부진이 경제성장률을 하락시킨 원인으로 작용했다. 민간 소비는 2000년 이후 2005년까지 연평균 2.8%의 증가세를 보여 같은 기간의 경제성장률 4.5%를 크게 하회했다. 민간소비의 부진은 2001~2002년에 시작된 카드버블로 가계부채와 신용불량자 증가, 주택 가격 버블 등이 소비심리를 위축시켰기 때문이다. 카드버블은 2001년 세계 IT경기의 급랭으로 수출증가율이 전년 대비 12.7% 감소하며 경제성장률이 3.8%로 하락하자, 정부가 내수경기 부양을 목적으로 신용카드 사용을 적극 권장하는 정책을 실행하는 데서 시작되었다. 신용카드 발급 수를 보면 2000년의 5,788만 매에서 2001년과 2002년에는 각각 8,933만 매와 1억 481만 매로 각각 전년 대비 54.3%와 17.2%로 늘어났으며, 신용카드 이

용금액도 2000년의 224.9조 원에서 2001년과 2002년에는 각각 443.4조 원과 622.9조 원으로 전년 대비 97.1%와 40.5%의 높은 증가세를 보였다.

이와 같은 신용카드의 무분별한 발급과 이용금액의 증가로 가계부채는 2000년의 266.9조 원에서 2002년에는 439.1조 원으로 172.2조 원이나 급증했다. 가계부채가 빠르게 증가하면서 원리금 상환이 어려워지자 신용불량자가 생기기 시작했는데, 2002년 말 264만 명이던 신용불량자가 2003년 말에는 372만 명으로 한 해에만 약 110만 명이 증가했다. 가계부채로 인한 소비 여력의 위축과 신용불량에 따른 소비심리의 악화는 2003년과 2004년 두 해 연속 민간소비 감소세 지속의 원인이 되었다.

또한 2001년부터 시작된 주택가격의 상승도 소비심리를 위축시키는 요인으로 작용했다. 2001년 전년 대비 3.9%의 상승세를 보였던 전국 주택가격은 2002년과 2003년에는 각각 전년 대비 16.7%와 9.0%의 높은 증가세를 보였다. 특히 서울 강남 지역의 주택가격이 높은 상승세를 보였는데, 2002년과 2003년에 각각 29.6%와 13.4%의 상승률을 기록했으며, 2004년과 2005년에도 전년 대비 각각 4.8%와 3.4%가 상승해 전국 주택가격보다 네 배 이상의 높은 상승세를 보였다.

설비투자는 외환위기 이후 부진을 지속하고 있는 상황이다. 외환위기로 인한 구조조정의 충격과 기업들의 보수적 경영 행태가 설비투자 부진의 주요인으로 작용했다. 특히 주식시장에서의 외국인 지분율 상승에 따른 실적 위주의 경영과 적대적 M&A에 대비하기 위한 기업의 현금 보유 확대도 설비투자의 확대를 제약했다. KOSPI와 KOSDAQ 등 유가시장에서 시가총액으로 본 외국인 주식보유 비중이 2005년 현재 37.2%로 소유자별 시가총액 분포의 집계를 시작한 1999년의 18.5% 대비 약 두 배가 증가했다. 또한 소버린(Sovereign)의 SK 경영권 위협과 아이칸(Icahn)의 KT&G 공격과 같은 외국 자본의 국내 기업에 대한 적대적 M&A 시도로 경영권 보호를 위한 기

그림 5-2 설비투자액과 설비투자율로 본 2000년 이후 설비투자 정체 현황

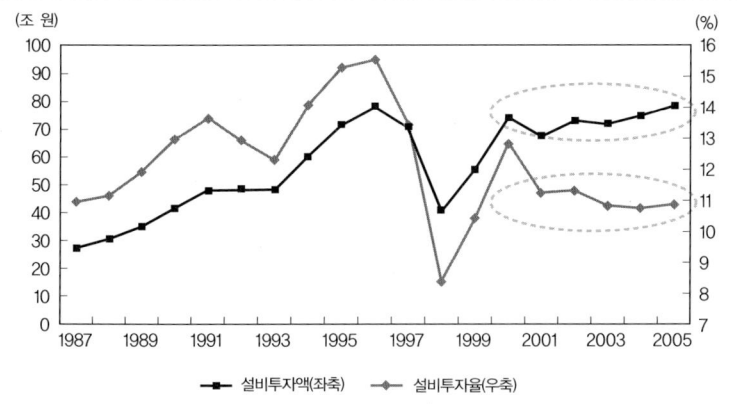

주 : 설비투자는 2000년 가격 기준 실질설비투자액, 설비투자율은 설비투자의 국내총생산에 대한 비중.
자료 : 한국은행, ECOS DB에 의거 작성.

업들의 현금보유 경향이 증대하여 2005년 말 현재 유가증권시장에 상장된 487개사의 현금성 자산은 50.4조 원에 이른 것으로 나타났다. 그중 통화와 수표 등 통화대용증권과 당좌예금, 보통예금 등 현금 및 현금등가물이 28.6조 원으로 전년 대비 24.5%가 늘어나 현금보유 성향이 확대되고 있다.[2]

수입의존도가 높은 IT산업 비중의 확대 등으로 설비투자의 수입자본재 의존도가 1997년의 37.1%에서 2004년에는 48.2%로 높아지면서 국내 설비산업 부문 간의 상호연관성이 하락한 것도 하나의 원인으로 작용한 것으로 보인다. 이로 인해 국민계정의 실질설비투자 규모는 2004년까지 1996년의 77.8조 원을 8년 연속 밑돌아 설비투자의 국내총생산(GDP)에 대한 비중인 설비투자율도 〈그림 5-2〉에서와 같이 1997년의 13.4%에서 2004년에는 10.7%까지 하락했다.

---

[2] 2005년 12월 결산법인 487개사 중 현대자동차의 현금성자산이 5조 6,640억 원으로 가장 많으며, 삼성전자와 LG필립스LCD가 각각 4조 9,515억 원과 1조 4,650억 원을 보유하고 있다. 그룹별로는 삼성이 8조 9,365억 원, 현대자동차가 8조 2,753억 원, SK가 2조 8,839억 원인 것으로 조사되었다.

성장잠재력 훼손에 대한 우려 고조

외환위기 이후 전개된 경제의 구조적 변화와 생산요소 투입량의 저하로 2000년 이후의 연평균 경제성장률이 4.5%까지 하락하자 향후 한국 경제의 성장잠재력이 연평균 4%대 이하로 하락할 것이라는 우려가 커지고 있다. 2000년 이후 2005년까지 6년간의 경제성장률 추세를 보면 〈그림 5-3〉에서와 같이 경제성장률의 고점이 8%대 내외에서 4%대로 하락하였으며, 저점은 3%대를 지속하고 있어 한국 경제의 성장 능력이 3~4%대로 수렴하고 있는 모습이다. 또한 1970년 이후 2005년까지 국내총생산의 장기적인 추세치에서 계산한 평균적 성장률을 보면, 1980년대 중반 이후에는 장기추세치의 평균 증가율이 8% 내외로 높은 수준을 유지했으나 외환위기를 전후로 해서는 5%대로 하락한 후 2000년 이후에는 1%p 더 하락한 4%대

그림 5-3 경제성장률과 GDP 장기추세치 증가율 추이

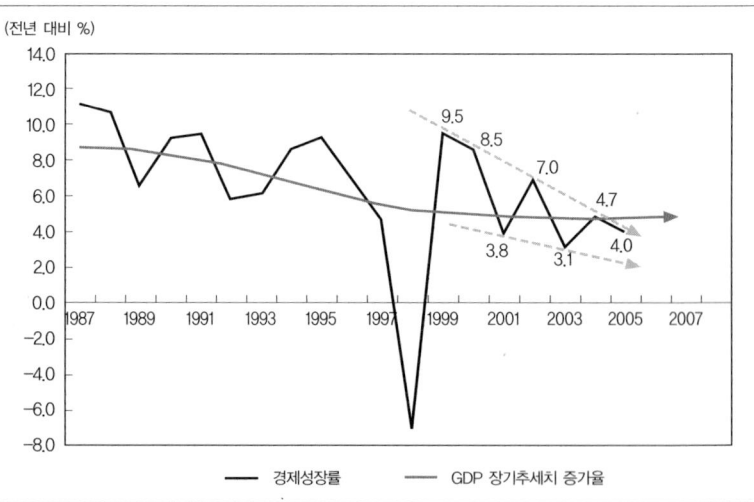

주 : GDP 장기추세치는 GDP의 자연대수값에 Hodrick-Prescott(HP)필터를 적용하여 계산.
자료 : 한국은행 ECOS DB, 삼성경제연구소.

그림 5-4 생산가능인구와 출산율 저하 추이

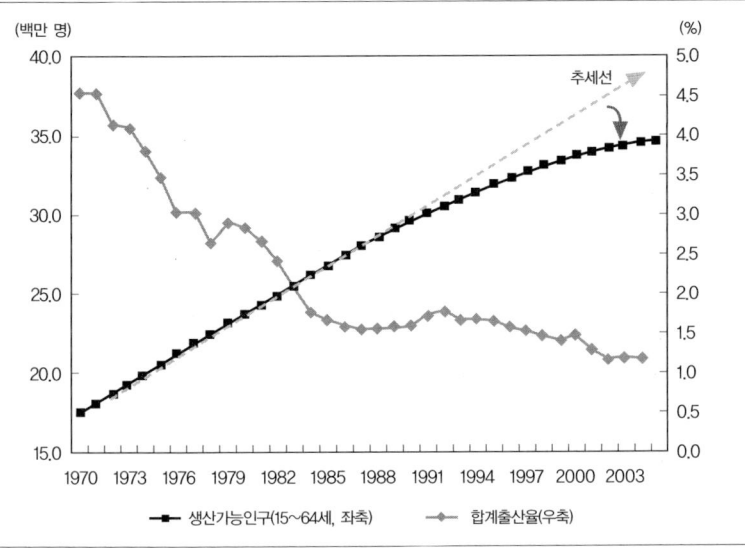

자료: 통계청 KOSIS DB.

에 불과한 것으로 추정되었다. 이는 장기추세치를 계산하는 'Hodrick-Prescott' 방법상 추정표본의 마지막 기간인 2003년 이후 한국 경제의 성장세가 소비부진과 투자위축 등으로 4% 내외로 하락한 결과를 반영한 것이다.[3]

이와 같은 성장잠재력 약화에 대한 우려는 생산요소 측면에서 보면 더욱 분명하게 설명된다. 우선 노동의 경우 저출산과 고령화 추세가 지속되어 〈그림 5-4〉처럼 생산가능인구의 증가율 하락과 출산율 저하 등으로 노동투입의 증가세 둔화가 예상되고 있다. 전체 인구에서 15~64세 인구인 생산가능인구는 1999년을 기점으로 증가율이 1%대 미만으로 하락

---

[3] GDP의 장기추세치는 GDP의 자연대수(logarithm)값에 대한 Hodrick-Prescott(HP)필터에 의한 추세치이다. 박원암·허찬국(2004), 이병완(2002) 등 기존의 많은 연구에서는 잠재GDP를 계산하는 방법의 하나로 HP필터 방법을 사용했으나, HP필터는 적용 시계열의 구조적 변화를 과도하게 평활화(smoothing)하고 표본의 마지막 관측치에 따른 'bias 문제가 발생한다는 문제점을 가지고 있다.

했으며, 2006년에는 0.6%, 2012년에는 0.4%로 점진적으로 둔화되다가 2017년에는 전년 대비 0.2%의 감소로 전환될 전망이다. 또한 한 명의 여자가 15세에서 49세까지의 가임기간 중 갖게 될 평균 출생아 수인 합계출산율은 1970년대 말의 2.9명에서 2000년에는 1.47명으로, 2004년에는 1.16명으로 줄어들었다. 자본스톡의 경우에도 외환위기 이후에 전개된 구조개혁과 경영 환경의 변화 등에 따른 설비투자 부진은 자본축적을 저해하고 있다. 또한 노동과 자본 이외에 산출물을 결정하는 모든 요인을 포함하는 총요소생산성(total factor productivity)에 결정적인 영향을 미치는 연구개발투자도 외환위기 이전 기간인 1987~1997년 중에는 연평균 20.6%의 높은 증가세를 보였으나, 2000년 이후에는 12.5%로 증가율이 큰 폭으로 하락한 것으로 조사되었다. 따라서 이와 같은 추세가 향후에도 지속된다고 가정하면, 한국 경제의 성장 능력은 생산요소 투입의 획기적인 확대가 없이는 개선을 기대하기 어려울 전망이다.[4]

수요 측면에서도 내수경기 불안 요인이 지속되고 있어 총공급 혹은 총생산의 확대를 유발하는 데 한계가 있을 것으로 예상되고 있다. 2006년 1/4분기 말 현재 528.8조 원에 달하는 가계부채는 2005년 10월 이후의 정책금리인 콜금리 인상으로 인한 금리인상 기조로 전환됨에 따라 가계는 원리금 상환 부담이 늘어날 것으로 보인다. 또한 종합부동산세 도입과 개발부담금 부과 등을 주요 내용으로 하는 정부의 강력한 부동산시장 안정화정책의 영향으로 주택가격의 버블 붕괴 가능성 등은 소비의 불안 요인으로 작용할 전망이다. 설비투자도 자본투하도가 높은 신성장산업 발굴이 미비하고, 정

---

[4] 이와 같은 생산요소의 양적 저하 문제를 인적자본의 확충 등으로 인한 총요소생산성과 노동·자본의 생산성 제고를 통해서 극복할 수 있다. 그러나 최근 문제가 되고 있는 공교육의 질적 저하와 정권택 외(2003)의 연구가 지적한 평균 교육 연수의 추가적 증가의 어려움 등이 인적자본의 축적에 걸림돌로 작용하고 있는 상황이다. 정권택 외(2003)는 한국 경제에서 인적자본의 축적에도 평균교육 연수의 증가가 큰 영향을 미쳤는데, 1990년대 이후에는 평균교육 연수의 증가에 한계가 있음을 지적했다.

부의 직·간접적인 규제, 실적 위주의 보수적인 경영 방식의 만연 등으로 큰 폭의 증가세를 보이지 않을 것으로 예상된다.

# 02

한국 경제성장의 공급과 수요 측면 분석

공급 측면 분석 : 성장회계

경제성장의 원천을 분석하기 위해 Barro and Sala-I-Marin(1999), Barro(1999), 김종일(2004), 김동석·이진면·김민수(2002) 등 기존의 많은 연구들은 성장회계(growth accounting) 방식을 사용했다. 성장회계분석은 Solow(1957)의 성장모형에 근거하여 경제성장률을 생산에 투입된 자본과 노동 등 생산요소와 기술 진보, 그리고 기타 요인들을 반영하는 솔로 잔차(Solow residual)인 총요소생산성의 기여도로 분석하는 방법이다. 여기에서는 1975~2000년까지 한국의 경제성장을 1975~1986년, 1987~1997년, 1998~2005년 세 구간으로 나누어 각 기간에서의 평균 경제성장률의 원천을 자본과 노동, 그리고 총요소생산성의 기여도로 구분하여 설명하고 특성을 비교하기로 한다. 이를 위해서는 국내총생산을 노동과 자본, 총요소생산성의 관계로 설명하는 생산함수에 대한 가정이 필요하다. 국내총생산함수는 식 (1)에서와 같이 노동과 자본의 규모에 대한 수확불변(constant returns to scale)함수로 가정하자.

$$Y_t = A_t L_t^\alpha K_t^{1-\alpha} \tag{1}$$

여기서 Y_t는 총산출물, 즉 국내총생산이며 L_t는 노동투입량, K_t는 자본스톡을 의미하며, A_t는 기술 진보와 생산 과정에서 노동과 자본을 제외한 기타 요인들을 반영하는 총요소생산성이다. α는 노동소득분배율이며 노동과 자본의 규모에 대한 수확불변으로 자본소득분배율은 $1-\alpha$로 나타낼 수 있다. 식 (1)에 자연대수를 취한 후 시간에 대해 미분하게 되면, 국내총생산의 전기 대비 증가율, 즉 경제성장률($\hat{Y}_t$)은 식 (2)와 같이 총요소생산성, 노동, 자본투입증가율(각각 $\hat{A}_t$, $\hat{L}_t$, $\hat{K}_t$)의 선형 관계로 나타낼 수 있다.

$$\hat{Y}_t = \hat{A}_t + \alpha \hat{L}_t + (1-\alpha)\hat{K}_t \tag{2}$$

식 (2)에 따라 한국 경제의 성장회계분석을 위해서는 국내총생산 Y_t, 노동과 자본의 투입 자료 L_t와 K_t가 필요하다. Y_t 자료로는 2000년 가격 기준의 실질국내총생산을 사용했으며 총노동투입시간인 L_t는 전 산업 취업자의 총근로시간으로 산출했다. 자본스톡 K_t는 2000년 기준 가격의 실질자본스톡 값으로 Park(1995)에서 사용한 영구재고법(perpetual inventory method)으로 계산했다. 노동소득분배율 α는 국민소득계정의 피용자보수와 자영업자 소득 합의 국내총생산에 대한 비중으로 계산했다. 이는 피용자보수만을 고려했을 때 노동소득분배율이 과소추정되기 때문이다.

〈표 5-3〉은 1975년 이후 2005년까지 한국 경제의 성장회계를 분석한 결과이다. 외환위기 전후로 한국의 연평균 경제성장률은 1.9%p 하락했다. 특히 외환위기 이전인 1987~1997년과 외환위기로 인한 2000년 이후를 비교하면 연평균 경제성장률이 3.2%p나 하락했다. 노동과 자본 투입에 대한 성장기여도는 1970년 이후 점진적으로 하락하는 것으로 나타났다. 먼저 노동

표 5-3 한국 경제의 성장회계분석 (단위: 성장률 %, 기여도 %p)

	경제성장률 ($\hat{Y}_t$)	기여도		
		총요소생산성(A)	노동(L)	자본(K)
1975~1986	7.7	0.3	1.9	5.5
1987~1997	7.7	1.5	1.9	4.3
1998~2005	5.8	1.9	0.9	3.0
2000~2005	4.5	2.2	0.1	2.2

주: 경제성장률은 기간 기하평균 성장률이며 각 노동과 자본의 기여도는 노동과 자본의 기간 평균 소득분배율과 각 생산요소의 기하평균 증가율로 계산.

투입의 기여도는 1975~1986년과 1987~1997년 기간 중에는 취업자 수와 노동시간의 증가로 1.9%p를 기록했으나, 외환위기 이후의 기간에는 1%대 미만으로 하락했으며 2000년 이후에는 주5일제의 도입과 내수 위축에 따른 경기 부진 등의 영향으로 0.1%p로 크게 낮아졌다.[5] 자본투입의 기여도 또한 경제개발계획과 중화학공업에의 투자 확대로 1975~1986년 중에는 5.5%p로 높은 수준을 보였으나, 2000년 이후에는 2.2%p로 외환위기 이전 기간의 2분의 1 수준을 밑도는 것으로 나타났다.[6] 반면 산업 및 경제제도의 개혁과 기술혁신 등의 영향으로 총요소생산성의 기여도는 1975~1986년의 0.3%p에서 1987~1997년에는 1.5%p로 다섯 배 이상 상승했으며 2000년 이후에도 상승세를 지속해 2.2%p인 것으로 추정되었다.

이와 같은 성장회계 결과에 따르면, 2000년 이후 경제성장률 둔화의 주요 인은 노동과 자본의 투입량이 저하되었기 때문으로 볼 수 있다. 노동과 자본의 성장기여도가 외환위기 이전 기간인 1987~1997년 중에는 6.2%p로 연평균 경제성장률 7.7%의 81%를 차지했으나, 2000~2005년 중에는 2.3%p

---

[5] 전 산업 근로시간 증가율을 보면, 1975~1986년 중에는 연평균 3.0% 증가했으나 1987~1997년 중에는 증가세가 1.4%로, 2000~2005년에는 0.2%로 빠르게 둔화되고 있다.

[6] 외환위기 이후의 신규 투자 부진의 영향으로 평균 가동률이 2000~2005년 중에는 78.4%를 기록해 1986~1997년 대비 0.03%p가 상승했다.

로 하락해 연평균 경제성장률 4.5%의 절반 수준으로 낮아졌다. 반면 외환위기 이후 경제의 효율성을 제고하기 위한 구조개혁 및 경제제도의 개선 등으로 총요소생산성의 기여도는 같은 기간 중 1.5%p에서 2.2%p로 상승했으나, 그 상승폭이 0.7%p에 그쳐 노동과 자본의 기여도 하락폭 3.9%p를 크게 밑돌고 있다. 이는 한국 경제가 외환위기를 극복하기 위해 실시한 구조개혁의 결과와 제도 변화가 기업 환경을 실적 위주의 보수적 경영 행태와 적대적 M&A에 노출시키는 등의 부작용을 초래하여 투자가 부진해지는 결과를 가져와 자본의 성장기여도를 더 크게 하락시켰기 때문으로 분석된다.

수요 측면 분석

일정 기간 동안 생산된 국내총생산은 가계·기업·정부 등 국내와 국외의 최종 수요자에게 소비·투자·수출입 등의 형태로 모두 처분된다. 따라서 일정 기간 동안에 공급된 국내총생산은 총수요와 같다고 할 수 있다. 소비는 민간과 정부의 소비로 구분되며, 자본 형성을 위한 투자는 건설투자와 설비투자, 무형고정투자, 재고증감 등으로 구성된다. 여기서는 민간소비, 설비투자, 수출 등 국내외 수요 요인이 경제성장에 미친 영향을 살펴보고자 한다.

    1960년대 초부터 시작된 경제개발계획의 핵심 내용은 수출 주도의 경제성장 전략이었다. 수출은 경제개발의 재원을 조달하는 채널인 동시에 시장이 국내 시장에서 해외 시장으로 확대됨으로써 투자 확대에 대한 유인을 제공했다. 또한 경제개발 초기의 수출산업은 취업유발계수가 높은 경공업 위주로 이루어져 고용증대와 국내 설비 부문의 성장을 유발하여 내수시장을 확대하는 역할을 하였다. 이러한 수출 주도의 경제성장은 〈표 5-4〉에서 알 수 있듯이 한국 경제가 중화학공업 투자를 완료하는 1980년대 중반까

표 5-4 내수 및 수출 증가율과 경제성장률 추이 (단위 : 연평균 증가율 %)

	민간소비	설비투자	수출	경제성장률
1975~1986	6.6	15.0	13.8	7.7
1987~1997	7.7	10.0	11.5	7.7
1998~2005	4.8	9.8	14.4	5.8
2000~2005	2.8	1.1	11.9	4.5

주 : 연평균 증가율은 각 기간의 기하평균 자료.
자료 : 한국은행 ECOS DB에 의거 작성.

지 지속된 것으로 보인다. 1975~1986년 중 수출은 연평균 13.8%의 증가세를 보였으며, 설비투자와 민간소비는 각각 연평균 15.0%와 6.6%로 증가했다.

그러나 1987~1997년에는 수출과 설비투자의 증가율이 각각 11.5%와 10.0%로 둔화된 반면 민간소비의 증가율은 7.7%로 이전 기간보다 1%p 상승했다. 이 시기의 한국 경제는 1987년 민주화 운동과 더불어 강화된 노동조합의 교섭력으로 인해 임금이 상승하여 민간소비가 확대되면서 수출 위주의 경제성장에서 수출과 내수 모두 경제성장을 견인한 때였다. 그러나 외환위기로 인한 충격과 구조조정의 여파로 내수시장이 위축되면서 1998년 이후에는 성장의 축이 다시 수출로 회귀하는 모습을 보였다. 특히 2000~2005년 중에는 수출의 연평균 증가율은 11.9%로 두 자릿수를 지속했으나, 설비투자와 민간소비가 각각 1.1%와 2.8%의 증가세를 보여 외환위기 이전보다 크게 위축되었다. 이는 2000년 이후의 수출이 자동차·반도체·휴대전화·조선 등 자본집약적이고 취업유발 정도가 낮은 부문에 의해서 주도되고 있기 때문이다. 특히 2005년 현재 전체 수출의 28.8%를 차지하는 IT 부문은 부품 및 자본설비의 해외 의존도가 높아 IT 부문의 수출 호조가 국내 산업에 미치는 효과가 낮은 것으로 지적되고 있다.[7]

내수와 수출의 경제성장기여도를 보면, 1970년대 중반 이후 외환위기까

표 5-5 내수 및 수출의 경제성장기여도 (단위 : 연평균 %p)

	민간소비	설비투자	수출	경제성장률
1975~1986	4.1	1.3	1.6	7.7
1987~1997	4.4	1.3	1.9	7.7
1998~2005	2.6	1.1	5.3	5.8
2000~2005	1.5	0.1	4.6	4.5

자료 : 한국은행 ECOS DB에 의거 작성.

지는 민간소비의 성장기여도가 수출과 설비투자의 성장기여도를 크게 상회하는 것으로 나타났다. 반면 외환위기 이후인 1998년 이후에는 수출의 성장기여도가 5.3%p로 민간소비와 설비투자 등 내수의 성장기여도를 크게 상회하며 경제성장을 주도하고 있다. 특히 외환위기 이후 정체된 설비투자의 경우에는 경제성장에 대한 기여도가 2000~2005년 중에는 0.1%p로 급락했다.

이처럼 외환위기를 전후로 하여 수출과 내수의 성장기여도가 크게 다른 모습을 보이는 것은 소비와 설비투자는 부진한 반면 수출은 두 자릿수의 증가세를 지속함으로써 수출이 경제에서 차지하는 비중이 점진적으로 확대되었기 때문이다. 실질국민총생산에서 실질수출이 차지하는 비중이 1970년대에는 9.5%에 불과했으나 1990년대에는 24.6%, 2000년 이후에는 43.4%로 상승했다. 특히 2005년에는 수출 비중이 51.8%로 소비 비중 50.2%를 웃돌았으며, 설비투자는 내수경기가 호조를 보였던 2002년 11.8%에서 2005년에는 10.7%로 하락했다. 따라서 향후 한국 경제의 성장률 제고를 위해서는 국민경제에서 차지하는 비중이 큰 민간소비와 설비투자를 활성화시켜 내수 부문의 성장기여도를 높이는 방안을 고려해야 할 것이다.

---

7 이 책의 2장 〈표 2-36〉 및 그 이하 본문 내용 참고.

03

한국 경제의 성장잠재력 평가

성장잠재력의 결정 요인

우리는 앞에서 외환위기 전후에 경험했던 한국 경제의 경제성장을 수요 측면과 공급 측면에서 검토해보았다. 여기에서는 한국 경제의 성장잠재력을 잠재GDP를 추정함으로써 평가하고자 한다. 잠재GDP란 노동과 자본, 기술을 사용함으로써 인플레이션 압력을 유발하지 않고 생산해낼 수 있는 최대 수준의 GDP를 말한다.

즉 가계나 기업 등 경제 주체들의 합리적인 경제활동의 결과, 생산요소나 상품시장에서 초과공급이나 초과수요가 발생하여 물가 불안이 야기되지 않는 산출물 수준이라고 할 수 있다. 대외적인 충격이나 정부정책의 변화, 기술혁신 등으로 총수요와 총공급에 변동이 있게 되면, 총수요와 총공급의 차이, 즉 총수요 갭(aggregate demand gap)이 발생하게 되고 이에 따라 인플레이션과 생산 수준이 조정되면서 궁극적으로는 잠재GDP도 변하게 된다. 이 경우 잠재GDP 변동성은 단기적으로는 총수요 측면의 변화에 의해서 유발되며, 중장기적으로는 노동과 자본 등의 생산요소와 기술혁신,

경제제도의 변화에 따른 경제의 생산 능력 변화가 주요한 요인으로 작용한다고 할 수 있다.

여기에서는 잠재GDP를 추정하기에 앞서 잠재GDP의 결정에 주요한 역할을 하는 총수요와 총공급에 대해서 정의하기로 한다. 국내총생산은 일정 기간 동안에 생산된 재화와 서비스의 부가가치의 합으로 같은 기간 동안 소비와 투자, 순수출 등으로 국내외에서 수요된다. 여기에서는 어느 한 시점에서의 총수요는 소비와 투자, 순수출로 정의하며, 이는 정의상 식 (3)과 같이 그 시점에서 실제로 공급된 GDP와 같다고 가정한다.

$$Y \equiv Y^{AD} = C + I + X - M \tag{3}$$

여기서 C, I, $X-M$은 각각 소비, 투자, 순수출이며, 총수요 Y^{AD}는 실제 총공급 Y와 항상 일치하게 된다.

총공급은 자본과 노동, 기술 수준 등의 생산요소에 의해서 결정된다. 여기에서는 총공급을 최대총공급, 잠재총공급, 실제총공급 등 세 가지 공급 수준으로 구분하는데, 이는 다음에 논의하겠지만, 총공급 간의 차이인 산출물 갭(output gap)을 사용하여 총수요 갭과 잠재GDP를 유도해낼 수 있기 때문이다. 먼저 최대총공급(maximun aggregate supply, Y^{max})은 주어진 기술하에서 자본과 노동 등 가용한 모든 생산요소를 최대로 가동했을 경우 생산 가능한 공급 수준을 의미한다. 잠재총공급(potential aggregate supply, Y^N)은 생산요소와 상품시장에서 인플레이션을 유발하지 않는 공급 수준으로 잠재GDP라고 할 수 있다. 마지막으로 실제총공급(actual aggregate supply, Y)은 실제로 수요되는 공급 수준으로 경제 상황에 따라 잠재총공급 수준을 웃돌 수도 있고 밑돌 수도 있다. 또한 실제총공급과 잠재총공급은 최대총공급 수준을 웃돌 수 없다.

앞의 세 가지 총공급을 생산요소와 생산물의 기술적 관계인 생산함수로 설명할 수 있다. 총공급 함수는 주어진 기술 상태에서 투입된 자본과 노동, 그리고 생산활동의 결과인 총산출물과의 관계로 정의한다. 여기에서는 산출물과 생산요소의 관계를 Hirose and Kamada(2002)에서와 같이 식 (4)의 가동률을 고려한 '콥-더글러스(Cobb-Douglas) 생산함수'로 정의한다.

$$Y_t = A_t(\eta_t L_t)^\alpha (\gamma_t K_t)^{1-\alpha} \qquad (4)$$

여기서 Y_t는 t시점에서의 총산출량, 즉 공급량이며 A_t는 총요소생산성(total factor productivity, 이하에서는 TFP)이고, L_t는 최대노동투입시간, K_t는 총자본스톡, η_t와 γ_t는 각각 노동과 자본에 대한 가동률(capacity utilization)이다. α는 노동소득분배율(labor income share)이며 일정한 값을 갖는다고 가정한다. 식 (4)는 생산요소로서 자본스톡 자체만을 고려한 Barro and Sala-i-Martin (1999)류의 성장회계 방법의 생산함수와는 달리 자본의 가동률을 고려함으로써 총수요의 변동에 따른 경기변동성을 고려했다는 점이 특징이다.

식 (4)의 공급 수준을 실제총공급이라고 하면, η_t와 γ_t는 실제총공급 수준을 결정하는 노동과 자본의 가동률 수준이다. 따라서 최대총공급 Y^{max}은 노동과 자본의 가동률이 100%인 상태, 즉 $\eta_t=1$과 $\gamma_t=1$인 경우의 총공급 수준이며, 잠재총공급 Y^N은 NAIRU(non-accelerating inflation rate of unemployment)[8] 수준의 가동률 $\eta_t=\eta_t^N$과 $\gamma_t=\gamma_t^N$에서의 총공급 수준이 된

---

8 NAIRU 혹은 자연실업률(natural rate of umemployment)은 노동시장의 균형을 나타내는 실업률로 M. Friedman(1968)은 통화공급에 의한 화폐착각(money illusion)이 해소되는 장기에서의 노동시장 균형으로 정의했으며, 상품과 노동시장의 불완전경쟁을 가정하는 뉴케인지언(New Keynesian)은 비자발적실업이 지속될 수 있는 균형으로서의 실업률 수준이라고 했다. NAIRU와 인플레이션의 관계는 이들 변수들의 trade-

표 5-6 최대총공급 Y^{max}, 잠재총공급 Y^N, 실제총공급 Y 비교 (단위 : 연평균 %p)

	최대총공급 Y^{max}	잠재총공급 Y^N	실제총공급 Y
총공급함수	$Y_t^{max} = A_t L_t^\alpha K_t^{(1-\alpha)}$	$Y_t^N = A_t (\eta_t^N L_t)^\alpha (\gamma_t^N K_t)^{(1-\alpha)}$	$Y_t = A_t (\eta_t L_t)^\alpha (\gamma_t K_t)^{(1-\alpha)}$
가동률	$\eta = 1, \gamma = 1$	$\eta = \eta_t^N, \gamma = \gamma_t^N$	$\eta = \eta_t, \gamma = \gamma_t$
비교		$Y \lesseqgtr Y^N, Y, Y^N \leq Y^{max}$	

주 : η, γ는 각각 노동과 자본의 가동률이며 $0 \leq \eta, \gamma \leq 1$.

다. 최대총공급 Y^{max}, 잠재총공급급 Y^N, 실제총공급 Y의 관계를 정리하면 〈표 5-6〉과 같다.[9]

실제총공급을 나타내는 식 (4)를 이용하면, 경제성장률을 각 생산요소의 증가율로 분해하는 다음과 같은 식 (5)의 성장회계식을 도출할 수 있다.[10]

$$\hat{Y}_t = \hat{A}_t + [\alpha \hat{\eta}_t + (1-\alpha) \hat{\gamma}_t] + [\alpha \hat{L}_t + (1-\alpha) \hat{K}_t], \tag{5}$$

여기서 $\hat{Y}_t = d\ln(Y_t)/dt$로 Y의 증감률로 실제경제성장률을 의미한다. 식 (5)는 실제경제성장률이 TFP(A_t)와 총노동투입량(L_t), 총자본스톡(K_t)의 성장률, 노동과 자본의 가동률($\alpha \eta_t + (1-\alpha) \gamma_t$)의 변화로서 설명될 수 있음을 나타낸다. 최대총공급 Y^{max}, 잠재총공급 Y^N의 성장회계식도 같은 방법으로 도출할 수 있다.

---

off 관계를 설명한 필립스(Phillips)곡선으로 설명할 수 있다. 즉 NAIRU 이하의 실업률하에서는 노동시장에서 장기적 균형 이상의 수요가 있는 상태로 인플레이션이 상승하는 경향이 있으며, NAIRU 이상의 실업률 수준에서는 장기적 균형 이상의 노동공급으로 인플레이션이 하락하게 된다.

9 이하에서는 최대총공급과 최대GDP, 잠재총공급과 잠재GDP, 실제총공급과 실제GDP는 편의상 같은 개념으로 사용하기로 한다.

10 식 (4)를 로그 치환하여 실제총공급을 각 생산요소들의 선형함수로 변환한 후에 시간 t에 대해서 미분하게 되면 식 (5)와 같이 실제총공급의 증가율을 각 생산요소 투입의 변화율로 나타낼 수 있다.

산출물 갭과 잠재GDP

여기에서는 앞에서 정의한 세 가지의 총공급으로부터 산출물 갭을 정의하고, 산출물 갭과 잠재GDP의 관계를 설명한다. 실제총공급, 즉 실제GDP는 한국은행이 매분기마다 발표를 하고 있으나, 최대총공급과 잠재GDP는 추정이 필요하다. 특히 잠재GDP는 생산함수 방법이나 필터링 방법 등 다양한 방법을 사용하여 추정할 수 있다. 기존의 연구에서는 박원암·허찬국(2004), 배진호(2005) 등이 Hodrick-Prescott필터 방식이나 은닉자모형(unobserve components model)을 사용했으며, 유병삼(2000)은 구조적벡터자기회기모형을, 한진희 외(2002)와 김치호·문소상(2000) 등은 생산함수접근 방법 등을 사용하였다. 그러나 이들의 방법은 잠재GDP를 실제GDP의 시계열적 특성에서 파생되는 것으로 분석하거나, 잠재실업률 수준의 생산요소 투입이나 주요 거시변수들과의 인과성에 근거하여 추정함으로써, 총수요의 변화나 산출물 갭의 변화가 잠재GDP에 미치는 영향에 대한 명시적이고 구체적인 근거를 제시하지 못했다.

여기에서는 산출물 갭의 변화가 잠재GDP의 결정에 영향을 미치는 방법을 소개한다. 이를 위해서 인플레이션율과 실업률 간의 관계를 설명하는 필립스곡선(Phillips curve)을 이용한다. 필립스곡선에 따르면 인플레이션과 실업률은 역의 관계이다. 즉 실업률이 낮아지면 인플레이션이 높아진다. 또한 실제실업률이 잠재실업률 혹은 NAIRU 수준을 밑돌 경우, 즉 실제실업률에 상응하는 실제총공급(Y)이 잠재실업률에 상응한 잠재GDP (Y^N)를 웃돌 경우 인플레이션이 높아지게 된다. 그런데 앞에서 실제총공급은 총수요와 같다고 가정했으므로 실제총공급과 잠재GDP와의 차이는 총수요와 잠재GDP와의 차이, 즉 잠재GDP에 대한 총수요 갭이 된다. 따라서 총수요 갭이 발생하면, 인플레이션이 높아지는데, 이러한 관계를 식으로 표현하면 다음과 같다.

$$\pi_t = \pi_t^e + \beta(\ln Y_t - \ln Y_t^N) + \varepsilon_t \tag{6}$$

식 (6)에서 π_t는 t시점에서의 인플레이션율이 되며, π_t^e는 기대인플레이션율, $(\ln Y_t - \ln Y_t^N)$은 잠재GDP에 대한 총수요 갭, ε_t는 필립스곡선 추정식의 오차항이 된다. 여기서 ln은 자연대수를 의미한다. 총수요 갭의 확대가 인플레이션율을 상승시키기 위해서는 β값이 0보다 커야 한다. 식 (6)은 총수요 갭의 변화와 함께 기대인플레이션율의 변화도 실제 인플레이션에 영향을 미치는 '기대가 반영된 필립스곡선'이 된다.

식 (6)의 인플레이션과 기대인플레이션, 총수요 갭의 관계가 안정적일 경우 실제인플레이션과 기대인플레이션이 일정하고, 총수요 갭이 일정한 수준을 유지하는 한 총수요의 증가는 잠재GDP를 증가시킬 수 있게 된다. 반대로 총수요가 감소할 경우에는 잠재GDP도 위축되는 것을 알 수 있다. 물론 총수요의 변동은 단기적으로 총수요 갭의 변화를 유발하고 인플레이션에 영향을 미치기 때문에 총수요와 잠재GDP 간의 일대일 관계가 항상 존재한다고 할 수는 없으나, 식 (6)의 관계가 안정적인 경우, 인플레이션의 변동성이 크지 않은 한, 총수요와 잠재GDP는 서로 정(+)의 관계를 갖는 것을 알 수 있다.

이와 같이 잠재GDP는 총수요 갭에 의해서 영향을 받으므로, 잠재GDP를 추정하기 위해서는 먼저 총수요 갭이 추정되어야 한다. 이를 위해 앞에서 정의한 세 가지 총공급을 이용하여 산출물 갭을 정의하고 이들 관계에서 잠재GDP에 대한 총수요 갭, 즉 $\ln Y - \ln Y^N$을 다음과 같이 구할 수 있다. 총공급 개념 중 실제총공급은 실제GDP이며, 최대총공급은 노동과 자본 투입이 최대인 상태로 주어진 자본스톡과 생산가능인구, 최대주간노동시간 등에 대한 자료로 계산이 가능하다. 이렇게 계산된 실제GDP와 최대 GDP하에서 잠재GDP에 대한 총수요 갭($\ln Y - \ln Y^N$)은 최대GDP에 대한 실제GDP의 산출물 갭($\ln Y - \ln Y^{\max}$)과 최대GDP에 대한 잠재GDP의 산출물 갭($\ln Y^N - \ln Y^{\max}$)의 차이에서 도출할 수 있다. 여기서 최대GDP에 대한 실제GDP의 산출물 갭을 실제GDP 갭(G), 최대GDP에 대한 잠재GDP의 산출물 갭을 잠재GDP 갭(G^N)으로 정의하자. 이 경우 G와 G^N은 각각 실제GDP와 잠재GDP하에서 노동과 자본의 가동률로 나타낼 수 있다.[11] 따라서 산출물 갭을 이용할 경우에는 잠재GDP하에서 생산요소에 대한 가동률의 추정과, 총수요와 총공급의 변화에 따른 가동률의 변화가 잠재GDP에 미치는 영향에 대한 분석이 가능하다. 반면 식 (6)에서 직접 잠재GDP를 추정할 경우에는 이에 대한 분석이 불가능하다는 단점이 있다.

산출물 갭 G와 G^N을 이용하여 기대가 반영된 필립스곡선 식 (5)를 재정리하면 다음의 식 (7)과 같이 나타낼 수 있다.

$$\pi_t = \pi_t^e + \beta(G_t - G_t^N) + \varepsilon_t \tag{7}$$

식 (7)을 이용하여 잠재산출물 갭 G^N이 추정되면, 잠재GDP는 실제GDP와의 관계에서 계산될 수 있다.[12] 잠재GDP의 추정에 대한 기술적인 내용 및 설명은 별첨을 참고하기 바란다.

---

[11] 〈표 5-6〉의 $Y_t^{\max}$, Y_t^N, Y_t 함수식에서 실제산출물 갭 $G_t = \ln Y_t - \ln Y^{\max}$, 잠재산출물 갭 $G_t^N = \ln Y_t^N - \ln Y_t^{\max}$ 라고 정의하면, $G_t = \alpha \ln \eta_t + (1-\alpha) \ln \gamma_t$, $G_t^N = \alpha \ln \eta_t^N + (1-\alpha) \ln \gamma_t^N$로 나타낼 수 있어 각 산출물 갭은 노동과 자본의 가동률에 의해서 영향을 받는 것을 알 수 있다.

[12] 식 (5)와 식 (7)에서 $G_t - G_t^N = \ln Y_t - \ln Y_t^N$의 관계가 성립함으로 $\ln Y_t^N = \ln Y_t - (G_t - G_t^N)$이 된다. 따라서 G_t^N이 추정되면 실제GDP에서 잠재GDP가 계산된다.

자료 및 분석 결과

앞에서 논의한 세 가지의 총공급 수준을 분석하기 위해서는 자본스톡과 총노동투입시간, TFP, 자본과 노동의 가동률 및 노동소득분배율 등의 자료가 필요하다. 자본스톡 K는 영구재고법(perpetual inventory method)을 사용하여 1970~2005년까지의 연간자료를 구했으며, 가용한 총노동투입시간 L은 15세 이상 최대취업자(maximum employed) 수에 최대노동시간을 곱하여 도출하였다. 15세 이상 최대취업자 수는 15~64세 최대취업자 수와 65세 이상의 최대취업자 수의 합으로 계산하였다. 15~64세 최대취업자 수는 15~64세 인구에 15~64세의 최대노동참가율의 곱으로 계산되는데, 15~64세의 최대노동참가율은 15~64세 노동참가율의 시간추세에 대한 회귀식을 추정한 후, 상수항과 추세선 계수의 추정치, 그리고 최대오차항을 이용하여 구했다. 65세 이상의 최대취업자 수도 이와 같은 방법으로 계산하였다. 최대노동시간은 주당 평균 노동시간에 대한 추세선의 회기식에서 계산된 최대오차항을 이용하여 계산하였다. 또한 노동소득분배율 α는 자영업자의 소득을 고려한 피용자보수의 GDP 비율로 계산하였다. 자본의 가동률 γ는 통계청이 발표하는 제조업 평균 가동률을 사용했으며, 노동의 가동률은 15세 이상 실제취업자 수의 노동시간과 최대취업자 수의 최대노동시간의 비율로 구하였다.

최대총공급과 잠재총공급을 구하기 위해서는 TFP를 계산하여야 하는데, 이는 식 (2)에 따라 실제총공급, 즉 실제GDP의 증가율에서 실제 투입된 자본과 노동의 기여분을 제외한 잔차항으로 구하였다.[13] TFP가 계산되면, 자본스톡 K, 최대노동투입시간 L, 노동소득분배율 α하에서 노동과 자

---

[13] 실제총공급이 $Y_t = A_t (\eta_t L_t)^{\alpha} (\gamma_t G_t)^{(1-\alpha)}$로 정의될 때, TFP A_t 는 $\log(A)=\log(Y)-[\alpha\log(\eta)-(1-\alpha)\log(\gamma)]-[\alpha \log(L)+(1-\alpha)\log(K)]$의 관계에서 계산할 수 있다.

그림 5-5 총공급과 총수요 추이

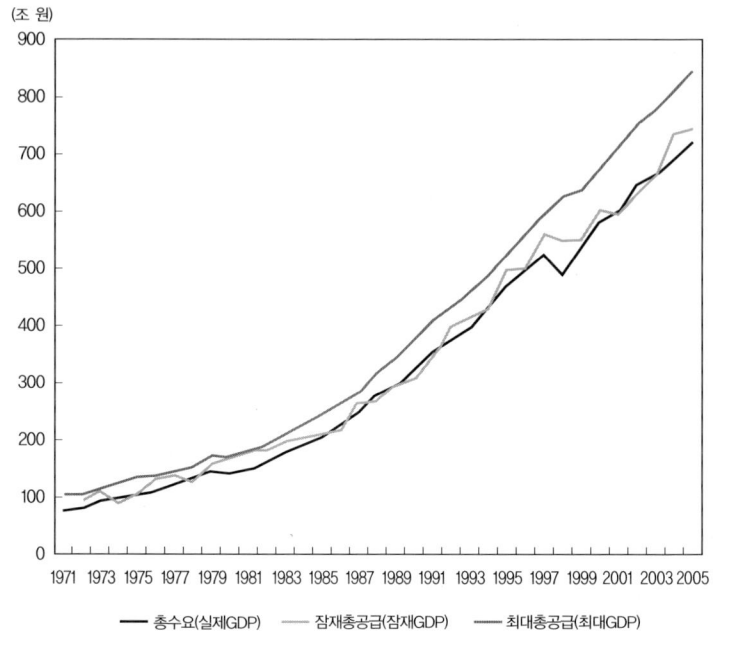

자료 : 삼성경제연구소.

본의 가동률이 100%인 경우인 최대GDP(Y^{max})를 구할 수 있게 된다.

반면, 잠재GDP(Y^N)를 추정하기 위해서는 NAIRU 수준의 자본과 노동의 가동률, 즉 γ^N과 η^N, 다시 말해 G^N을 구하여야 한다. G^N은 실제인플레이션, 기대인플레이션, 실제GDP를 이용하여 별첨에 소개한 대로 식 (7)을 추정함으로써 구할 수 있다.

〈그림 5-5〉는 1971~2005년까지의 실제GDP와 노동과 자본의 가동률이 100%인 최대GDP, 그리고 식 (7)에서 추정한 잠재산출물 갭 G^N을 이용하여 계산한 잠재GDP를 나타낸 것이다.

〈그림 5-5〉에서 최대총공급은 항상 잠재총공급과 실제GDP를 웃돌고 있으며, 1970년대와 1980년대 초까지는 잠재GDP가 최대총공급 수준에

도달하는 경우가 있었으나 1980년대 중반 이후에는 잠재GDP와 최대총공급이 지속적으로 괴리되는 현상을 보이고 있다. 또한 잠재GDP와 실제 GDP는 1980년대 중반부터 1990년대 초반까지 거의 같은 수준에서 등락을 거듭하는 것으로 나타났으나 외환위기를 전후로 하여 두 변수 간의 괴리도가 이전 기간보다는 확대된 것으로 나타났다. 기간별 총공급과 실제공급, 즉 총수요의 추이를 보면, 1975~1986년 중 총수요증가율은 연평균 7.7%로 최대총공급증가율인 6.4%를 상회했다. 이와 같은 높은 총수요 증가는 설비투자 등 총고정자본형성이 연평균 11.8%의 높은 증가세를 반영하고 있어 자본축적을 통한 공급 능력 확대의 기반을 조성했다. 1987~1996년 중에는 최대총공급이 연평균 7.8%의 증가율을 보였는데, 이는 이 시기의 총수요 증가율 7.7%와 자본축적에 따른 공급 능력의 확대에 기인한다. 이 시기에도 총고정자본형성은 연평균 9.7%씩 증가했으며, 민간소비도 7.7%의 증가세를 보였다. 1975~1996년의 기간을 보면, 총수요의 높은 증가세와 함께 최대총공급의 증가세도 점차 확대되는 것을 알 수 있다. 또한 한국의 성장잠재력도 확대되었는데, 1975~1986년의 잠재성장률은 연평균 8.1%에서 1987~1996년 중에는 8.9%로 상승했다. 총수요가 지속적으로 증가하면서 경제의 전반적인 성장 능력이 제고된 것으로 이해할 수 있다.

반면 외환위기 이후의 기간에서는 총수요의 증가세가 외환위기 이전기간보다 둔화되면서 최대총공급과 잠재GDP의 성장률이 큰 폭으로 하락했다. 공급 능력의 둔화는 투자 부진에 따른 자본축적 저해의 문제도 있었으나, 저출산과 인구고령화 등의 요인으로 노동투입의 증가세도 둔화되는 등 공급 여력의 위축도 동시에 나타난 데 기인한다. 이렇게 총수요의 부진과 생산요소의 공급 측면 위축은 궁극적으로 경제성장률과 잠재성장률의 저하로 나타났다.

표 5-7 총수요, 잠재GDP, 최대총공급 성장률 추이
(단위 : 연평균 증가율 %)

	총수요증가율(ΔY)	잠재성장률(ΔY^N)	최대총공급증가율(ΔY^{max})
1975~1986	7.7	8.1	6.4
1987~1997	7.7	8.9	7.8
1998~2005	5.8	4.0	4.3
2000~2005	4.5	5.1	4.6
1975~2005	6.8	7.3	6.4

자료 : 삼성경제연구소.

〈표 5-7〉에 의하면 총수요증가율과 최대총공급 및 잠재GDP의 성장률은 서로 정의 상관관계를 가짐을 알 수 있다. 1975~1986년 중에는 총수요증가율이 최대총공급증가율을 웃돌며 총수요가 확대된 결과 잠재성장률이 8.1%의 높은 수준을 유지했다. 이 기간 중 잠재GDP 갭(잠재GDP-실제GDP)의 잠재GDP에 대한 비중은 연평균 8.4%의 초과공급 상황이었으며, 총수요 증가로 인한 총수요 갭 확대(초과공급 축소)의 잠재성장률에 대한 기여도는 0.4%p로 나타났다. 1987~1997년 중에는 총수요와 최대총공급의 증가율이 각각 7.7%와 7.8%로 거의 같은 증가세로 확대되는 시기였다. 이와 같은 총수요와 최대총공급 여력의 확대는 연평균 잠재성장률 8.9%로 나타났다. 그리고 잠재GDP 갭의 잠재GDP에 대한 비중이 1.5%로 이전 기간보다 크게 축소되었으며, 이로 인해 총수요 갭이 확대되어 경제성장에 대한 총수요 갭의 기여도가 1.2%로 확대되었다. 따라서 총수요의 증가가 경제의 총생산 능력의 확대와 함께 잠재성장률을 제고한 특징을 보였다.

반면 외환위기 이후인 1998~2005년 중에는 총수요의 위축과 최대총공급의 둔화로 잠재성장률은 이전 기간보다 4%p 이상 급락한 것으로 추정되었다. 따라서 1975년 이후 한국 경제의 잠재성장률과 총수요 갭의 성장기여도와의 관계를 요약하면 다음과 같다. 1975~1986년의 기간에서는 총수요 확대가 공급 능력의 확대를 유발하면서 경제의 총공급 능력을 제고하

표 5-8 잠재성장률과 총수요 갭의 잠재성장기여도 추이   (단위 : 연평균 성장률 %, 기여도 %p, 비중 %)

	잠재성장률	초과공급비중 $[(Y^N - Y)/Y^N] \times 100$	총수요 갭 기여도 $\Delta(G - G^M)$	비고
1975~1986	8.1	8.4 (AS > AD)	0.4	총수요 확대 → 공급 증대
1987~1997	8.9	1.5 (AS ≒ AD)	1.2	확대균형
1998~2005	4.0	3.0 (AS > AD)	-1.8	총수요 위축 → 공급 축소
2000~2005	5.1	1.6 (AS ≒ AD)	0.6	축소균형

자료 : 삼성경제연구소.

는 확대균형의 기반을 조성한 기간이었다. 1987~1997년의 기간은 지속적인 총수요 증가와 공급 능력의 확대가 잠재성장률을 제고하며 잠재성장률과 총수요와의 갭이 축소되어 확대균형을 이룬 기간이다. 반면 외환위기 이후에는 총수요의 위축으로 인해 경제의 공급 능력과 잠재성장률이 축소되며 초과공급이 확대되는 기간이다. 특히 2000년 이후에는 총수요와 잠재GDP의 위축으로 초과공급이 축소되는 축소균형의 특징을 보이고 있다.

04
결론

    우리는 앞에서 외환위기를 전후로 한 한국 경제의 성장 능력을 최대총공급과 잠재총공급, 그리고 총수요의 관계에서 평가해보았다. 최근 한국 경제의 성장잠재력 약화는 노동과 자본 등 생산요소의 공급 능력 위축과 총수요의 위축에서 발생한 결과이다.

    우선 한국 경제의 공급 능력을 최대총공급 능력으로 평가할 경우, 공급 능력은 노동과 자본의 최대가동률 수준에서 투입 가능한 노동과 자본의 양과 TFP에 의해서 결정된다. 노동의 경우 저출산과 인구고령화 등의 요인으로 인구증가율이 둔화되는 가운데, 생산가능인구의 증가폭도 축소되어 노동투입량을 외환위기 이전의 고성장기와 같은 수준으로 유지할 수 없을 전망이다. 다만 여성의 노동참가율을 제고하는 방안을 고려할 수 있으나, 여성의 노동력을 충분히 수용할 수 있는 사회기반시설과 제도의 개선 등이 미비한 상황에서 큰 기대를 하기가 어려운 실정이다.

    자본의 경우에도 신성장산업의 발굴이 지연되고 외환위기 이후의 경제·경영 환경 변화에 따른 기업들의 위험회피적 투자성향으로 투자가 정체되어 자본축적이 지연되고 있다. 또한 기술 수준의 발전이나 경제제도적 효율성을 반영하는 TFP는 외환위기 이후 실제 경제성장에 대한 기여도가 높아졌으나, 앞에서 논의한 바와 같이 연구개발 투자의 증가세가 둔화되고 있어 자본과 노동의 성장기여도 하락을 초과할 만큼의 역할을 하지 못하고 있다. 따라서 한국 경제의 총공급 능력을 제고하기 위해서는 자본축적을 가속화시킬 수 있는 투자 활성화가 시급하다고 할 수 있다.

설비투자는 2005년 현재까지 외환위기 이전인 1996년의 수준에서 크게 벗어나지 못하고 있는데, 이는 소비부진 그리고 수출과 내수의 연결고리 단절에 의한 결과이다. 소비부진은 외환위기 이후 기업이 상시 구조조정체제로 전환하고 노동의 유연성이 높아지면서 비정규직이 증가하는 상황 등으로 인해 고용불안이 야기되었기 때문이다. 또한 2001년의 경기침체에 대한 수요확대정책으로 신용카드 사용을 권장하면서 발생한 2002~2003년의 가계부채와 신용불량자 문제는 2003~2004년의 소비감소세를 유발하는 등 정책 실패도 주요인으로 작용했다. 따라서 현재의 소비와 설비투자 부진에 따른 내수 부문의 성장력 약화는 궁극적으로 외환위기의 충격과 대응에서 나타난 상흔(trauma)과 경제정책의 실패에서 원인을 찾을 수 있다.

외환위기 이전과 같은 성장동력을 복원하기 위해서는 소비할 수 있는 여력을 확대하고 투자를 활성화시키는 환경을 조성해야 할 필요가 있다. 현재의 노동과 TFP의 성장기여도가 향후에도 지속될 경우, 투자 환경이 개선되어 10년간 설비투자가 연평균 5%씩 증가하면 2000년 이후 5.1%에 머물러 있는 한국의 잠재성장률은 6.0%로 상승할 것으로 추정된다.

| 별첨 5 | 총수요 갭에 의한 잠재GDP 추정 결과

실제총공급, 최대총공급, 잠재총공급을 <표 5-6>에서와 같이 정의하고, 실제총공급, 최대총공급, 잠재총공급에 자연대수(natural logarithm)를 취하면 다음과 같이 각 공급 수준은 노동과 자본 등 생산요소의 선형관계로 나타낼 수 있다. 실제총공급은 식 (5-1)에서와 같이 실제가동률 수준 η_t, γ_t와 총요소생산성 A_t, 총노동투입시간과 자본스톡으로 표현할 수 있다.

$$\ln Y_t = \ln A_t + [\alpha \ln \eta_t + (1-\alpha) \ln \gamma_t] + [\alpha \ln L_t + (1-\alpha) \ln K_t] \qquad (5\text{-}1)$$

최대총공급은 노동과 자본스톡에 대한 가동률 η와 γ가 100%인 상태, 즉 식 (4)에서 $\eta_t = \gamma_t = 1$인 경우로 식 (5-2)과 같이 나타낼 수 있다.

$$\ln Y_t^{max} = \ln A_t + [\alpha \ln L_t + (1-\alpha) \ln K_t] \qquad (5\text{-}2)$$

잠재총공급은 노동과 자본의 가동률이 각각 인플레이션에 중립적인 수준인 η^N과 γ^N에 있을 경우의 총공급 수준으로 식 (5-2)와 같다.

$$\ln Y_t^N = \ln A_t + [\alpha \ln \eta_t^N + (1-\alpha) \ln \gamma_t^N] + [\alpha \ln L_t + (1-\alpha) \ln K_t] \qquad (5\text{-}3)$$

식 (5-1)~(5-3)의 관계에서 실제산출물 갭 $G_t (= \ln Y_t - \ln Y_t^{max})$, 잠재산출물 갭 $G_t^N (= \ln Y_t^N - \ln Y_t^{max})$을 유도하면 실제산출물 갭과 잠재산출물 갭은 각각 실제가동률과 잠재GDP 수준 가동률의 선형함수로 나타낼 수 있다. 즉 $G_t = \alpha \ln \eta_t + (1-\alpha) \ln \gamma_t$와 $G_t^N = \alpha \ln \eta_t^N + (1-\alpha) \ln \gamma_t^N$임을 보일 수 있다. 이러한 산출물 갭을 이용하여 아래의 산출물 갭을 고려한 필립스곡선 식 (5-4)를 유도할 수 있다.

$$\pi_t = \pi_t^e + \beta(G_t - G_t^N) + \varepsilon_t \qquad (5\text{-}4)$$

앞의 식에서 잠재산출물 갭 G^N을 추정하기에 앞서 기대인플레이션 π^e는 과거 2기의 실제인플레이션의 가중평균값과 같으며, 잠재산출물 갭 G^N은 랜덤워크(random walk) 프로세스를 한다고 가정한다.

$$\pi_t^e = \rho_1 \pi_{t-1} + (1-\rho) \pi_{t-2} \tag{5-5}$$

$$G_t^N = G_{t-1}^N + v_t \tag{5-5}$$

이와 같은 가정하에서 잠재산출물 갭 G^N은 식 (5-4)를 state-space모형으로 추정함으로 구할 수 있다. 여기서 state변수는 G^N이며, 관측식(observation equation)과 전이식(transition equation)은 각각 식 (5-4)와 식 (5-6)이 된다. 모형의 추정에 앞서 관측식과 전이식의 오차항은 $\sigma_v^2 = \sigma_\varepsilon^2/3$.의 관계를 만족한다고 가정한다. G^N과 ρ, β는 칼만필터(Kalman filter)를 사용하여 동시에 추정할 수 있다. State-space모형의 추정에 필요한 초기 값을 구하기 위하여, 식 (5-4)를 OLS를 통해서 추정하면 그 결과는 다음과 같다. OLS 추정에는 식 (5-4)에 공급 측면의 충격을 고려하기 위하여 수입물가 인플레이션율을 추가했다.

$$\pi_t = 0.96 \pi_{t-1} + (1-0.96) \pi_{t-2} + 44.29 (G_t - G^N) + 0.29 \pi_t^{imp} + \varepsilon_t,$$
$$\quad\quad (6.36) \quad\quad\quad\quad\quad\quad\quad (1.66) \quad\quad\quad (3.89)$$

$$G^N = -0.10, \ R^2 = 0.57$$
$$\quad (-3.89)$$

추정 기간은 1972~2005년까지이며, π_t^{imp}는 t기의 수입물가 인플레이션율이다. 괄호 안은 t값을 나타낸다. 앞의 OLS에서 추정된 G^N은 time-invariant 잠재산출물 갭으로 잠재GDP는 분석 기간 중 평균적으로 최대 GDP의 약 90% 수준을 유지한 것으로 나타났다. 산출물 갭과 수입물가의 추정계수 등의 부호가 이론에 부합하는 결과를 얻었으나 R^2 및 산출물 갭 추정

계수의 유의 수준이 다소 낮은 것으로 나타났다. 반면 이러한 OLS 추정 결과를 초기값으로 하여 state-space모형을 이용한 time-varing 필립스곡선의 추정에서는 다음과 같은 결과를 얻었다. 모든 추정계수의 유의 수준이 OLS의 결과보다 개선되었다.

$$\pi_t = 0.85\pi_{t-1} + (1-0.85)\pi_{t-2} + 64.85(G_t - G_t^N) + 0.36\pi_t^{imp} + \varepsilon_t,$$
$$\quad\quad (7.02) \quad\quad\quad\quad\quad\quad\quad (1.91) \quad\quad\quad (2.65)$$

$$G_t^N = G_{t-1}^N + v_t, \quad \sigma_\varepsilon^2 = 0.028$$

여기서 괄호 안은 z값을 나타낸다.

이와 같은 추정 결과에서 도출된 잠재GDP 갭 G^N을 이용하여 잠재GDP는 다음과 같이 도출된다.

$$G_t - G_t^N = \ln Y_t - \ln Y_t^N$$
$$\quad\quad\quad = \ln Y_t^N - \ln Y_t - (G_t - G_t^N).$$

즉 실제산출물 갭과 잠재산출물 갭의 차이는 실제GDP와 잠재GDP의 차이로 나타낼 수 있다. 따라서 잠재GDP는 실제GDP에 두 산출물 갭의 차이를 제해줌으로써 구할 수 있다.

6 한국 경제 희망의 싹은 있는가

01
한국 경제의 선택과 경제발전

성장지향형 정책 선택과 고속성장

대한민국 정부가 수립되었을 당시 한국은 식민지 경제에서 겨우 벗어난 농경국가였으나, 60여 년이 흐른 지금은 신흥공업국의 선두 주자로 부상했다. 1960년대의 본격적인 경제개발을 시작으로 1970년대에는 신흥공업국 대열에 합류했으며, 1980년대 후반부터 1990년대 중반까지는 선진국 진입을 위해 적극적으로 경제 규모의 확장과 개방정책을 추구했다. 그러한 과정에서 1995년에는 일인당 국민소득이 1만 달러를 넘어서게 되었으며, 1996년 12월에는 아시아에서 일본 다음으로 선진국 클럽인 OECD에 가입했다.

한국 경제가 거둔 가시적인 성과는 세계 경제발전사에도 유례없는 성공 사례로 손꼽히고 있다.[1] 정부 수립 이후 외환위기 이전까지는 한국 경제가 아시아 HPAEs(High Performing Asian Economies, 고도성장국가) 중에서도

---

1 차동세 · 김광석(1995), 《한국 경제 반세기 역사적 평가와 21세기 비전》, 한국개발연구원.

그림 6-1 외환위기 이전까지의 총저축률과 총투자율 추이

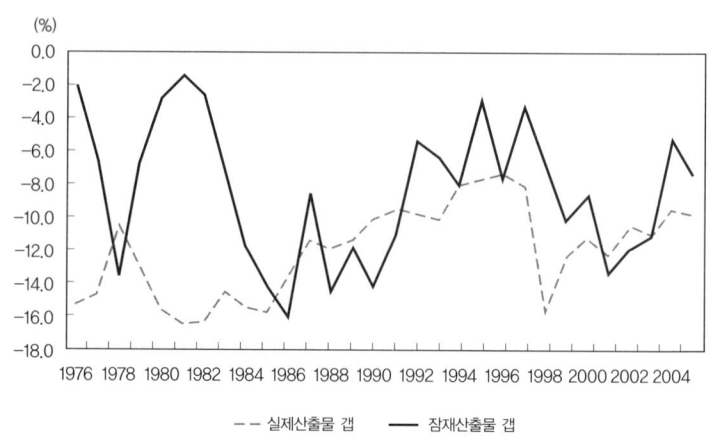

자료 : 한국은행 ECOS DB에 의거 작성.

가장 높은 성장률을 기록했다. 한국 경제는 1960년대 연평균 10.1%, 1970년대 8.3%, 1980년대 8.7%에 이어 1990년대에도 5.8%의 고도성장을 실현했다. 대부분의 경제 전문가들은 고도성장의 원동력을 적극적 외자도입, 수출주도의 공업화 등 정부 주도의 성장우선정책으로 지목한다. 특히 한국경제의 양적 팽창이 가속화되었던 1980년대 중반까지 총저축률과 총투자율은 지속적으로 상승했다. 단, 총투자율이 총저축률을 상회하여 투자재원의 상당 부분을 외자에 의존해야 했다.

한편 정부는 전략적으로 경제성장을 위한 기반 산업에 국가 자원을 집중시키면서 기업의 투자의욕을 고취했으며, 파이를 먼저 키우고 나서 나누자는 '선성장 후분배론'으로 국민을 설득했다. 경제발전 초기에는 6·25 전쟁으로 기득권층이 몰락하고 사회유동성이 높아진 데다가 높은 교육열과 신분상승 욕구가 겹쳐 경제성장 여건이 타개도국에 비해 양호했다. 정부는 경제성장 전략으로 수출 주도의 공업화를 채택하여 1차 산업에 의존한 저소득 상태에서 탈출할 수 있었다. 자원빈국인 한국의 입장에서는 공업화로

수출을 해야만 필요물자를 수입할 수 있는 외화를 조달할 수 있다고 판단한 것이다. 공업화 진전에 따라 1차 산업의 비중이 낮아지고 2차 산업의 비중이 증대했으며 초기 단순 노동집약적 산업에서 1970년대 단순 자본집약적 산업으로 그리고 1980년대 이후 자본집약산업과 첨단산업 중심으로 구조 변화를 이루었다. 경제발전 초기에는 냉전과 세계교역량의 증가 등 대외적으로 우호적인 환경을 바탕으로 수출 주도의 공업화 발전전략이 고도성장에 크게 기여했다. 또한 초기의 수입대체전략을 1960년대 이후에는 비교우위에 입각한 대외수출 전략으로 전환하기도 했다. 1960년대 중반 이후 정부는 금융세제 행정 지원 등 적극적으로 수출 인센티브를 제공했으며 수출지향적 발전을 통해 기업경쟁력 향상, 시장 확대에 따른 규모의 경제 실현, 학습효과와 모방에 의한 기술개발 촉진 등의 성과를 거두었다. 그러나 이 과정에서 경제성장을 우선하여 정치민주화와 사회보장 및 복지에 대한 배려는 미흡했던 것 또한 사실이다.

  1990년대 후반 이후 한국 경제 시스템은 그동안 경제를 지탱해오던 정부 주도 고도성장의 틀이 흔들리기 시작했다. 경제개발5개년계획이 시작된 1960년대 초부터 1980년대 후반까지 정부 주도와 대외지향 성장을 축으로 하는 소위 '박정희 모델'이 민주화가 급진전되었던 1980년대 후반 이후 무너지기 시작했다. 또한 1990년대 중반까지 3저 호황, 반도체 특수 등에 힘입은 한국 경제의 실력 이상의 성과는 기업과 정부에 과도한 자신감과 위기불감증을 초래하여 경제 시스템의 개혁을 지연시켰다. 결국 냉전종식, 경제개방화, 민주화 등 대내외 조건의 변화를 외면하고 있던 한국 경제는 사상 최대의 경제위기인 외환위기를 맞게 되었다. 1997년 말의 외환위기 이후 한국 경제는 새로운 시스템을 모색하기 위한 노력을 경주해왔다. 그러나 이러한 과정에서 많은 시행착오를 겪어야 했다. 특히 외환위기 이후의 구조개혁은 단기 위기관리에 치중하여 중장기 성장 역량에 대한 고려가 부족했다. 경제 주체들은 외환위기 이후의 상흔과 개혁의 관성에 억눌려 불확실성에 민감하게 반응했다. 기업이 수익성 위주의 위험 회피적 기업경영을 펼친 결과 투자 부진 현상이 심화되었으며 가계가 심리 불안으로 지갑을 굳게 닫은 탓에 내수가 성장을 견인하는 힘이 약화되었다. 결국 바람직한 시스템을 정립하는 데는 미흡했으며 거시경제적 안정성과 더불어 이를 지탱해줄 경제제도의 업그레이드가 절실한 과제로 대두되고 있다.

지속성장의 중요성

경제발전의 과정은 육상경기에 비유한다면 단거리 경주가 아닌 마라톤 경주라 할 수 있다. 단거리 경주와는 달리 마라톤 경주에는 수많은 난관과 굴곡이 기다리고 있다. 반짝 타오르다 수그러드는 성장 엔진으로는 목표지점까지 도달하기도 전에 중도 포기할 수밖에 없다. 현재의 선진국들은 대내외 경제 환경의 부침 속에서 끊임없이 성장 동력을 발굴하고 가동시키는 데 성공한 나라들이다. 이들이 경험한 발전의 과정은 성공만이 존재하는 연속선이 아니라 위기와 좌절을 통해 재도약하는 단절과 굴곡의 연속이었다. 이러한 굴곡이 경제발전의 초기 단계에 찾아온 나라도 있고, 경제가 성숙 단계에 접어들면서 경험한 나라도 있다. 공통된 것은 그동안 성장을 이끌어오던 동력이 한계에 직면했을 때, 지금껏 성공의 경험에 매몰되는 유혹을 과감하게 떨쳐버리고 새로운 성장 동력을 발굴했다는 점이다.

세계 최대의 경제대국인 미국의 역사적 발전 경험을 살펴보면 지속적인 성장의 중요성을 알 수 있다. 1870년 미국의 실질 일인당 국민소득은 1985년 불변 가격으로 환산할 때 2,244달러였다. 그런데 1990년에는 1만 8,258

달러로 8배가 증가했다. 그 결과 미국은 세계에서 가장 소득이 높은 나라가 되었다.[2] 그런데 1870~1990년까지 120여 년 동안 미국의 경제성장률은 연평균 1.8%였다. 현재 미국이 4%에 가까운 성장률을 보이고 있는 것을 감안할 때 그리 높은 성장률이라 보기는 어렵지만 일정 수준의 경제성장률을 오랜 기간 지속한 결과가 오늘날의 경제대국 미국을 만든 것이다. 만일 미국이 필리핀이나, 인도, 파키스탄이 경험했던 것과 같은 성장률을 그 기간 동안 기록했더라면 지금 미국의 국민소득은 어떻게 되었을까? 지난 100여 년 동안 이들 나라의 연평균 성장률은 0.8%에 불과했다. 미국보다 1%p가 낮은 수치이다. 만일 미국이 이러한 속도로 성장을 했더라면 1870년 2,244달러였던 국민소득은 2000년에는 6,000달러로 현재 실제 소득의 30%에도 못 미치는 수준이 되었을 것이다. 미국은 이러한 소득으로는 세계 최대 경제대국이 아니라 멕시코나 헝가리와 같은 중위권 경제와 비슷한 수준으로 전락했을 것이다. 결국 미미한 경제성장률의 차이도 장기간 누적되면 커다란 소득격차를 발생시킨다는 것을 알 수 있다.

과거와 현재, 그리고 미래는 연결되어 있다. 과거의 누적된 선택의 결과가 현재를 만들어내며, 현재의 선택은 다시 미래를 결정한다. 한 나라의 경제발전 역사는 과거 경제 주체들의 의식적, 무의식적 선택의 총합이다. 미국이 오늘날 세계 최대의 강대국이 된 것은 사소해보이는 성장률 1%의 차이였지만, 이러한 사소한 차이를 만들어내는 데는 무수히 많은 선택의 결과가 작용한 것이었다. 선진국을 모방하여 선진국을 따라잡기 위해서는 이와 마찬가지로 많은 선택이 필요하다.

한국 경제의 현재는 과거의 선택 결과이다. 결과적으로 경제발전의 초기 단계에서 시장경제를 도입했고, 자본주의의 길을 선택했던 것은 한국 경제

---

2 Barro, Robert J. and Xavier Sala-i-Martin(2000), *Economic Growth*, MIT Press.

에 있어서 커다란 행운이었다고 판단된다. 물론 이러한 체제를 갖게 된 것은 한국의 자발적 선택만은 아니었다고 할 수 있다. 해방 이후 미군의 주둔과 함께 자유주의 시장경제체제가 도입되었다. 자유경제체제는 국민 각자에게 자립정신과 경제의지를 불러일으키고, 자원의 효율적 이용을 가능케 하였다. 오늘날 남한과 북한이 보이고 있는 경제력의 차이를 보면 그러한 선택이 향후 경제발전에 얼마나 결정적 역할을 했는가를 알 수 있다. 한국의 경제 규모가 세계 12위에 올라선 반면 북한의 경제 규모는 남한의 10분의 1에도 미치지 못하고 있는 것이다. 1960년대 이후 정부 주도의 고성장 발전모형을 채택한 것도 결과적으로는 적절한 선택이었다고 판단된다. 수출주도형 공업화 전략을 일관성 있게 추진한 결과 지속적인 고도성장과 경제구조 변화를 이룩할 수 있었던 것이다.

경제의 선택은 끊임없이 이어진다. 과거의 올바른 선택이 현재에도 올바른 선택으로 그대로 적용되지는 않는다. 외환위기라는 뼈아픈 경험은 잘못된 선택의 결과가 얼마나 치명적일 수 있는가를 보여주었다. 국내외적으로 세계화·자유화·민주화라는 새로운 도전에 직면하여 그에 부합하는 경제 시스템을 갖추지 못한 결과가 총체적 위기를 불러일으킨 것이다. 오늘도 한국 경제는 새로운 선택을 요구받고 있다. 과거의 선택이 현재 한국 경제의 경로를 결정지었듯이, 현재의 선택은 한국 경제의 미래를 좌우하게 될 것이다. 경제 주체들의 의식적, 무의식적 경제행위의 선택은 경제 시스템의 제도변수에 의해 영향을 받지만, 한편으로는 그러한 선택이 제도변수를 변화시키는 결정적 요인이 된다는 것이 이 책의 주된 결론 중 하나임을 상기할 필요가 있다. 이러한 선택의 결과 형성된 제도 시스템은 다시 경제적 성과를 결정하는 중요한 변수가 되는 것이다. 결국 미래 한국 경제의 좌표는 현재 한국 경제의 선택에 달려 있다고 해도 과언이 아니다.

02
한국 경제의 선택

새로운 도전에 직면한 한국 경제가 이 시점에서 선택해야 할 것은 무엇인가? 그것은 성장의 활력을 높여 지속적인 성장을 유지하는 것이라 할 수 있다. 최근 한국 경제는 성장인가 분배인가라는 양분법적 선택을 두고 이념적 혼란과 갈등을 보여오던 것이 사실이다. 성장 없는 분배도 분배 없는 성장도 존재할 수 없음은 분명한 사실이다. 성장이 높았을 때 분배 상황도 개선되고 성장이 낮아졌을 때 분배 상황도 악화되었다는 이제까지의 경험을 재론하지 않더라도 우리가 성장 활력 제고에 초점을 맞추어야 하는 데는 분명한 이유가 있다.

선진국과의 격차 축소

선진국과의 격차를 줄이기 위해서도 높은 성장을 유지할 필요가 있다. 과연 어떠한 조건을 갖추어야 선진국이라 할 수 있는가에 대한 개념 정의는 학자에 따라 다르나 일인당 국민소득을 기준으로 선진국의 조건을 규정하는 것이 일반적이다. 지구상에 존재하는 200여 국가들 가운데 국민소득이 2만 달러를 넘어선 나라가 20여 국가에 불과하기 때문에 국민소득 2만 달러를 선진국의 기준으로 삼기도 한다. 이른바 일인당 국민소득 2만 달러는 '선진국 명예의 전당'에 가입하기 위한 최소한의 자격 요건이라 할 수 있다. 2007년에 한국 경제는 일인당 국민소득이 2만 달러를 넘어설 것으로 전망된다. 그렇다고 해서 선진국으로의 진입이 이루어지는 것은 아니다. 세계은행은 현재 일인당 평균 국민소득이 2만 6,000달러를 넘어선 나라들을 고소득 국가로 분류하고 있다. 또한 선진국의 기준이 되는 국민소득이 계속 높아지고 있다. 루이스 캐롤의 소설 《거울 속 여행》에서는 아무리 빨리 달려도 같은 장소에 머물러 있는 붉은 여왕의 이야기가 나온다. 체스판 위의 말인 붉은 여왕이 체스판을 벗어나기 위해 달음박질하지만 체스판도 같은 방향으로 함께 움직이기 때문에 결국은 제자리에서 맴돌 수밖에 없다는 것이다. 진화이론에서는 포식자와 피포식자 간의 진화경쟁을 '붉은 여왕 효과'라고 부른다. 사자는 영양을 잡아먹기 위해 더 빠르게 진화한다. 영양은 사자에게 잡혀먹지 않도록 더 빠르고 더 긴 다리를 갖도록 진화한다.[3] 이렇게 사자와 영양은 그들의 모든 생물적 자원을 투자하여 더 빠르게 진화하지만 그 어느 쪽도 상대방을 압도할 수 없다. 아무리 빨리 달려도 비교 대상이 되는 선진국도 계속 성장을 하기 때문에 선진국보다 높은 성장률을 꾸준하게 유지하지 않고서는 선진국을 따라잡을 수 없다는 것이다.

---

3 매트 리들리(2002), 《붉은 여왕 : 인간의 성과 진화에 담긴 비밀》, 김윤택 역, 김영사.

그림 6-2 우리나라의 추계인구 및 고령인구(65세 이상) 비중 추이

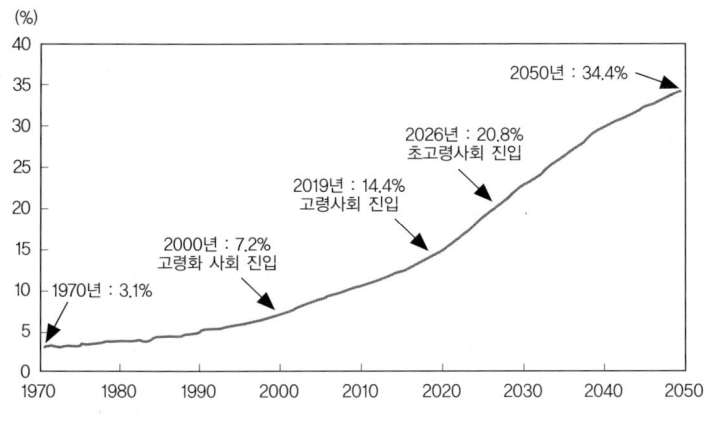

자료 : 통계청 KOSIS DB에 의거 작성.

고령사회에 대비

성장을 지속적으로 유지해야 하는 이유는 고령화사회의 도래에 대한 대비 때문이다. 경제성장은 노동과 자본의 투입, 그리고 기술의 진보에 의해 이루어진다. 그런데 다른 조건이 일정하다는 전제하에서 노동투입이 줄어든다면 성장 또한 둔화될 수밖에 없다. 피터 드러커는 21세기에 세계 각국이 직면한 문제 중 가장 심각한 것은 고령화에 따른 경제활동 참여 인구의 감소와 이로 인한 성장 활력 저하를 손꼽았다.[4] 이민 등 해외 노동력의 유입을 통해 꾸준히 노동력을 공급받고 있는 미국이 향후에도 높은 경쟁우위를 확보할 수 있다고 드러커는 지적하고 있다.

고령화라는 인구구조의 변화는 대부분의 나라들이 공통적으로 경험하

---

4 피터 드러커(2002), 《Next Society》, 이재규 역, 한국경제신문사.

고 있는 현상이지만 한국의 경우에는 그 속도가 세계에서 유례를 찾기 힘들 정도로 빠르게 진행되고 있다. 65세 이상 인구가 전체 인구의 7%를 넘어설 때 이를 고령화사회라 하며, 그 인구 비율이 전체의 14%를 넘어서게 되면 고령사회라고 한다. 그런데 한국은 이미 2000년에 고령화사회에 진입했으며 오는 2018년에는 고령사회의 문턱을 넘어설 것으로 예상하고 있다. 선진국이 고령화사회에서 고령사회로 진입하는 데 40년에서 120여 년 가량 소요된 반면 한국은 불과 20년도 안 되는 짧은 기간에 고령사회에 들어서고 있는 것이다. 또한 2026년에는 고령인구의 비율이 전체의 20%를 넘어서면서 이른바 '초고령사회'로 진입할 전망이다. 불과 50년도 안 되는 짧은 기간 동안 선진국 문턱까지 다다르는 초고속 압축 성장을 이룩하던 한국은 그보다 더 빠른 속도로 고령화의 길을 걷고 있다.

고령화의 진전은 노인에 대한 사회적 부담이 가중되어 경제성장의 둔화 요인으로 작용할 것이다. 사회적으로 부양해야 할 부양인구는 증가하는 반면, 부양을 담당할 생산활동인구의 비중은 감소하기 때문이다. 15~64세까지의 생산가능인구에 대한 노인인구(65세 이상)의 비율이 증가함에 따라 생산가능인구 100명당 부양해야 하는 고령인구의 비율은 2000년 10.1명에서 2007년 13.7명, 2010년에는 14.9명으로 급증할 것으로 예상된다. 생산가능인구 중 60~64세의 비중이 2000년 5.4%에서 2007년과 2010년에는 각각 5.6%와 6.2%로 확대되어 생산가능인구의 구성 자체도 고령화된다.

고령인구의 증가는 국민연금, 건강보험 등의 재정 수요를 확충시키며 국민의 조세부담률을 높이고 소비를 위축시키는 효과를 가져온다. 또한 노동 생산성 저하, 저축률 하락 등을 초래함으로써 경제성장을 둔화시키는 요인으로 작용한다. 저축 성향이 상대적으로 낮은 노령층의 증가로 저축률이 감소하고, 이에 따라 가용자금 및 투자의 위축이 우려된다. 2000년 가구주 연령이 60세 이상인 가구의 저축률은 20.2%로 전체 가구의 평균 저축률

(26.2%)보다 낮게 나타났다. 고령사회로 완전 진입한 이후에는 성장 활력의 저하가 불가피하다. 순혈주의를 강조하는 한국 사회의 특성상 외국 노동력의 유입이 크게 확대되기를 기대하기란 어려운 실정이다. 따라서 고령화로 인한 성장 활력 저하가 현저하게 나타나기 이전 성장잠재력을 끌어올리는 것이 중요한 의미를 갖는다.

통일을 위한 준비

미래의 통일 가능성에 대비하기 위해서도 높은 성장을 유지해야 한다. 향후 통일에 따른 경제적 비용이 막대하게 소요될 것으로 추정되기 때문이다. 통일비용은 추정 방식에 따라 많은 편차를 보이고 있으나, 그 비용이 크리라는 점에 대해서는 대다수 전문가들의 견해가 일치하고 있다. 독일의 경우 1990년 통일 이후 매년 GDP의 약 4%를 동독 개건 등의 통일비용으로 사용하여 2002년까지 약 7,000억 달러의 통일비용을 투입한 것으로 알려져 있다. 통일 당시 서독은 세계 제2위의 경제력과 최고의 외환보유고 국가였으나 통일비용 조달로 인해 이후 경제적인 어려움을 겪었다. 당시 동독과 서독의 경제력 격차가 4대 1 정도였는데도 불구하고 이러한 통일비용이 소요된 것이다. 그런데 남한은 서독과 비교할 때 통일을 감당할 수 있는 경제력을 아직 확보하지 못하고 있다고 평가된다. 결국 언젠가는 현실로 다가올 통일에 대비하고 이에 수반되는 비용을 마련하기 위해서, 즉 통일비용을 다방면에서 조달할 수 있는 능력을 갖추기 위해서라도 지속적이며 높은 성장을 통해 경제 규모를 확대시키는 것이 중요하다.

03
한국 경제 희망의 싹은 있는가

과연 한국 경제는 앞으로도 지속적인 성장을 해나갈 수 있을까? 이에 대한 궁극적인 해답은 경제성장을 촉진하는 요인들을 한국 경제가 앞으로도 계속 확보할 수 있는가에 달려 있다. 제프리 삭스(Jeffrey Sachs)는 저축, 교역, 기술, 그리고 자원을 경제성장의 원동력이라 보고 있다.[5] 반면, 경제성장을 저해하는 요인으로 저축 및 자본의 부족, 교역 기회의 제약, 자연자원의 감소, 생산성의 하락, 인구 감소 등을 들고 있다. 한국 경제는 이러한 성장의 발판을 마련하고 제약 요인들을 제거할 수 있는 능력을 가지고 있는가? 여기에서는 한국 경제가 가지고 있는 주요한 몇 개의 강점을 제시함으로써 희망의 싹을 검토해보기로 한다.

---

[5] Jeffrey Sachs(2005), *The End of Poverty*, Penguin Press.

변화 수용의 민첩성

영토 규모가 작은 반도라는 지리적 특성은 변화에 대한 수용의 민첩성이라는 또 다른 강점을 한국 경제에 부여하고 있다. 해방 이후 근대화의 길을 걸은 한국은 그 어떤 나라도 따라올 수 없을 만큼 빠른 속도로 변화를 경험했다. 고속 압축 성장으로 경제구조가 빠르게 변화했으며, 사회 조직 및 제도도 급속히 변화했다. 특히 외환위기 이후에는 아시아 국가 중 가장 빨리 그리고 가장 깊게 서구의 경제 시스템을 수용했다. 이는 변화와 개혁에 대한 저항이 심한 일본과는 매우 대조적이다. 일본은 동북아시아에서 서양에 가장 먼저 문을 열어준 국가이지만, 변화의 수용에 대한 민첩성 측면에서는 한국에 비해 뒤진다. 외환위기라는 외생적 충격의 영향이 크게 작용한 것이 사실이나 변화와 개혁의 속도는 일본에 비해 한국이 훨씬 빠르다. 물론 제대로 소화하지 못한 상황에서 무분별하게 외국 제도를 수용함에 따라 여러 문제들이 나타나고 있는 것도 사실이다. 최근 투자부진 및 경제심리 위축은 빠른 제도 수용과 변화 과정에서 발생하는 부산물이다. 그러나 변화에 대한 수용성이 높을수록 위기에 대한 적응력과 위기 타개 능력이 높아지게 된다는 점에서 장점이라고 할 수 있다.

변화를 수용하고 혁신을 주도하는 주체는 기업이다. 상당수 국내 기업들이 불과 50년 만에 세계적으로 급성장한 것은 한국 경제의 분명한 장점이다. 반도체·휴대전화·TFT-LCD 등이 세계 IT업계를 선도하고 있으며, 자동차·철강·조선 등 중공업에서도 강자의 지위를 차지하고 있다.

한국 기업들은 과감한 투자와 수출을 통해 성장 동력을 확보해왔다. 국민계정상 총투자율이 1970년 이후 30% 전후를 유지해왔으며 좁은 내수시장의 한계를 극복하기 위해 해외 시장 개척에 주력해왔다. 특히 대기업들은 자원 제약과 높은 리스크 상황하에서 기업가정신을 발휘하여 신사업에

표 6-1 지난 50년간 한국 기업의 성장

	6·25 전쟁 직후 (1955년)	현 위상 (2004년)	비고
〈규모〉			
제조업 사업체 수(2003년)	8,600개	11.3만 개	13배
제조업 종업원 수(2003년)	22.1만 명	274만 명	12배
100대 기업 평균 매출액	7.9억 원(1965년)	6.6조 원	8,400배
〈생산〉			
제조업 생산액	253억 원	678조 원	2만 7,000배
DRAM 매출액	–	124억 달러	세계 1위
자동차 생산 대수	1,800대(1962년)	347만 대	세계 6위
선박 건조량	1.4만 G/T(1957년)	1,514만 G/T	세계 1위
조강 생산량	14만 톤(1962년)	4,752만 톤	세계 5위
〈글로벌〉			
수출	1,800만 달러	2,542억 달러	세계 12위
〈포춘〉 500대 기업 수	–	11개사	세계 10위

자료 : 통계청(1998), 〈대한민국 50년의 경제사회상 변화〉, KOSIS DB.
산업자원부(2005. 1), 〈세계 속의 한국 경제 위상〉.
〈포춘〉 등 국내외 언론 종합.

도전해왔다. 전자·자동차·조선·반도체 등의 대형 신사업들을 과감하게 추진했으며 신속한 의사결정과 실행, 위기 시 일사불란한 행동이 국내 기업의 강점으로 작용하고 있다. 이는 한국 기업들이 급변하는 환경 속에서 변신을 거듭하며 생명력을 강화했기 때문이다. 민간 자본 축적이 부족했던 1980년대까지는 정부 주도로, 그 후에는 민간 기업이 주력산업 변화를 주도했다. 경공업(삼백산업(三白産業) : 제당, 제분, 면직)에서 건설, 중화학, 전자, IT 등 주도 산업을 바꾸어가며 변신을 이룩한 것이다. 또한 선진 기업과의 기술 격차를 좁히기 위해 차세대 기술개발에 주력하고 높은 기술적 목표를 설정하고 밤을 새워가며 매달린 결과, 선진국과의 격차를 최단시간에 단축한 것도 한국 기업의 저력이라 할 수 있다.

디지털 강국

IT 위주의 산업 고도화로 디지털 강국으로 자리 잡고 있는 것도 한국 경제의 큰 장점으로 부각된다. 그동안 한국은 디지털 기술의 빠른 도입으로 디지털 강국으로서 입지를 구축하였다. 국제 사회에서도 한국은 '브로드밴드 원더랜드', '정보통신에 있어 더 이상 권고할 것이 없는 나라'로 묘사되는 등 큰 주목을 받고 있다. 국가경쟁우위론의 관점에서 볼 때, 한국은 역동적 소비자, 혁신적 기업, 고도의 IT 인프라 등 세 가지 경쟁우위요소가 맞물려 경쟁력을 향상시키는 선순환고리를 형성하고 있다.

이제 디지털 관련 산업은 한국 경제의 성장 동력으로 자리매김하고 있다. 2005년 현재 IT산업은 국내 GDP의 13.4%, 수출의 42.2%를 차지하고 있다.[6] IT산업의 성장기여율은 2002년 22.9%에서 2005년에는 42.2%로 크게 증가했다. 제품 및 산업 경쟁력도 크게 상승했다. 반도체, 휴대전화, TFT-LCD, 디지털TV, 온라인 게임 등 세계적인 경쟁력을 가진 상품을 다수 보유하고 있는 것이다. 디지털 강국의 위상은 각종 국제기구의 평가 결과에서도 입증되고 있다. 2005년 UN, ITU(International Telecommunication Union) 등 주요 국제기구의 IT지수 평가에서 모두 5위 이내에 드는 성과를

표 6-2 국제 지수별 순위

조사기관	지수명	대상 국가	한국 순위	비고
ITU	디지털 기회 지수	40개국	1위	홍콩 2위, 일본 3위, 미국 11위
IMD	기술경쟁력 지수	60개국	2위	미국 1위, 싱가포르 3위, 일본 9위
UN	전자정부 지수	191개국	5위	미국 1위, 덴마크 2위, 스웨덴 3위, 일본 14위

자료 : 정보통신부(2005. 12. 29), 〈수치로 본 IT 2005〉.

---

6 한국의 IT산업의 생산 규모(2000년 기준)는 2003년 이후 2005년까지 국내총생산의 10% 이상을 차지하고 있으며, 수출 비중도 2002년 30%를 초과한 이후 2005년에는 42.2%로 40%대에 진입한 것으로 나타났다.

그림 6-3 한·미·일 3국의 디지털 활용도 비교

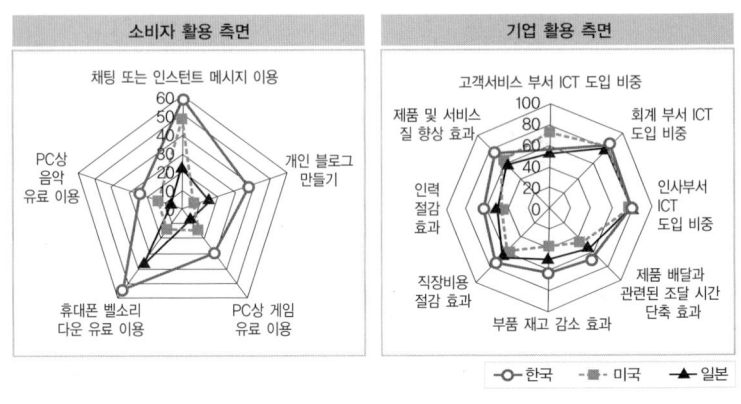

자료: 권기덕(2006), "디지털 강국 유지 발전을 위한 제언", 《CEO Information》 539호, 삼성경제연구소.

기록한 것이다.

특히 소비자의 디지털 서비스 활용에서는 한국이 미국, 일본에 비해 월등히 앞서고 있다. 기업의 활용 측면에서는 한·미·일이 비슷한 수준을 보였으나 활용으로 인한 효과는 한국이 앞서고 있다. 디지털 강국으로서 한국의 강점은 열성적인 소비자가 존재하고 있다는 것이다. 전 국민이 늘 네트워크에 접속해 디지털 활용이 생활화되어 있고 전체 인터넷 이용자가 3,300만 명에 이르며 휴대전화 이용자도 3,800만 명을 상회한다.

이어령 교수는 "요즘 한국인들은 두 개의 집에 산다. 하나는 콘크리트로 만든 집이고 또 하나는 디지털로 만든 인터넷의 집이다"[7]라고 말했다. 인터넷이 시공을 초월한 공론의 장으로 부상하고 있으며 사진, 이미지, 창작물 등 일반인들이 적극적으로 콘텐츠를 생산하고 있다. 예를 들어 싸이월드 회원들이 1일 평균 업로드하는 사진 게시물은 31만 6,000건에 이른다. 국내 최대 커뮤니티 사이트인 다음 커뮤니케이션의 ID 보유자는 약 3,700만

---

7 이어령(2006), 《디지로그》, 생각의 나무.

명으로 현재 91개 UN 회원국의 평균 인구(3,400만 명)와 비슷할 정도이다.

인적자원의 경쟁력

지금까지 한국 경제가 이룬 경제성장의 바탕에는 인재 양성의 힘이 크게 작용했다. 1980년대까지는 실업계 고교 육성을 통한 양질의 저렴한 노동력으로 경공업, 수입대체산업, 수출산업을 육성할 수 있었다. 1990년대에는 풍부한 대졸 인력, 고급 기능 인력으로 IT산업의 발전을 주도해왔다. 인적자원을 육성하는 교육 측면에서도 적어도 외형적으로는 눈부신 발전을 거듭했다. 대학의 경우 연구의 양적 성과는 괄목할 만한 성장을 보여왔다. 2003년 SCI 발표 편수는 국가 순위로 13위에 이르게 되었다. 고등교육 진학률은 81.3%로 세계 최고 수준을 기록하고 있다. 기업도 재교육에 높은 투자를 하고 있다. 기업의 대졸 신입사원 연간 재교육 비용은 2004년 4조 8,950억 원에 이르고 있다. 외국 대학의 석·박사 과정으로 진학하는 학생이 연간 4만여 명에 달하는 등 고급 인력의 양적·질적 발전이 이루어지고 있다.

한국이 우수한 인적자원을 기반으로 성장할 수 있었던 근저에는 한국인의 성실함과 추진력, 그리고 교육에 대한 열정이 있었다. 특히 유교문화의 유산을 근거로 한 교육열은 인적자원의 양성과 질적 확대에 크게 기여했다. 최근 들어 홍콩, 대만, 일본, 미국 등지에서 유교의 의의와 가치를 재평가하려는 학문적 흐름을 볼 수 있다. 이러한 흐름은 유교문화권으로 일컬

표 6-3 주요국의 대학진학률 비교

(단위 : %)

한국	영국	미국	일본
82	71	63	49

주 : 통계청(2005년 기준 자료), OECD, UNESCO DB에 의거 작성.

어지는 일본, 한국, 대만, 홍콩, 싱가포르 등 동아시아 국가들의 비약적인 경제발전이라는 현실을 배경으로 한다. 이 지역의 문화적·사상적 공통점인 유교와 경제발전 사이의 관련성을 찾고자 하는 학문적 시도이다. 대표적 학자인 하버드 대학의 뚜웨이밍(杜維明)은 동아시아 지역이 역사적으로 유교문화와 밀접히 연관되어 있음을 지적하면서, 유교문화의 영향하에 있는 동아시아 지역에서 이루어진 산업화와 경제발전이 서양에서의 그것과는 양상을 달리한다는 점을 강조한다.[8] 그리고 동아시아 지역의 특징을 다음과 같이 정리한다. 교육의 중시, 정부와 기업의 긴밀한 관계, 가족·학연·지연 등을 중심으로 한 대가족 개념, 도덕과 윤리를 중시하는 사회 관계, 개인보다는 집단을 중시하는 의식·문화적 동질감이 그것이다.

특히 미시적 차원에서 유교문화의 전통이 경제발전에 필요한 인적자본의 형성에 상당한 기여를 하였다는 평가이다. 유교문화권의 열병과 같은 교육열 및 엄격한 노동윤리가 이 지역 경제발전의 견인차라는 해석은 바로 이러한 평가를 근거로 한다.

높은 교육열을 뒷받침하는 또 다른 요인은 한국인의 높은 평등의식이다. 일부에서는 우리 사회가 경쟁력을 가지기 위해 평등이라는 덫에서 하루빨리 해방되어야 한다는 주장도 있다. 튀는 자를 마음껏 튀게 함으로써 살맛나고 역동적인 사회를 건설할 수 있으며, 뒤처진 사람들을 돌볼 수 있는 자원도 마련할 수 있다는 것이다. 그럼에도 불구하고 평등지향적 의식은 누구나 신분 상승의 기회를 가질 수 있고, 가져야 하며, 이를 달성하는 수단은 교육이라는 의식을 심어주었다. 이에 따라 교육에 대한 투자가 광범위하게 이루어졌다. 한국은 동질성과 밀집성으로 인해 개인 차원의 강한 평등주의적 성향을 갖고 있다. 이러한 평등의식은 대한민국을 발전시킨 원동력이

---

8 뚜웨이밍(2006), 《문명들의 대화》, 김태성 역, 휴머니스트.

되었다. 사회계층 간 이동에 막힘이 없다는 의식으로 국민들은 열심히 창의와 노력을 다하게 되고 사회·경제가 발전하게 되는 것이다. 한국 사회는 배움을 미덕으로 생각하는 열정적 학습사회이다. 엄청난 사교육비와 대중적인 사교육기관 운영체계 등으로 인해 많은 사회적 부작용이 발생하고 있으나 그 이면을 들추어보면 한국 사회의 역동성을 높였던 상향적 욕구의 분출로 이해될 수 있다.

교육열로 인해 고학력 노동력이 대규모 유입되고 있다. 이는 교육기관의 대폭적 확대에도 기인하는 바가 크지만 경제 주체들의 일자리에 대한 기대감을 반영한다고 볼 수 있다. 이에 따라 학력별 취업자구조가 고학력자 위주로 재편되고 있다.

고학력자의 비중이 높아지고 있는 것은 남성에 국한되지 않는다. 특히 과거 경제활동에 참여하지 않고 있었던 고학력 여성의 경제 진출이 늘고 있다. 한국 여성은 정량적으로 측정하기 어려운 고유한 장점을 보유하고 있다. 여성이 4년제 대학 졸업자의 거의 절반인 43%를 차지하고 있으며 전공 분야에서도 수학, 컴퓨터, 엔지니어링 같은, 이른바 '남성 학문'에서의 여성 비율이 OECD 대부분의 나라에 비해 높은 편이다. 2002년 졸업생 중 수학, 컴퓨터 전공의 40%, 공학의 25%가 여성이다.

그러나 아직 여성 인력 활용에 있어서는 선진국과 큰 격차를 보이고 있다. 여성 경제활동참가율이 OECD 30개국 중 26위이며 25~54세 청장년층의 경우는 그보다도 낮은 28위에 그치고 있다. 특히 대졸 여성의 경제활동참가율은 멕시코를 뺀 최하위이며, OECD 전체 평균과 무려 20%p의 격차를 보이고 있다. 대졸 여성 고용률은 대졸 남성과 33.1%p의 차이를 보여, 10%p 이하로 남성 고용률에 접근해 있는 선진국과 극명하게 다르다. 따라서 여성 노동력의 노동시장참여율 확대는 고령화되고 남성 유입이 감소하는 한국 노동시장의 다른 동력으로 작용할 것이다.

지정학적 위치

한국 경제가 가지고 있는 강점으로 우선 지적해야 할 것은 지정학적 위치이다. 한국은 중국, 일본이라는 초거대 경제대국의 중간에 위치한 지리적 특성을 보유하고 있다. 세계 각국의 경험으로 볼 때 인접 국가에 거대 시장을 보유하고 있는 것은 성장을 촉진하는 강력한 유인이 된다. 세계지도상에 각국의 분포를 보면 소득이 높고 경제발전이 앞서 진행된 국가들은 서로 밀집해 있는 것을 알 수 있다. 미국, 캐나다를 중심으로 한 북미 지역, EU를 중심으로 한 유럽 지역이 대표적인 예라고 할 수 있다. 특히 유럽의 소국들은 거대 EU의 시장접근이라는 지역적 이점을 살려 고소득을 구가할 수 있었다.

한국이 속해 있는 아시아 지역은 향후 가장 성장잠재력이 높고, 경제 활력이 넘치는 지역이다. 중국은 현재까지 10% 내외의 고도성장을 유지하고 있으며, 인구 13억의 막대한 시장 규모를 자랑하는 잠재력이 풍부한 지역이다. 이미 선진국인 일본과 높은 잠재력을 지닌 중국 사이의 가교 위치에 서 있는 한국은 향후 진행될 아시아 경제통합의 이익을 향유할 수 있는 가능성을 보유하고 있다. 고투자와 대외지향적 공업화라는 한국의 기존 발전모델이 한계를 보이는 시점에서 중국 경제의 부상은 역내 수요창출형의 새로운 발전모델을 정립하는 데 기여할 것으로 보인다. 향후 동아시아 지역에서 중국이 일본을 제치고 무역 영향력이 가장 큰 국가로 부상할 전망이다. 동아시아의 각 국가들이 내수 시장을 확대하기 위한 노력을 경주하고 있으나, 당분간은 수출주도형 경제가 지속될 것으로 보이며 중국은 일본을 제치고 이들 국가의 최대 수출시장으로 부상할 것이다. 중국은 동아시아로부터 수입하는 비중이 일본보다 높으며 절대금액도 큰 실정이다.

중국과 아울러 차세대 경제대국으로의 부상을 노리는 인도경제권이 한

그림 6-4 동아시아 국가들의 수출 증가에 대한 중국의 기여율(2003년)

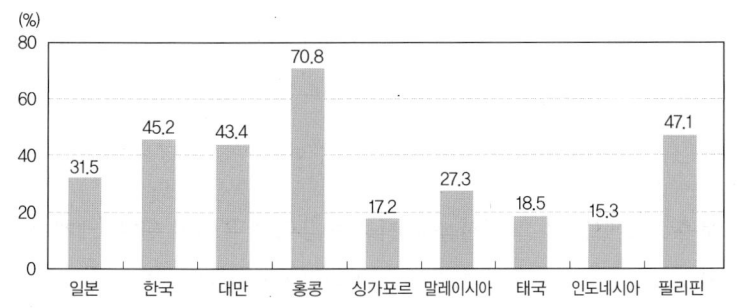

자료 : 무역협회 KOTIS 통계를 이용하여 작성.

국-중국-일본의 동아시아 경제권과 연결되어 '아시아 회랑'이 결성된다면 한국 경제가 누릴 수 있는 혜택은 더욱 커질 수 있다. 동아시아 통합 논의를 주도해가면서 동아시아 경제의 허브로 부상할 때 이러한 지리적 이점이 주는 혜택은 극대화될 것이다.

04
실용적 대안 모색

외환위기 상흔의 극복과 경제 활력의 복원

현 한국 경제의 저성장 국면은 외환위기의 상흔 및 정책대응 미숙이 복합적으로 작용한 결과라 할 수 있다. 한국 경제는 경제선진화를 달성하기도 전에 조로(早老)현상을 보이는 심각한 상황을 맞고 있는 것이다. 고도성장기와 같은 7~8%대 이상의 성장은 기대하기 어려운 점을 감안하더라도 잠재성장력 침하는 심각하다. 외환위기 이후 나타난 자신감 상실과 활력의 저하도 경제침체 현상을 심화시키고 있다. 외환위기 이후 추진된 일련의 시스템 개혁으로 부분적인 체질개선에는 성공했으나 한국 고유의 장점이 훼손되고 있는 것이다.

따라서 실천적이고 실용적인 접근으로 성장 엔진을 재가동하는 것이 시급한 과제로 대두되고 있다. 외환위기의 상흔과 구조개혁의 함정에서 벗어나 한국 경제의 활력 복원과 자신감 회복이 필요한 것이다. 우선 성장과 분배구조의 개선은 정(+)의 관계임을 인식하여 성장친화적 정책 환경을 조성하는 데 주력해야 한다. 한 번에 모든 것을 이루려는 조급증을 버리고 점진적 개혁을 지향함으로써 백화점식 개혁 추진 과정에서 발생한 개혁 피로감과 부작용을 해소해야 한다.

이와 아울러 경제 시스템의 선순환구조를 복원하고 경제의 역동성을 제고할 수 있도록 경제 시스템을 설계해야 한다. 개방과 시장 지향, 기업 중시의 성장친화적 경제 시스템을 구축해야 하는 것이다. 시장경제 시스템에 한국 고유의 강점을 접목함으로써 장기적인 효율성을 확보하는 것이 중요하다. 금융의 인프라 기능 강화, 한국 대기업집단 시스템의 강점을 활용하고, 협력적 노사관계를 구축하는 등 한국형 경제 시스템을 지향해야 할 것이다.

기업 시스템의 자율성 인정

기업 시스템의 설계는 기업이 조직형태와 지배구조 등 기업 시스템을 선택할 수 있는 자율성을 부여하는 것이 중요하다. 기업 시스템은 경로의존적 (path-dependent) 속성을 보유하여 각국에 공통적으로 적용 가능한 이상적 모델은 없기 때문에 기업에 특정한 조직 및 통제 형태를 강요하는 것은 지양해야 한다. 신속하고 과감한 의사결정, 그룹 계열사 간의 무형자산의 공유 등 한국적 기업 시스템이 가지는 긍정적 측면을 유지해야 한다.

한국 경제의 주역인 기업이 지속 성장하기 위해서는 사회와 기업 모두의 노력이 필요하다. 외환위기 이후 두드러지게 나타나고 있는 경영의 보수화 경향을 극복하기 위해서는 기업가정신을 고취할 수 있는 기반 조성이 중요하다. 경영의 보수화는 환경의 산물로서, 제반 여건이 개선되지 않는 이상 기업가에게 진취적인 의사결정을 요구하는 것은 기대하기 어렵기 때문이다. 사회적인 이슈가 되고 있는 기업지배구조 문제 역시 한국적 상황에 맞는 모델을 정립할 필요가 있다. 소유경영자와 전문경영자의 역량이 조화될 수 있는 지배구조를 확립해야 한다.

지난 20년간 한국 기업은 소유경영자와 전문경영자의 협력과 역할분담이 가능한 '소유+전문 CEO' 시스템을 진화시켜왔다.[9] '소유+전문 CEO' 시스템은 기업의 성장과 함께 채택되었으며, 글로벌 경쟁 격화에 유효하게 대응할 수 있는 기반이 되었다. '소유+전문 CEO' 시스템 자체도 진화하여 시스템의 효율성이 제고되었다. 소유·전문경영자 간에 역할 분담이 이루어지고, 권한의 위양이 나타났으며 외환위기 이후에는 선진적인 인센티브 시스템도 도입되었다. 소유경영과 전문경영의 장점을 접목함으로써 외환위기 등 환경급변에 대응하고 나아가 기업의 질을 한 단계 업그레이드할 수 있는 계기가 되었다. 소유경영자의 기업가정신과 전문경영자의 경영 역량 간의 시너지가 기업성장에 기여한 것이다. 그런데 외환위기 이후 본격적으로 제기된 소유·전문경영 간의 우월성에 대한 논란이 아직도 지속되고 있다. 혼합형 시스템인 '소유+전문 CEO' 시스템이 현재로서는 가장 효과적인 성과를 거두고 있음을 주목하여 시스템의 다양성을 인정하고 기업이 성장 단계에 맞추어 시스템을 선택할 수 있는 자율성을 부여하는 것이 필요하다.

이와 아울러 기업은 글로벌 경영체제 구축에 역량을 집중하고, 기업의 사회적 책임에 대한 요구에 선제적으로 대응하여 투명 준법 경영에 매진하고 사회적 책임을 완수해야 한다.

---

[9] 삼성경제연구소(2006), "한국 CEO 시스템의 진화 : 1986~2004", 《CEO Information》 565호.

관계형금융 기능 강화

금융 시스템은 약화된 관계형금융(relationship banking)[10] 기능을 강화하여 시장형금융을 보완하는 '이원(Two Tier)형 모델'을 추구해야 한다. 외환위기 이후 은행을 중심으로 하는 관계형금융에서 시장형으로 구조전환이 시도되면서 금융의 중개 기능이 저하되어왔다. 시장지향형 금융 시스템이 정착되어 제 기능을 발휘하기 위해서는 여러 전제조건이 충족되어야 하는데 그중 금융 거래 과정에서 정보의 대칭성이 요구된다. 정보를 획득하는 비용이 낮아야 할 뿐만 아니라 정보를 신속하게 평가하고 확산시킬 수 있는 환경적 조건이 충족되어야 한다. 이를 위해서는 정보 획득을 용이하게 하는 법적·제도적 장치가 마련되어야 할 뿐만 아니라 사회구조 자체의 투명성과 신뢰성이 높아야 한다. 그러나 현실적으로 이러한 조건이 충족되기 위해서는 상당한 시간을 필요로 한다. 시장지향형 금융 거래의 확립을 위해 법과 제도를 개혁하고 정착시키는 데 장기간의 시간이 필요한 것이다. 시장지향형 금융 시스템으로의 전환 과정에서 그에 상응하는 금융 인프라가 구축되어 효율성을 확보할 수 있도록 하기 위해서는 건전한 관계지향형 금융 거래의 복원이 필요하다.

또한 기업의 투자활동이 장기간 위축되어 있는 심각한 상황을 해소하기 위해서도 금융기관과 기업 간의 관계를 복원해야 한다. 외환위기 이후 금융기관과 기업 간의 관계가 소원해지면서 관계지향형 금융 거래가 급속히 위축된 반면 이를 대체할 만큼 주식시장이나 채권시장이 충분한 역할을 수행하지 못한 결과 시중 자금이 생산적인 기업 부문으로 이동해가는 중개

---

10 관계형금융은 자금의 공급자와 수요자 간의 장기적이고 긴밀한 협력 관계를 바탕으로 금융 중개가 이루어지는 금융 시스템을 의미하며, 금융 중개의 주도적 역할자의 차이에 따라 관계형금융도 정부주도형과 시장주도형으로 나누어진다.

기능이 취약해졌다. 은행들은 관계가 소원해진 기업들 간의 거래를 줄이고 상대적으로 정보 비대칭성이 낮은 가계 부문으로의 자금운용을 확대해나가고 있다. 그러나 이러한 경향이 고착화되어 기업 부문의 투자 위축이 장기화될 경우 경제의 성장잠재력이 약화될 수 있다.

따라서 향후 한국 금융 시스템은 시장형금융과 관계형금융 사이의 균형을 이루는 방향으로 개선되어야 한다. 현 단계에서는 특히 그동안 취약해진 관계지향형 금융 시스템의 복원에서부터 출발해야 한다.

중소 중견기업이 자금조달에 애로를 겪고, 이를 시정하기 위한 신용보증 확대가 중소기업 대출에 대한 도덕적 해이를 유발하고 중소기업의 체질을 약화시키는 악순환을 초래하고 있는 상황을 감안하여 금융기관과 기업 간의 장기적 안목에 바탕을 둔 협력과 견제 관계를 복원할 필요가 있다. 특히 중소기업과 지역밀착형 금융의 활성화를 위한 노력을 기울여야 한다. 예를 들어 해외 금융 업무를 하지 않는 국내 은행(지방 은행)에는 BIS 자기자본비율을 하향조정하는 등의 조치를 강구할 필요가 있다. 외국계 금융기관은 국내 기업과 장기적인 협력 관계를 갖는 데 상대적으로 소극적임을 감안하여 국내 자본과 외국 자본 간 금융업 진출의 역차별도 완화해야 한다.

협력적 노사 모델 구축

한국의 노사관계 시스템은 기업과 국가 경제의 국제경쟁력 강화를 위한 '협력적 노사 모델' 구축에 초점을 맞추어야 한다. 국경 없는 무제한 경쟁 속에서 기업과 국가 경제의 생존, 나아가 국제적 경쟁우위를 확보해야 한다. 경영권과 노동권의 상호존중을 통해 기업의 경쟁력과 근로자의 삶의 질 향상을 동시에 추구해야 하는 것이다.

노사관계는 엄격한 법 질서의 테두리 안에서 이루어지도록 하며 사회적 합의체계를 구축해야 한다. 중앙 차원에서는 원칙과 가이드라인을 설정하고, 기업 차원에서는 구체적 실행방안과 차별적 특성을 감안한 자율적 합의를 추진해야 한다. 기업의 경쟁력 제고에 기여할 수 있는 노사관계 정립을 위해서는 단계적 접근이 필요하다. 현재 가장 큰 문제는 노사 간의 불신과 신뢰 부족으로, 이를 해결하지 않고서는 생산적인 논의가 어려운 상황이다. 노사 간의 불신을 제거하고 상호 대화가 가능한 기반을 형성하는 것이 급선무이다. 신뢰의 기반 위에서 상호 협조체제 구축과 기업 경쟁력 제고를 위한 공동의 노력을 순차적으로 전개해야 한다. 궁극적으로는 기업과 종업원의 공동성장을 위한 생산적 활동을 펼쳐야 한다. 회사는 경쟁력 있는 보상과 일할 맛 나는 경영 환경 조성을 위해 노력해야 한다. 낮은 성과를 보이는 종업원들에게도 패자부활의 기회를 부여하고, 재배치나 전직 지원 등 지속적인 관심을 보일 필요가 있다. 노사 간의 협조와 양보를 통해 생산적 교섭[11]을 이룸으로써 기업의 경쟁력을 강화하고 궁극적으로는 사원들의 복리 증진에 기여해야 한다. 사원들의 능력 개발을 노조가 적극적으로 지원하는 노조의 서비스 기능을 강화할 필요가 있다.

최근들어 기업별 노동조합을 지배적인 조직형태로 하던 노사관계가 큰 변화를 맞고 있다. 산별 노조로의 전환이 급속히 전개되고 있는 것이다. 기업별 노조는 교섭력에 있어서 한계를 보이고 있기 때문에 산업별 노조의 전환이 추진되고 있는 것이다. 그러나 기업별 노조는 나름대로의 장점을 가지고 있음을 인식해야 한다. 기업별 노조는 조합원의 참여가 많고 적극적이며 해당 기업의 특수한 문제에 잘 대응할 수 있고, 기업과 노사가 같은

---

11 정부는 1999년 3월부터 노사가 어려운 경제상황과 고용여건 등을 감안하여 임시근로자 고용안정 건을 연계하여 교섭하고, 임금인상 이외에도 기업과 근로자의 장기적인 경쟁력을 높일 수 있는 사안을 논의하는 '생산적 교섭'을 전개하도록 권장하고 있다.

이해관계를 갖고 협력에 의해 문제를 해결해나가는 유인을 갖고 있기 때문이다. 따라서 기업별 노조를 해체하고 산별 노조로 이전하는 데 에너지를 소모하기보다는 기업별 노조를 중심으로 하되, 산별 노조를 포함하여 다원적 노사체제하에서 대화와 협력을 가능하게 하는 것이 중요하다.

국가 경제 및 기업의 성장과 근로자의 성장을 동시에 추구하기 위해서는 생산성증가율 범위 내에서 임금인상이 이루어지는 관행을 정착하고, 사회적 합의의 실행력 확보로 안정성과 예측 가능성을 높여가야 한다. 노사관계법의 개정은 노동기본권과 경영권을 동시에 존중하는 것을 원칙으로 해야 한다. 경영권의 행사를 저해하거나 침해하지 않는 범위에서 근로자와 노조의 경영 참가를 점차적으로 확대하는 방안을 강구해야 한다. 노사 간에 경영정보 공유와 성과의 공유를 강화하고 특히 경영 참가에서는 성과뿐만 아니라 책임과 리스크도 공유할 수 있도록 해야 한다.

궁극적으로 한국이 지향해야 할 노사관계의 모델은 기업 내에서의 역할과 책임의 분담을 전제로 상생발전을 도모하는 노사관계라 할 수 있다.

작고 효율적인 정부 지향

한국 경제는 정부의 적극적인 리더십을 좀더 필요로 하고 있다. 과거와 같은 지시형, 코치형 정부의 틀에서 벗어나야 하지만 그렇다고 해서 완전히 손을 떼는 자유방임형 정부도 우리가 지향해야 할 모델은 아니다. 시스템의 전환기에는 전환비용과 미래 불확실성에 따른 위험이 뒤따른다. 이를 최소화하기 위해서도 정부의 적극적인 리더십이 필요하다. 시스템의 변화와 경제 주체의 의식 및 관행에 괴리가 큰 상황에서는 충격을 완화시키고 경제 주체의 적응력을 높여주는 역할이 필요한 것이다.

정부는 개입은 축소하되 '규칙 설정자(rule setter)' 역할을 수행하는 '관제탑(control tower)형' 정부를 지향해야 한다. 지속적 경제발전을 위해서는 효율적인 제도의 구축이 선결 요건이다. 경제참여자들의 인센티브 구조를 왜곡시키지 않고, 동등한 경쟁 조건하에서 능력 있고 우수한 주체가 좀 더 나은 성과를 거둘 수 있는 제도를 구축하고 법과 원칙에 대해서는 철저히 준수하는 분위기를 조성해나가야 한다.

경쟁조성자로서의 정부 역할도 중요하다. 직접규제를 최소화하고 시장기구가 작동할 수 있도록 최소한의 규칙만을 제공하는 데 주력해야 할 필요가 있다. 또한, 법과 제도의 개선 등 지속적인 경제발전을 위한 인프라를 제공해야 한다. 경제정책의 최우선 순위를 기업하기 좋은 환경을 구축하는 데 두며 기업이 동일한 조건에서 경쟁하도록 환경을 만들어나가야 한다.

혁신과 미래를 위한 투자를 지원할 수 있도록 기존 제도를 재점검하며 신산업 육성에 대한 인센티브 강화 등 장기적인 경쟁력 확보를 위한 기반을 조성해야 한다. 또한, 기술과 산업의 융화를 통해 새로운 성장 거점인 클러스터를 육성하고 능동적인 대외 전략 추진으로 대외 환경을 적극 활용하여 혁신의 기회를 창출해가야 할 것이다.

한편 정부는 사회 갈등의 조정자로서 역할을 담당해야 한다. 승자와 패자 간의 갈등 심화로 인한 리스크를 완화할 수 있는 사회안전망을 구축하는 것이 중요하다. 복지는 인센티브 악화 등 사전적 효율이 저해되지 않도록 제도를 개선해나가야 한다.

개방은 필수적 생존 전략

개방은 선택이 아닌 필수 요건으로 한국 경제의 생존 전략이 되고 있다. 한국 경제 고도성장의 원동력은 '개방을 통한 교역 확대'이다. 개방은 시장확대, 자본축적, 지식확산, 기술습득이라는 일석사조의 효과를 창출한다. 미국 등 주요 국가와의 FTA는 전면적 개방을 완성하기 위해 거쳐야 하는 단계로서 FTA 체결은 한국 정부의 개방정책에 대한 신뢰성을 확고히 하는 계기가 될 수 있음을 인식해야 한다. 특히 다양한 분야에서 높은 수준의 개방을 전제로 하는 미국과의 FTA는 개방에 대한 한국의 적극적 의지를 대외에 알릴 수 있는 기회가 된다. 따라서 미국뿐만 아니라 세계 주요국들과 FTA를 체결하는 전방위 FTA 전략을 지속적으로 추진할 필요가 있다.

개방정책을 추진함에 있어서 개방경제체제의 긍정적 효과를 극대화하면서 부작용은 최소화할 필요가 있다. 외국 자본에 대해 무차별한 대우를 유지하되 국내 대기업에 대한 규제를 완화하여 역차별 현상을 시정해야 한다. 물론 외국 자본에 대한 지나친 반감이나 규제는 글로벌 시대 환경에 역행함을 인식해야 한다. 따라서 외국 자본을 적극 활용하는 한편 건전한 국적 자본이 육성될 수 있는 환경을 조성하고 국익과 안보에 영향을 미칠 수 있는 산업의 소유·지배권을 보호할 수 있는 보완 장치를 강구해야 한다.

총수요 확대를 통한 성장 능력 제고

성장잠재력 확충을 위해서는 소비활성화와 투자진작 등 수요 측면의 확대가 전제되어야 한다. 수요의 증가는 공급 능력과 잠재성장률을 제고할 수 있기 때문이다. 1987~1997년의 연평균 잠재성장률 8.9% 중 소비와 투자 등 수요 증가에 따른 성장기여도가 1.2%p인 반면 2000~2005년 중에는 내수부진의 영향으로 수요 증가의 성장기여도가 1987~1997년의 2분의 1 수준으로 하락했다. 수요 증가 없이는 지속적인 성장을 유지하는 데 한계가 있음을 알 수 있다. 한편 설비투자가 향후 10년간 연평균 5% 증가할 경우 잠재성장률은 6%로 상승이 가능하다.

따라서 소비와 투자 등 총수요의 진작을 통해 성장잠재력을 확충해야 한다. 소비진작을 위해서는 소비 증가를 저해하는 4대 불안 요인의 해소가 필요하다. 노후불안, 고용불안, 자녀불안(교육 문제), 주거불안(부동산 문제)은 소비 회복을 가로막는 장애물이다. 연금 및 교육 개혁, 부동산시장 안정화 대책을 지속적으로 추진함으로써 이러한 장애 요인을 제거하는 데 정책의 초점을 맞추어야 할 것이다. 또한 의료, 교육, 법률 등 서비스 부문의 시장 개방을 통해 해외 소비가 국내 소비로 전환될 수 있도록 소비자의 선택 기회를 확대해야 할 것이다. 투자활성화를 위해서는 기업의 투자 의욕 고취가 급선무이다. 투자를 촉진하고 생산활동의 부가가치율을 높이기 위해 기술개발과 부품 및 소재 산업 육성에 의한 수입자본재 대체가 절실하다. 아울러 자금 여력이 풍부한 대기업의 투자를 유치하기 위해 수도권 총량 규제 등 각종 규제의 완화와 기업 친화적 환경 조성이 필요하다.

| 참고문헌 |

| 1장 |

김태준(1997), "OECD가입과 단계적 자본거래 자유화 방안",《경제분석》, 제3권 제1호, 한국은행 금융경제연구원.

박상태(1997),《관세정책의 변천과 평가》, 한국조세연구원.

이제민(1998), "한국의 경제발전모형 : 기적, 위기와 대전환",《경제발전연구》, 제4권 제2호, 한국경제발전학회.

최광(2004), "민주주의와 자본주의 시장경제-한국의 경험",《한국경제의 분석》, Vol. 10, No. 3, 한국금융연구원.

홍성덕(1997),《산업별 명목과 실효보호율의 연장추정(1975~1995)》, 한국개발연구원.

青木昌彦・奥野正寛(1996),《經濟システムの 比較制度分析》, 東京大學出版會.

Bornstein, M.(1990), *Comparative Economic Systems : Models and Cases*, Richard D. Irwin, INC. Homewood : Illinois

Hundt, D.(2005), "A Legitimate Paradox: Neo-liberal Reform and the Return of the State in Korea", *The Journal of Development Studies*, Vol. 41, No. 2.

Lanyi, A. & Lee. Young(1999), "Governance Aspects of the East Asian Financial Crisis", *College Park, MD : IRIS Working Paper #226*.

Milgrom, P. and J. Roberts(1995), "Continuous Adjustment and Fundamental Change in Business Strategy and Organization", *Trends in Business Organization : Do Participation and Cooperation Increase Competitiveness?* edited by Horst Siebert, Turbingen : J. C. B. Mohr.

Pekkarinen, J., M. Pohjola and B. Rowthorn(1992), *Social Corporation : A Superior Economic System?*, Clarendon Press Oxford.

Raghuram G. Rajan & Luigi Zingales, 1998. "Which Capitalism? Lessons from the

East Asian Crisis", *CRSP Working Papers 486*, Center for Research in Security Prices, Graduate School of Business, University of Chicago.

Rodrik, D. and R. Wacziarg(2005), "Do Democratic Transitions Produce Bad Economic Outcomes?", *American Economic Review* 95.

Schmidt, R. H. and G. Spinder(2002), "Path Dependence, Corporate Government and Complementarity", *International Finance*, Vol. 5, No.3.

Tavaresa, J. and R. Wacziarg(2001), "How Democracy Affects Growth", *European Economic Review*, Vol. 45, Issue 8.

Visser, J. and A. Hemerijck(1997), *A Dutch Miracle : Job Growth, Welfare Reform and Corporatism in the Netherlands*, Amsterdam University Press.

《창작과 비평》, 창작과 비평사, 2005년 봄 호.
한국은행,《자금순환계정》, 각 호.
《공정거래연보》
《한국민간단체총람》
노동연구원 DB.
한국신용평가정보 Kis-Line 재무자료.

| 2장 |

권우현(2000), "한국 제조업 성장체제의 성격에 관한 연구", 경북대학교 경제학박사 학위청구 논문.

김경원·권순우 외(2003),《외환위기 5년, 한국 경제 어떻게 변했나》, 삼성경제연구소.

김범식 외(2004), "최근 경기변동의 요인 분석과 시사점", 삼성경제연구소.

김용대·박재린(1982), "한국 수출의 성장추이와 그 구조적 실태",《경제논총》제5집.

김유선(2001), 〈비정규직 노동자 규모와 실태 : 통계청, 경제활동인구조사 부가조사(2000. 8) 결과〉, 한국노동사회연구소.

김재훈(2002), "노동력 재생산구조의 변화",《신자유주의 구조조정과 노동체제의 변화》, 한울.

김중수(2002), "한국 경제 반세기 경제정책에 대한 역사적 고찰", 한국경제학회 창립 50

주년 기념 심포지엄 발표 자료.

김형기(2003), "한국 경제의 대안적 발전모델을 위한 노동개혁", 이원덕 외,《노동의 미래와 신질서》, 한국노동연구원.

_____(2002), "한국 경제의 위기와 구조조정-평가와 대안",《동아시아경제의 현상과 구조개혁》, 교토대 경제학회 주최 한·일 심포지엄 발표 논문.

_____(1999), "한국 경제의 위기와 대안적 발전모델",《사회경제평론》제12호, 한국사회경제학회.

_____(1998), "한국경제의 위기와 노동개혁", 한국경제학회 정책토론회 발표 논문.

노동부(2001),〈연봉제·성과배분제 도입 실태 조사 결과〉.

백욱인(1994), "계급별 소비구조 변동과 생활양식",《동향과 전망》여름호, 녹두.

_____(1994), "대중 소비생활구조의 변화",《경제와 사회》봄 호, 한울.

삼성경제연구소(2005), "매력 있는 한국 : 2015년 10대 선진국 진입 전략".

_____(2002),《내수주도형 성장 가능성 검토와 대응전략》.

양준호(2005), "김대중 정부의 구조개혁과 거시경제적 불안정성-레귤라시옹의 변용과 경기순환 패턴의 변화를 중심으로", 한국 사회경제학게 공동학술대회 발표 논문.

이정선(2002),《DJ 정부의 구조개혁과 노동시장》, 백산서당.

임영일(2002), "신자유주의하 노동의 위기와 노동체제 전환",《신자유주의 구조조정과 노동체제의 변화》, 한울.

장상환(2002), "경제위기와 구조조정",《신자유주의 구조조정과 노동체제의 변화》, 한울.

장재철 외(2005), "한국 수출경쟁력의 재발견",《CEO information》제521호, 삼성경제연구소.

장하원(1997), "한국산업정책의 진화과정과 이윤률 추세(1963-1990)", 조원희 편,《한국경제의 위기와 개혁과제》, 풀빛.

정건화(1993), "한국의 노동력 재생산구조 변화에 관한 연구", 서울대학교 경제학과 박사학위 논문.

_____(1994), "한국의 자본축적과 소비양식 변화",《경제와 사회》제21호, 한울.

정건화·남기곤(1999), "경제위기 이후 소득 및 소비 구조의 변화", 한국 사회경제학회 및 한국 사회과학연구소 공동개최 학술대회 발표 논문.

정인교·이창재(1998), "금융위기 이후 수출구조 변화와 향후 수출 여건 전망", 대외경제정책연구원.

정희식(2003), "외환위기 전후 국내 수출구조 분석", 《VIP Report》, 현대경제연구원.
최영기 · 전광석 · 이철수 · 유범상(2000), 《한국의 노동법 개정과 노사관계》, 한국노동연구원.
최창규 · 이범호(1999).
한국무역협회, 〈수출산업실태조사〉, 1996~2004년 각 호.
한국산업은행, 〈설비투자계획조사〉.
한국은행, 《기업경영분석》.
한국은행, 《국민계정》 및 《한국기업평가》

중소기업청 통계 DB
한국은행 ECOS DB
한국무역협회, KITA.net DB
통계청 KOSIS DB
Datastream, DataGuide DB

安藤浩一(2000), "收益重視經營は 成長を 抑制するか", 《經濟ゼミナ》, 6月號, 日本評論社.
梁峻豪(2002), "韓國における市民的レギュラシオンの形成と蓄積制の化ー1987年以降の新しい 濟發展パターンとしての韓國的フォーディズ", 《東アジア研究》第35.
_____(2005), "金大中政權の濟改革とマクロ 濟の不安定性ーレギュラシオンの 容と景氣循環パターンの化を中心に", 《季刊濟理論》第42卷 第2, 日本濟理論學會.
_____(2005), "1980年代以降の韓國における制度的補完性とマクロ 濟的安定性の化ー韓國的フォーディズ 金融危機 新自由主義的 濟改革ー", 《調査と研究》第31, 京都大學 濟學會.
深川由記子(1997), 《韓國 先進國 經濟論》, 日本經濟新聞社.

Abramovitz, M.(1986), "Catching Up, Forging Ahead, and Falling Behind," *Journal of Economic History*, Vol. 46, No. 2.

Chang, H. J.(1998), "Korea : The Misunderstood Crisis," *World Development*, No. 8.

Itoh, M., K. Kiyono, K. Suzumura, M. Okuno-Fujiwara(1991), *Economic Analysis of*

Industrial Policy, Academic Press Inc.(London), New York.

Leipziger, D. M.(1988), "Industrial Restructuring in Korea," *World Development*, Vol. 16, No.1.

M. Aglietta(1976), *Rogulation et crise du capitalisme*, Calman/Lovy.

| 3장 |

권순우(1997. 3), "외환위기의 징후와 처방",《CEO Information》제82호, 삼성경제연구소.

권순우(1997. 11), "IMF 구제금융과 한국 경제",《CEO Information》제118호, 삼성경제연구소.

권순우 외(2002),《공적자금 투입의 성과 평가》, 삼성경제연구소.

권태한, 배용호 외(2001),《동아시아경제론》, 서울대학교 출판부.

김경원·권순우 외(2003),《외환위기 5년, 한국 경제 어떻게 변했나》, 삼성경제연구소.

김인호(1998. 4), "금융외환위기와 정부의 대응".

김정해(2004),《대기업규제의 변화와 경제규제에 관한 연구》.

박번순(2002),《아시아경제, "힘의 이동"》, 삼성경제연구소.

박원암(1999), "한국의 외환위기 : 원인과 정책대응",《한국 외환위기의 원인, 전개 및 대응》, 국민대학교 경제연구소.

이병천(2002), "역사적 관점에서 본 한국 경제의 위기 해석",《경제학연구》제47집 제4호.

이제민(1999), "제13장 한국의 산업화와 산업화정책",《한국 경제성장사》, 서울대학교 출판부.

조갑제(1998. 3), "실록 IMF 사태의 내막 上 - 대통령은 없었다(1)",《월간조선》.

최창규(1998), "투기적 공격이론과 한국의 외환위기",《경제분석》제4권 제2호, 한국은행 조사부.

한국은행 ECOS DB.

한국은행(1998. 1), "1997년중 금융·외환시장 동향과 향후 정책과제", 한국은행 조사통계월보.

한국은행(1999), 〈자금순환표로 본 경제부문별 부채동향〉.

한국은행,《기업경영분석》, 매년.

한국무역협회 KITA DB.

재정경제부, 〈국가채무현황〉, 매년.

한국조세연구원 전자도서관 국내 경제 관련 기사(www.tax.re.kr/lis/old-library).

IMF(1999), World Economic Outlook, October.

Dabrowski, Marek(ed.), "Currency Crises in Emerging-Market Economies: Causes, Consequences and Policy Lessons," *CASE Reports* No. 51, Center for Social and Economic Research, 2002.

Isard, Peter(2005), *Globalization and the International Financial System*, Cambridge University Press.

Johnson, Chalmers(1998), "Economic Crisis in East Asia : the clash of capitalisms," *Cambridge Journal of Economics*, Vol. 22. No. 6.

Park, Y. C. and Lee, J. W.(2001), "Recovery and Sustainability in East Asia," *Conference on Management of Currency Crisis*, NBER.

Sachs, Jeffery D.(1997), "Alternative Approaches to Financial Crises in Emerging markets," *Development Discussion Paper* No. 568, Harvard University.

Wade, Robert(1998), "The Asian Debt-and-development Crisis of 1997-?: Causes and Consequences," *World Development* Vol. 26, No. 8.

| 4장 |

권종호(2005. 10), "적대적 M&A에 대한 방어 수단의 국제 비교와 시사점", 전경련 & 한국증권법학회 주최 '자본시장의 변화, 어떻게 대응해야 하나' 세미나 발표 논문.

김경원·권순우 외(2002),《외환위기 5년, 한국 경제 어떻게 변했나》, 삼성경제연구소.

김용기(2004), "금융의 공공성과 금융규제",《한국 경제가 사라진다》, 21세기북스.

복득규 외(2006. 3), "글로벌 R&D센터의 유치와 활용 전략",《CEO Information》제545호, 삼성경제연구소.

안재욱(2005. 10), "자본자유화에 따른 증권시장의 변화와 적대적 M&A 가능성 검토", 전경련 & 한국증권법학회 주최 '자본시장의 변화, 어떻게 대응해야 하나' 세미나 발표 논문.

이왕휘(2006).

임경묵·김동석(2005),《설비투자 추이분석 및 시사점》, 한국개발연구원.

전효찬 외(2006),《자본비용이 기업투자에 미치는 영향》, 삼성경제연구소.

전효찬·이영주(2005), 삼성경제연구소.

정승일(2005. 12), "대기업 및 중견기업에 있어 장기투자의 양극화와 그 원인-R&D 투자를 중심으로", 국회 토론회 'IMF 8년, 시장개혁의 방향을 진단한다' 발표 자료.

최충규(2004. 9), "출자총액 규제와 소유지배 괴리",《시장개혁 로드맵의 평가와 과제》, 한국경제연구원.

황인학 외(2000. 12),《재벌구조와 재벌정책-평가 및 과제》, 한국 경제연구원.

외교통상부 국회제출 자료(1996. 7), 〈CMIT/CIME 합동회의에서의 의장결론에 대한 한국의 대응〉.

금융감독위원회, 금융통계정보 DB

금융감독원(2006. 6), "2006년 3월 말 기준 국내은행 BIS 자기자본비율 현황".

금융감독원(2006. 5), "2006년 1/4분기 국내은행 부실채권 현황".

대우증권(2004. 11), 보도자료 종합.

전국경제인연합회(2006. 3), "해외 투기자본 유입증가에 따른 적대적 M&A 위협 및 대응 방향".

한국은행 ECOS DB.

한국산업은행, 〈설비투자계획조사〉, 각 호.

한미은행(2000).

한국은행(2005),《기업경영분석》, 각 호.

Amsden, Alice H.(1989), *Asia's Next Giant: South Korea and Late Industrialization*. Oxford.

Barca and Becht(2001), *The Control of Corporate Europe*, Oxford University Press.

Blair, Margaret M.(1995), *Ownership and Control: Rethinking Corporate Governance for the Twenty-First Century*, Washington D.C.; Brookings Institute.

Blustein, Paul(2001), *The Chastening: Imside the Crisis That Rocked the Global*

Financial System and Humbled the IMF. Public Affairs.

Brennan, M(1995), "Corporate Finance Over the Past 25 Years," *Financial Management* 24(2)

Cabinet Office, Keizai Zaimu Hakshyo: Kaikaku Nakushite Nashi III.

Carpenter, M., William Lazonick, et al.(2002), "The Stock Market, Corporate Strategy, and Innovative Capability in the 'New Economy': The Optical Networking Industry, Corporate Governance, Innovation, and Economic Performance in the EU."

Chang, Ha-Joon and Park, Hong-jae(1999), "An Alternative Perspective on Government Policy towards Big Businesses in Korea: Industrial Policy, Financial Regulation, and Political Democracy," 한국 경제연구원 주관 '이행기의 한국 재벌' 프로젝트 논문.

Charles Jr. Wolf(1998. 2), "Too Much Government Control," *Wall Street Journal*.

Colin J. Bennett(1991), "What Is Policy Convergence and What Causes It," *British Journal of Political Science*, Vol. 21, No. 2, pp. 215-233.

Corsetti, Giancarlo, Pesenti, Paolo A. and Roubini, Nouriel, "Paper Tigers? A Model of the Asian Crisis"(Nov. 1988), *NBER Working Paper*.

Evans, Peter(1995) Embedded Autonomy: states and Industrial Transformation.

_____(1998), "Transferable Lessons? Re-examining the Industitutional Prerequisites of East Asian Economic Polities", *The Journal of Development studies* 34(6): 66-86.

Garretsen, Harry, Robert Chirinko, Hans van Ees, and Elmer Sterken.(2002), "Firm Performance, Financial Institutions And Corporate Governance In The Netherlands".

Gry, Tara.(2005. 8), "Dual-Class Share Structures and Best Practices in Corporate Governance," *Parliamentary Information and Research Service*, http://www.parl.gc.ca/information/library/PRBpubs/prb0526-e.htm(검색일 : 2006. 4. 26)

Hyoung-Kyu Chey(2006. 6), "Explaining Cosmetic Compliance with International Regulatory Regimes: The Implementation of the Basle Accord in Japan(1998-

2003), " *New Political Economy*, Vol. 11, No. 2.

Lazonick, William, and Mary O'Sullivan, "Perspective on Corporate Governance, Innovation, and Economic Performance, June 2000", *The European Institute of Business Administration*(INSEAD).

Khanna, T. and K. Palepu(1997), "Why Focused Strategies May Be Wrong for Emerging Markets," *Havard Business Review*, pp. 41-55.

Moody's Investors Service(1999. 6), "Rating Methodlogy: Bank Credit Risk in Emerging Markets(An Analytical Framework)".

O'Sullivan, M.(2000), *Contests for Corporate Control: Corporate Governance and Economic Performance in the United States and Germany*, Oxford: Oxford University Press.

Pauly, Louis W., and Simon Reich(1977), "National Structures and Multinational Corporate Behaviour: enduring differences in the age of globalization," *International Organization* 51, 1.

Richard Marens(2002), "Inventing Corporate Governance: The Mid-Century Emergence of Shareholder Activism." *Journal of Business and Management* Vol. 8, N0. 4.

Ronald J. Gilson(1993), "Regulating the Equity Component of Capital Structure: The SEC's Response to the One-Share, One-Vote Controversy." *Journal of Applied Corporate Finance*, Vol. 5, No. 4.

Shiller, Robert J.(2005), *Irrational Exuberance*, Princeton University Press.

The Staff of the World Bank and the International Monetary Fund(2002), "Approved by Cesare Calari and Stefan Ingves, Implementation of the Basel Core Principles for Effective Banking Supervision, Experiences, Influences, and Perspectives."

Weiss, Linda, and Hobson, John M.(1995), *States and Economic Development: A Comparative Historical Analysis*, Polity Press.

William, Lazonick, and O'Sullivan, Mary(2000. 6), "Perspective on Corporate Governance, Innovation, and Economic Performance," *The European Institute of Business Administration*(INSEAD).

Woo-Cumings(1999).

World Bank and IMF(2002), "Implementation of the Basel Core Principles for Effective Banking Supervision, Experiences, Influences and Perspertives,: by Cesare Cabivi and Stefan Ingves, IMF.

Zedtwitz, Max von(2006. 2), "Global Firms' R&D Configuration in NE Asia- observations from China, India, Japan, Korea." 삼성경제연구소 주최 심포지엄 발표 논문.

| 5장 |

김동석·이진면·김민수(2002), "한국 경제의 성장요인분석 1963-2000", 한국개발연구원.

김종일(2004), "한국 경제의 성장잠재력 변화 – 성장회계분석 결과를 중심으로", 《경제분석》, 제10권 3호.

김치호·문소상(2000), "잠재GDP 및 인플레이션 압력 측정 결과", 《경제분석》, 제6권 1호, 한국은행, pp. 123~150.

박원암·허찬국(2004), "우리나라 잠재성장률 추정과 전망", 한국경제연구원.

이병완(2002. 6), "다변수 Hodrick-Prescott필터 모형을 이용한 잠재GDP의 추정", 《한국경상논집》 제20권 1호.

배진호(2005), "외환위기와 한국 잠재성장률", 《계량경제학보》, 제16권 3호, 2005, pp. 77~97.

유병삼(2000), "한국 잠재GDP의 구조적 추정", 《금융학회지》, 제5권 2호, 2000, pp. 261~281.

정권택 외(2003. 11), "휴먼캐피탈과 성장잠재력", 삼성경제연구소.

한진희·최경수·김동석·임경묵(2002), "한국 경제의 잠재성장률 전망 : 2003~2012", 한국개발연구원.

한국은행 ECOS DB.
통계청 KOSIS DB.

Barro, Robert J. and Xavier Sala-I-Marin(1999), *Economic Growth*, MIT Press.

Barro, Robert J(1999), "Note on Growth Accounting," *Journal of Ecomic Growth*, Vol. 4, pp. 119~137.

M. Friedman(1968), "The Role of Monetary Policy," *American Economic Review*, Vol. 58, No. 1, pp. 1~17.

Park, W. G.(1995), "International R&D spillovers and OECD economic growth," *Economic Inquiry*, Vol. 33, pp. 571~591.

Solow, Robert M.(1957), "Technical Changes and the Aggregate Production Function," *Review of Economics and Statistics*, Vol. 39, pp. 312~320.

Yasuo Hirose and Koichiro Kamada(2002), "Time-varying NAIRU and Potential Growth in Japan," *Working Paper* 02-08, Bank of Japan.

World Development Indicators(2006. 7) DB, World Bank.

| 6장 |

권기덕(2006), "디지털 강국 유지 발전을 위한 제언", 《CEO Information》 539호, 삼성경제연구소.

차동세·김광석(1995), 《한국 경제 반세기 역사적 평가와 21세기 비전》, 한국개발연구원.

삼성경제연구소(2006), "한국 CEO 시스템의 진화 : 1986-2004", 《CEO Information》 565호.

산업자원부(2005. 1), 〈세계 속의 한국 경제 위상〉.

정보통신부(2005. 12. 29), 〈수치로 본 IT 2005〉.

통계청(1998), 〈대한민국 50년의 경제사회상 변화〉, KOSIS DB.

통계청 KOSIS DB.

한국은행 ECOS DB.

Barro, Robert J. and Xavier Sala-i-Martin(2000), *Economic Growth*, MIT Press.

Jeffery Sachs(2005), *The End of Poverty*, Penguin Press.

매트 리들리(2002), 《붉은 여왕 : 인간의 성과 진화에 담긴 비밀》, 김영사.

피터 드러커(2002), 《Next Society》, 이재규 옮김, 한국경제신문사.

한국 경제 20년의 재조명
1987년체제와 외환위기를 중심으로

2006년 10월 30일 초판 1쇄 발행
2006년 12월 15일 초판 2쇄 발행

지 은 이 —— 홍순영 · 장재철 외
펴 낸 곳 —— 삼성경제연구소
펴 낸 이 —— 정구현
출판등록 —— 제03-00975호
등록일자 —— 1991년 10월 12일
주   소 —— 서울시 용산구 한강로 2가 191 국제센터빌딩 7, 8층
            전화 3780-8153, 8370, 8372(기획), 3780-8084(마케팅)
            팩스 3780-8152
            http://www.seri.org seribook@seri.org

ISBN | 89-7633-325-X 03320

* 저자와의 협의에 의해 인지는 붙이지 않습니다.
* 가격은 뒤표지에 있습니다.
* 잘못된 책은 바꾸어 드립니다.

삼성경제연구소 도서정보는 이렇게도 보실 수 있습니다.
인터넷 홈페이지에서 → SERI 북 → SERI가 만든 책